Andreas Fischer-Lescano, Eva Kocher,
Ghazaleh Nassibi (Hg.)

Arbeit in der Illegalität

Die Rechte von Menschen ohne Aufenthaltspapiere

Campus Verlag
Frankfurt/New York

Gedruckt mit freundlicher Unterstützung der Hans-Böckler-Stiftung.

Bibliografische Information der Deutschen Nationalbibliothek:
Die Deutsche Nationalbibliothek verzeichnet diese Publikation in der Deutschen Nationalbibliografie.
Detaillierte bibliografische Daten sind im Internet unter http://dnb.d-nb.de abrufbar.
ISBN 978-3-593-39608-8

Umschlaggestaltung: Campus Verlag, Fankfurt am Main
Druck und Bindung: CPI buchbücher.de, Birkach
Gedruckt auf Papier aus zertifizierten Rohstoffen (FSC/PEFC).
Printed in Germany

Dieses Buch ist auch als E-Book erschienen.
www.campus.de

Inhalt

Rechtspolitische Handlungsstrategien: Wege aus der Illegalität

Einleitung

Andreas Fischer-Lescano, Eva Kocher & Ghazaleh Nassibi

In Deutschland leben nicht nur zehntausende Menschen ohne Aufenthaltspapiere; sie arbeiten hier auch. Von regulärer Erwerbsarbeit sind sie jedoch faktisch ausgeschlossen; ihre Tätigkeit gilt als »Schwarzarbeit«, auch ihre Arbeitgeber_innen müssen mit Sanktionen rechnen. Menschen ohne Papiere arbeiten zwar nahezu in allen Branchen; sie müssen sich jedoch aus diesen Gründen oftmals mit prekären Arbeitsbedingungen in der sog. Schattenwirtschaft zufrieden geben; ein großer Teil ist in privaten Haushalten beschäftigt.[1]

Dennoch: Menschen ohne gültigen Aufenthaltsstatus sind zwar ohne Papiere, aber nicht rechtlos. Die Rechte auf (angemessene) Entlohnung, Mindesturlaub, Lohnfortzahlung im Krankheitsfall und Unfallversicherung (um nur einige grundlegende Rechte in der Erwerbsarbeit zu nennen) gelten uneingeschränkt für alle Arbeitnehmer_innen. Diese Rechte sind einklagbar, unabhängig davon, welchen Aufenthaltsstatus die Menschen besitzen und ob eine Arbeitserlaubnis vorliegt. In Bezug auf die Entlohnung stellt dies nun auch das Gesetz zur Umsetzung der »Arbeitgeber-Sanktions-Richtlinie« 2009/52/EG[2] in § 98a AufenthG[3] klar und trifft damit erstmals eine ausdrückliche gesetzliche Regelung zu dieser Frage.

---

1 Vgl. Vogel, Dita/Aßner, Manuel/Mitrovic, Emilija/Kühne, Anna: *Leben ohne Papiere – Eine empirische Studie zur Lebenssituation von Menschen ohne gültige Aufenthaltspapiere in Hamburg* (Langfassung), 2009, S. 178 f./187, 20.10.2011, *http://www2.erzwiss.uni-hamburg.de/personal/neumann/Diakonie-endfassung.pdf.* Die Studie wurde von der Diakonie in Zusammenarbeit mit der Nordelbischen Kirche und ver.di in Auftrag gegeben.

2 Richtlinie 2009/52/EG des Europäischen Parlaments und des Rates vom 18. Juni 2009 über Mindeststandards für Sanktionen und Maßnahmen gegen Arbeitgeber, die Drittstaatsangehörige ohne rechtmäßigen Aufenthalt beschäftigen (ABl. L 168 vom 30.6.2009, S. 24) – so genannte Arbeitgeber-Sanktionen-Richtlinie.

3 Vgl. Gesetz zur Umsetzung aufenthaltsrechtlicher Richtlinien der Europäischen Union und zur Anpassung nationaler Rechtsvorschriften an den EU-Visakodex vom 22. November 2011, BGBl. Teil I, Nr. 59.

Das vorliegende Buch analysiert die rechtliche Stellung von Menschen ohne Aufenthaltspapiere in der Erwerbsarbeit auf der Basis des geltenden deutschen, europäischen und internationalen Rechts. Zur Bezeichnung von »Menschen ohne Aufenthaltspapiere« verwenden die Autorinnen und Autoren des Buchs unterschiedliche Begriffe: »illegale Migrant/innen«, »illegalisierte Migrant/innen«, »illegal aufhältige Drittstaatsangehörige«, »irreguläre Migrantinnen und Migranten«, »Menschen ohne Aufenthaltsstatus«, »Personen ohne Papiere«, »sans papiers«, »Papierlose«[4]. Gemeint sind jeweils Ausländer_innen/Migrant_innen, die sich illegal in Deutschland aufhalten. Der illegale Aufenthalt kann durch eine illegale Einreise, den Ablauf eines regulären Aufenthaltstitels wie z.B. eines Touristenvisums, oder den Entzug einer Aufenthaltsgenehmigung oder eines Abschiebeschutzes entstehen.[5] Nicht erfasst werden also EU-Bürger_innen, Geduldete, Asylbewerber_innen, Personen mit Touristenvisa und ähnlichen Titeln, die trotz eines Verbots der Erwerbsarbeit arbeiten sowie ausländische Zuwanderer_innen, die mit gefälschten Papieren oder Identitäten gemeldet sind und so ein Aufenthaltsrecht erfolgreich vortäuschen. Allerdings: Viele der im Buch angesprochenen Probleme der »Schwarzarbeit« betreffen auch andere Gruppen von Arbeitnehmer_innen in gleicher und ähnlicher Weise. Und obwohl im Folgenden die Rechte in der abhängigen Arbeit im Mittelpunkt stehen, können sich auch für selbstständig Erwerbstätige vergleichbare Rechtsfragen stellen.

Beschäftigte ohne Aufenthaltspapiere bewegen sich somit nicht in einem »rechtsfreien Raum« – auch wenn sie oder ihre Arbeitgeber_innen dies oft annehmen. Von großer Bedeutung ist deshalb die Frage nach der wirksamen Durchsetzung der Rechte *von* Erwerbstätigen – im Gegensatz zur Verletzung von Gesetzen *durch* Erwerbstätige, insbesondere durch Schwarzarbeit und illegalen Aufenthalt[6]. Aus der Sicht der Erwerbsarbeit erschwert gerade diese Gemengelage den Menschen ohne Aufenthaltspapieren die Rechtsdurchsetzung – falls sie überhaupt Kenntnis von ihren Rechten haben. Denn der fehlende legale Aufenthaltsstatus erhöht die Abhängigkeit von den Arbeitge-

4 Wir haben diese Begrifflichkeit genauso wenig vereinheitlich wie die unterschiedlichen Umgangsweisen mit der sprachlichen Benennung aller Geschlechter – auch hier verwenden die Autor_innen unterschiedliche Ansätze.

5 Siehe auch die Definition des illegalen Aufenthalts in Artikel 3 der Rückführungsrichtlinie 2008/115/EG: »die Anwesenheit von Drittstaatsangehörigen, die nicht oder nicht mehr die Einreisevoraussetzungen nach Artikel 5 des Schengener Grenzkodex oder andere Voraussetzungen für die Einreise in einen Mitgliedstaat oder den dortigen Aufenthalt erfüllen, im Hoheitsgebiet dieses Mitgliedstaats.«

6 Straftat nach § 95 des Aufenthaltsgesetzes.

ber_innen und schafft subjektiv das Empfinden eines insgesamt rechtlosen Zustandes.[7]

Im Buch wird die Rechtslage zunächst auf Basis des geltenden Rechts dargestellt; anschließend wird diskutiert, welche weiteren rechtlichen Instrumente nötig wären, um den erforderlichen rechtlichen Schutz wirksam zu machen. Dabei geht es auch um die Frage nach geeigneten Akteur_innen der Rechtsdurchsetzung, insbesondere die Frage nach der Rolle von Gewerkschaften und Selbsthilfeorganisationen. Das Buch wendet sich an die Rechtswissenschaft sowie die Beratungspraxis.

Nach einer sozialwissenschaftlichen Einführung, in der *Dita Vogel* die Bedeutung der Rechte in der Erwerbsarbeit für Menschen ohne Aufenthaltspapiere mit empirischen Daten, ökonomisch-theoretischen sowie rechtssoziologischen Überlegungen untermauert, geht es im zweiten Abschnitt des Buches um die geltenden rechtlichen Rahmenbedingungen. *Timo Tohidipur* erläutert zunächst die Rechte von Menschen ohne Aufenthaltspapiere im internationalen und europäischen Menschenrechtsschutz, bevor *Jürgen Bast* auf die rechtlichen Rahmenbedingungen eingeht, die sich aus der europäischen Migrationspolitik ergeben. *Ibrahim Kanalan* konkretisiert im Anschluss, was die Aussage, auch Menschen ohne Aufenthaltspapiere hätten Rechte, im deutschen Arbeitsrecht sowie im Recht der sozialen Sicherung konkret bedeutet. *Katharina Spieß* gibt einen Überblick über den Schutz von Menschen ohne Aufenthaltspapiere in ihren Rechten in der Erwerbsarbeit durch die UN-Wanderarbeitnehmerkonvention, die bis heute noch von keinem westlichen Industriestaat ratifiziert wurde. Ihrer Auffassung nach könnte die Ratifizierung dieser Konvention bereits einen wichtigen Impuls für Wege aus der Illegalität bieten. Zum Schluss dieses Abschnitts geben Eva Kocher und Ghazaleh Nassibi eine erste Einschätzung der Neuregelung in § 98 a AufenthG und erläutern, warum die geltende Rechtslage trotz dieser Norm noch weit davon entfernt ist, die Durchsetzung der Lohnansprüche für alle Beschäftigten unabhängig vom Aufenthaltsstatus sicherzustellen.

Weitere Bausteine rechtspolitischer Handlungsstrategien für einen Weg aus der Illegalität thematisiert der dritte Abschnitt des Buches. Hier behandelt *Marei Pelzer* zunächst die Regularisierung des Aufenthalts von Menschen ohne Aufenthaltspapiere im Rahmen einer liberalen Migrationspolitik; mit Hilfe eines regulären Aufenthaltstitels könnten Menschen ohne Aufenthaltspapiere in den regulären Arbeitsmarkt wechseln und irreguläre

7 Siehe Vogel, »Menschen ohne Aufenthaltsstatus in der Erwerbsarbeit – eine sozialwissenschaftliche Einführung«, in diesem Band, S. 13.

Beschäftigungsverhältnisse zurückgedrängt werden. *Amarela Varela Huerta* beschäftigt sich mit der Frage nach möglichen Akteur_innen. Im Rahmen einer Soziologie der Migrationskämpfe stellt sie die Dynamiken dar, die zu einer Transformation der Bewegung der »Papierlosen« in Barcelona in eine Migrant_innenbewegung geführt haben. Der Rechtsanwalt *Christian Lewek* erläutert vor dem Hintergrund eigener Erfahrungen aus der Praxis in Deutschland, welche Möglichkeiten und Hindernisse einer gerichtlichen Durchsetzung von Arbeitsrechten durch Menschen ohne Aufenthaltspapiere bestehen.

Den Abschluss bilden zwei Stellungnahmen aus der gewerkschaftlichen Praxis, die den Handlungsrahmen und die Handlungsspielräume der gewerkschaftlichen Politik für und im Interesse von Menschen ohne Aufenthaltspapiere erläutern. *Frank Schmidt-Hullmann* (Industriegewerkschaft Bauen-Agrar-Umwelt »IG BAU«) diskutiert gewerkschaftliche Handlungsmöglichkeiten von der außergerichtlichen Interessendurchsetzung bis zum gewerkschaftlichen Rechtsschutz vor dem Hintergrund von Erfahrungen mit der illegalen Beschäftigung in der Bauwirtschaft. Er stellt insbesondere die Schwierigkeiten dar, Menschen ohne Aufenthaltspapiere dauerhaft zu organisieren, und problematisiert die organisationspolitischen Fragen, die sich aus einem Verständnis ergeben, das Politik für Menschen ohne Aufenthaltspapiere als Kampf gegen »Lohndumping« formuliert. Im zweiten Beitrag gibt *Sonja Marko* (Vereinte Dienstleistungsgewerkschaft »verdi«) anhand der Beschlusslagen einen Überblick über die Agenda und Herausforderungen der Gewerkschaften.

Die Veröffentlichung wurde durch die Hans-Böckler-Stiftung gefördert – hierfür sagen wir herzlichen Dank!

Berlin, Januar 2012

Einführung

Menschen ohne Aufenthaltsstatus in der Erwerbsarbeit: Eine sozialwissenschaftliche Einführung

Dita Vogel

Nach einer repräsentativen Umfrage glauben 80 Prozent der Menschen in Deutschland, dass illegale Einwanderer und Einwanderinnen ausgebeutet werden.[1] Zugleich finden rund 60 Prozent illegale Zuwanderung besorgniserregend und fürchten einen Anstieg der Kriminalität. Diese Ergebnisse der Meinungsforschung deuten darauf hin, dass die Frage nach den Arbeitsrechten von Menschen ohne Aufenthaltsstatus einen durchaus beachtlichen Stellenwert in der Wahrnehmung der Deutschen hat. Im Kern geht es darum, dass Menschen, die das Aufenthaltsrecht verletzen, in ihren Arbeitsrechten verletzt werden.

Nach einer kurzen Einordnung des Themas werden empirische Erkenntnisse zu Umfang und Strukturen illegalen Aufenthalts und illegaler Beschäftigung skizziert. Für die nähere Analyse werden ökonomisch-theoretische Überlegungen zu den Anreizstrukturen angestellt, welche die Durchsetzung von Rechten von Menschen ohne Aufenthaltsstatus in der Erwerbsarbeit begünstigen bzw. erschweren. Anschließend wird die Durchsetzung von Rechten in der Praxis aus rechtssoziologischer Sicht diskutiert. Das Kapitel schließt mit Überlegungen zu politischen Handlungsoptionen.

Eine Vorbemerkung zu den empirischen Erkenntnissen: Repräsentative Umfragen und administrative Vollerhebungen, wie sie für andere Gruppen in der Forschung genutzt werden, sind bei Papierlosen nicht möglich.[2] Empirische Befunde gibt es aber durchaus: Qualitative Migrantenbefragungen

---

1 Transatlantic Trends. Immigration 2010, Umfrage des German Marshall Fund of the United States und weiterer Stiftungen unter 1000 Erwachsenen in Deutschland, 30.11.2011, *http://trends.gmfus.org/?page_id=2766*.

2 Unter besonderen Umständen kann mit hohem Aufwand eine Repräsentativität durch Zusatzinformationen hergestellt werden, siehe Heijden, Peter G.M./Bustami, Rami/Cruyff, Maarten/Engbersen, Godfried/van Houwelingen, Hans C., *Point and Interval Estimation of the Population Size Using the Truncated Poisson Regression Model*, Unveröffentlichtes Manuskript, Amsterdam 2003; Blangiardo, Gian Carlo, *The centre sampling technique in surveys on foreign migrants: The balance of a multi-year experience*, United Nations Statistical Commission and EUROSTAT, Working paper 12, Genf 2008.

argumentieren mit der Analyse und dem Vergleich systematisch ausgewählter Einzelfälle. Daten von Kontrollbehörden und Hilfsorganisationen können ausgewertet werden, wenn bei der Interpretation beachtet wird, dass diese Daten systematisch verzerrt sind, weil die jeweiligen Organisationen – bedingt durch ihre Aufgabe und Arbeitsweise – bestimmte Typen von Papierlosen häufiger antreffen als andere. Auch die Einschätzung von Experten und Expertinnen, die zum Beispiel als Rechtsanwältin oder Migrantenberater in ihrer Arbeit mit Menschen ohne Aufenthaltsstatus zu tun haben, liefern Beobachtungen aus der gesellschaftlichen Wirklichkeit, wenn auch mit der jeweiligen professionellen »Brille«. Daher basiert die hier präsentierte sozialwissenschaftliche Einordnung auf einer Kombination von theoretischen Überlegungen und empirischen Befunden von unterschiedlicher Zuverlässigkeit. Tendenziell lassen sich Aussagen zur quantitativen Relevanz bestimmter Muster und Prozesse nur grob angeben.

I. Einordnung der Fragestellung

Als Arbeitsrechte sollen hier staatlich garantierte Mindestrechte diskutiert werden, die ein subjektives Recht des Arbeitnehmers gegenüber dem Arbeitgeber begründen. Sie werden nur praktisch relevant, wenn sie der Arbeitnehmer einfordert.[3]

Ob jemand aktiv werden kann, um seine Rechte durchzusetzen, hängt von vielen Voraussetzungen ab, unter anderem auch vom Aufenthaltsstatus. Unter Menschen ohne Aufenthaltsstatus werden hier Ausländer verstanden, die sich illegal in Deutschland aufhalten, unabhängig davon, ob der illegale Aufenthalt durch eine illegale Einreise, den Ablauf eines regulären Aufenthaltstitels wie zum Beispiel eines Touristenvisums, oder den Entzug einer Aufenthaltsgenehmigung oder eines Abschiebeschutzes entstanden ist.[4] Nicht

3 Siehe dazu eingehend die Texte von Lewek, Christian, »Arbeitsrechte für Menschen ohne Papiere in Deutschland«, in diesem Band, S. 181, und Kanalan, Ibrahim, »Die illegale Beschäftigung im deutschen Arbeits- und Sozialrecht unter Berücksichtigung von Fragen der sozialen Sicherung«, in diesem Band, S. 91.

4 Die Europäische Union hat erstmals in Artikel 3 der Rückführungsrichtlinie von 2008 definiert, was sie unter illegalem Aufenthalt versteht: »die Anwesenheit von Drittstaatsangehörigen, die nicht oder nicht mehr die Einreisevoraussetzungen nach Artikel 5 des Schengener Grenzkodex oder andere Voraussetzungen für die Einreise in einen Mitgliedstaat oder den dortigen Aufenthalt erfüllen, im Hoheitsgebiet dieses Mitgliedstaats« (Richt-

in diese Definition einbezogen sind EU-Bürger, Geduldete, Asylbewerber, Personen mit Touristenvisa und ähnlichen Titeln, die trotz Arbeitsverbot arbeiten sowie ausländische Zuwanderer, die mit gefälschten Papieren oder Identitäten gemeldet sind und so ein Aufenthaltsrecht erfolgreich vortäuschen.[5] Damit konzentriert sich dieser Beitrag auf die Gruppe, deren Rechtsstatus in Deutschland am schwächsten ist. Viele der angesprochenen Probleme betreffen jedoch auch andere Gruppen.

Menschen ohne Aufenthaltsstatus werden hier synonym auch als *Papierlose* bezeichnet. Das heißt nicht, dass diese Migranten gar keine Papiere haben. Sie können zum Beispiel durchaus über einen Pass ihres Herkunftslandes verfügen. Sie haben aber nicht die *notwendigen* Papiere, die ein Aufenthaltsrecht bestätigen. Wenn sie sich bewusst und vorsätzlich ohne diese Papiere in Deutschland aufhalten, begehen sie eine Straftat nach § 95 des Aufenthaltsgesetzes.

Menschen ohne Aufenthaltsstatus sind meist nicht nur illegal im Land, sondern arbeiten auch unregistriert in der Schatten- oder Untergrundwirtschaft.[6] Das trifft aber nicht zwangsläufig auf jeden zu. Wenn ein Mensch ohne Aufenthaltsstatus zum Beispiel mit geliehenen Papieren unter dem Namen eines anderen registrierte Arbeit leistet, ist diese Arbeit nicht Teil der Schattenwirtschaft, obwohl die Beschäftigung illegal ist. Zugleich gibt es Beschäftigte in einer Grauzone zwischen Legalität und Illegalität, die unter dem Stichwort *semi-compliance*[7] (teilweise Regelkonformität) diskutiert wer-

---

linie 2008/115/EG des Europäischen Parlaments und des Rates vom 16. Dezember 2008 über gemeinsame Normen und Verfahren in den Mitgliedstaaten zur Rückführung illegal aufhältiger Drittstaatsangehöriger). Inwiefern einige der hier angesprochenen Grenzfälle davon abgedeckt sind, ist umstritten.

5 Jandl, Michael/Vogel, Dita, »Chapter 1, Introduction to the methodological problem«, in: Dita Vogel/Albert Kraler (Hg.), *Report on methodological issues. Report prepared for the research project CLANDESTINO Undocumented Migration: Counting the Uncountable. Data and Trends Across Europe funded under the 6th Framework Programme of the European Union* 2008, S. 4–10, 23.12.2011, http://irregular-migration.net//index.php?id=187.

6 Die Definition des Gesetzes zur Bekämpfung der Schwarzarbeit und illegaler Beschäftigung aus dem Jahr 2004 zählt enumerativ verschiedene Situationen auf, in denen Dienst- und Werkleistungen vor den Behörden verborgen werden. Das entspricht im Wesentlichen dem Alltagssprachgebrauch und der international gebräuchlichen Definition von unregistrierter Arbeit (undeclared work) als prinzipiell legalen produktiven bezahlten Aktivitäten, die bei den Steuer- oder Sozialbehörden nicht angegeben werden Siehe z.B. European Commission, *Undeclared Work in the European Union: Report.* Special Eurobarometer, Brüssel 2007, Wave 67.3 (284).

7 Ruhs, Martin/Anderson, Bridget, »Semi-compliance and illegality in migrant labour markets: an analysis of migrants, employers and the state in the UK«, in: Dies. (Hg.), *Resear-*

den. Wenn arbeitsrechtliche Mindestbedingungen nicht eingehalten werden, kann die Genehmigung widerrufen werden und so die Grundlage für den legalen Aufenthalt des Arbeitnehmers entfallen.[8] Menschen ohne Aufenthaltsstatus sind in der schwächsten Position zur Durchsetzung von Rechten, weil ihr Aufenthalt prinzipiell durch Abschiebung beendet und in der Regel auch strafrechtlich geahndet werden kann.

II. Umfang und Strukturen

1. Gesamtzahlen

Wie viele Menschen ohne Aufenthaltsstatus insgesamt illegal in Deutschland leben, kann nur geschätzt werden. Jahrelang wurde die Zahl von mindestens einer Million Menschen genannt, die Jörg Alt nach umfangreichen qualitativen Analysen in mehreren deutschen Städten hochgerechnet hat.[9] Nachdem 2004 unter anderem das Nachbarland Polen und neun weitere Länder und 2007 Rumänien und Bulgarien in die Europäische Union aufgenommen wurden, war klar, dass diese Schätzung nicht mehr stimmen konnte, denn EU-BürgerInnen können sich im Regelfall nicht illegal in Deutschland aufhalten. Tabelle 2 stellt eine Multiplikator-Schätzung für Deutschland vor. Die Schätzung basiert auf methodischen Diskussionen im europäischen Forschungsprojekt CLANDESTINO[10] und in einer Studie über die Stadt Hamburg. Danach können nicht-repräsentative verzerrte Statistiken für Ober- und Untergrenzenschätzungen genutzt werden, wenn die Richtung der Verzerrung klar ist. Hier wurden Daten der Polizeilichen Kriminalstatistik (PKS) genutzt.

Insgesamt sind in der PKS im Jahr 2009 rund 2,2 Millionen Menschen als Tatverdächtige erfasst. Bei den rund 460.000 ausländischen Tatverdächtigen wurde in rund 46.000 Fällen der Aufenthaltsstatus als »illegal« angege-

ching Illegality in Labour Migration: Concepts, Ethics and Policy Nexus. Population, Space and Place, Sonderheft Nr. 3/2010, S. 195–221.

8 Siehe z.B. Krieger, Wolfgang/Ludwig, Monika/Schupp, Patrick/Will, Annegret, *Lebenslage »illegal«. Menschen ohne Aufenthaltsstatus in Frankfurt am Main*, Karlsruhe 2006, S. 123.

9 Größenschätzung für Deutschland (aktualisierte Version); Anlage 4 zum Buch: Alt, Jörg, *Leben in der Schattenwelt*, Karlsruhe 2003, 30.11.2011, http://www.joerg-alt.de/Publikationen/Materialanlagen/materialanlagen.html.

10 Vogel/Kraler (Hg.), *Report on methodological issues* [wie Anm. 5].

ben. Allerdings wurde nur in rund 22.000 Fällen auch wegen illegalem Aufenthalt ermittelt – bei den übrigen Fällen handelt es sich überwiegend um bei illegaler Einreise aufgegriffene Personen. In nur 7.623 Fällen wurde auch wegen nicht aufenthaltsrechtlicher Delikte ermittelt. Nur diese Zahl wird für Multiplikatorrechnungen herangezogen.

Tabelle: Schätzung des Umfangs der Bevölkerung ohne Aufenthaltsstatus in Deutschland

Jahr	*Geschätzter Mindestumfang*	*Geschätzter Höchstumfang*
2009	138 484	330 330
2008	183 017	421 938
2007	195 845	453 681
2006	238 798	558 599
2005	279 526	675 204

Quelle: Eigene Schätzungen[11]

Die Untergrenzenschätzung beruht auf der Annahme, dass Menschen ohne Status im Vergleich zu gemeldeten Ausländerinnen und Ausländern in der Polizeilichen Kriminalstatistik unterrepräsentiert sind, wenn man nur solche Straftaten betrachtet, die auch Deutsche oder regulär im Land lebende Ausländer begehen können (Jedermann-Straftaten). Die Obergrenzenschätzung beruht auf der Annahme, dass sie im Vergleich zu Deutschen bei diesen Straftaten überrepräsentiert sind, u.a. wegen eines geringeren Anteils alter Menschen mit niedrigerer Kriminalitätswahrscheinlichkeit. Die Schätzung zeigt einen kontinuierlichen Rückgang der Zahl der Menschen ohne Aufenthaltsstatus in Deutschland von rund 280.000 bis 680.000 Menschen im Jahre 2005 auf 130.000 bis 330.000 im Jahr 2009. Die Schätzung reflektiert, dass die Zahl der in der PKS registrierten Fälle von illegalem Aufenthalt

11 Vogel, Dita, *How many irregular residents are there in Germany? Estimates on the basis of police criminal statistics*, Hamburg Institute of International Economics (HWWI), Database on Irregular Migration, Hamburg 2009; Working paper No. 3, 23.12.2011, *http://irregular-migration.net//index.php?id=162*; Dita Vogel/Stephanie Gelbrich, *Update Germany*, Hamburg Institute of International Economics (HWWI), Database on Irregular Migration, Hamburg 2010,23.12.11, *http://irregular-migration.net//index.php?id=229.*

nicht nur absolut, sondern auch relativ zu Vergleichsdaten der ausländischen und deutschen Bevölkerung zurückgegangen ist.

2. Geschlecht

In der öffentlichen Darstellung von Menschen ohne Aufenthaltsstatus dominieren junge Männer. So verweist zum Beispiel eine Ausarbeitung der Europäischen Kommission darauf, dass es überwiegend um mobile und risikobereite junge Männer zwischen 20 und 30 geht.[12] Diese Wahrnehmung könnte auf einprägsame Medienbilder über die illegale Einreise mit Booten zurückzuführen sein, aber auch auf den geringen Anteil von Frauen in den Statistiken der Polizeibehörden. Andere Daten und differenziertere Analysen mit Kontrollstatistiken deuten auf eine Unterschätzung des Frauenanteils hin.[13]

In der Polizeilichen Kriminalstatistik Deutschlands ist der Männeranteil bei allen Tatverdächtigen, deren Aufenthalt als illegal eingestuft wird, seit 2005 von 70 auf 72 Prozent leicht angestiegen. Daraus darf man aber nicht schließen, dass die meisten Zuwanderer ohne Aufenthaltsstatus Männer sind, denn bei den Deutschen und legal im Lande lebenden Ausländern sind Männer noch stärker überrepräsentiert, obwohl Frauen mehr als die Hälfte der Bevölkerung ausmachen.

Nach Schätzungen für Hamburg 2007 liegt dort der Frauenanteil an der Bevölkerung ohne Status bei 45 Prozent.[14] Die Überlegung wird hier auf Deutschland 2009 übertragen. Der Frauenanteil an der deutschen Bevölkerung liegt bei 51 Prozent, während ihr Anteil an allen deutschen Tatverdäch-

12 European Commission, *Study on the links between legal and illegal migration. Communication from the Commission to the Council, the European Parliament, the European Economic and Social Committee and the Committee of the Regions*, Brussels 2004, COM 412 final 11.

13 Kovacheva, Vesela, *Security challenges and the composition of irregular resident populations in Europe: overestimating the young men?*, Hamburg Institute of International Economics (HWWI), Database on Irregular Migration, Working paper No.8, Hamburg 2010, 23.12.2011, *http://irregular-migration.net//index.php?id=162.*

14 Vogel, Dita/Aßner, Manuel, »Wie viele Menschen leben illegal in Hamburg? Eine Schätzung der Gesamtzahl und ausgewählter Strukturmerkmale mit der Logicom-Methode«, in: Diakonisches Werk Hamburg (Hg.), *Leben ohne Papiere. Eine empirische Studie zur Lebenssituation von Menschen ohne gültige Aufenthaltspapiere in Hamburg*, Hamburg 2009, S. 9–132, S. 77 f.

tigen wegen Diebstahls aus Warenhäusern und Verkaufsräumen[15] nur rund 40 Prozent ausmacht (2008). Wenn wir davon ausgehen, dass Frauen ohne Status in ähnlicher Weise in der Diebstahlstatistik unterrepräsentiert sind wie deutsche Frauen, liegt der Frauenanteil in der Bevölkerung ohne Status in Deutschland bei 30 bis 40 Prozent, je nachdem ob man den Multiplikator von 2008 oder 2009 zugrundelegt.

In sozialwissenschaftlichen Debatten wird in den letzten Jahren immer wieder auf beachtliche und unterschätzte Frauenanteile in der Schattenwirtschaft hingewiesen. Vor allem in der Hausarbeit und der Betreuung von Kindern und alten Menschen finden Migrantinnen aus weniger entwickelten Ländern Arbeit, während teilweise ihre eigenen Kinder und Angehörigen von Frauen aus noch ärmeren Ländern oder Regionen betreut werden.[16]

3. Beschäftigung

Der Umfang der Schattenwirtschaft ist ähnlich schwierig zu schätzen wie die Zahl der Menschen ohne Status. Für 2004 schätzte zum Beispiel die *Rockwool Foundation* die Wertschöpfung durch Schwarzarbeit auf 70 Millionen Euro, während andere Schätzungen auf etwa doppelt so hohe Werte kommen.[17] Einigkeit besteht darüber, dass der weitaus überwiegende Teil der Schwarzarbeit nicht von ausländischen Arbeitnehmerinnen und Arbeitnehmern, sondern von Deutschen geleistet wird.

Auswertungen der Finanzkontrolle Schwarzarbeit (FKS), die an Arbeitsplätzen kontrolliert, wurden genutzt, um die Zahl der Personen zu schätzen, die in der Privatwirtschaft beschäftigt sind (d.h. ohne private Haushalte). Da die FKS in der Regel verdachtsgeleitet kontrolliert und daher Menschen ohne Status überrepräsentiert sind, wurden mit Daten der FKS Maximalschätzungen durchgeführt. Nach diesen Berechnungen gab es 2006 in Deutschland maximal 300.000 Personen ohne Status, die in privaten Unternehmen beschäftigt waren, während die Gesamtzahl der Personen ohne Ar-

15 Dieses Delikt wird hier ausgewählt, weil Frauen im Vergleich zu anderen häufigen Straftaten am wenigsten unterrepräsentiert sind. Der Frauenanteil bei den als illegal eingestuften Tatverdächtigen liegt bei 24% (2009) bzw. 31% (2008).

16 Lutz, Helma, *Vom Weltmarkt in den Privathaushalt. Die neuen Dienstmädchen im Zeitalter der Globalisierung*, Münster 2007.

17 Bundesrechnungshof, *Bericht nach § 99 BHO über die Organisation und Arbeitsweise der Finanzkontrolle Schwarzarbeit (FKS)*, Bonn 2008, 30.11.2011, *http://bundesrechnungshof.de/veroeffentlichungen/sonderberichte/schwarzarbeit.pdf*.

beitserlaubnis auf maximal 1,25 Millionen und somit deutlich höher geschätzt wurde.[18] Dies zeigt, dass es wichtig ist, die Rechte von Menschen ohne Aufenthaltsstatus im Kontext der illegalen Ausländerbeschäftigung von legal im Lande lebenden Personen zu betrachten.

Genauere branchenspezifische Schätzungen wären im Prinzip in Kollaboration mit der FKS möglich, sind aber bisher noch nicht durchgeführt worden. Als Beispiel für einen solchen branchenspezifischen Ansatz sei eine Kontrolle im Hamburger Hotelgewerbe angeführt, von der FKS-Mitarbeiter berichteten.[19] 2006 erfolgte eine Prüfung des Hotelgewerbes mit insgesamt 23 Betrieben, bei denen 212 Personen von der FKS überprüft wurden. Es wurden dabei insgesamt acht verdächtige Personen festgestellt, zwei davon mit ausländerrechtlichen Verstößen, welche auch zu Festnahmen geführt haben, das heißt illegalen Aufenthalt betrafen. Wenn diese Überprüfung typisch wäre, würde das bedeuten, dass rund ein Prozent der Beschäftigten der Hotelbranche in Hamburg keinen Aufenthaltsstatus haben.

Besonders betroffen sind generell Branchen, deren Produktion sich schlecht ins Ausland verlagern lässt, bei denen die Qualifikationsanforderungen niedrig sind, die starke saisonale oder konjunkturelle Schwankungen aufweisen und die aus unterschiedlichen Gründen für Kontrollen schwer zugänglich sind, zum Beispiel weil Privathaushalte involviert sind, wegen kleinbetrieblicher Strukturen sowie wechselnder Produktions- und Einsatzorte.

Seit 1. Januar 2009 müssen die Arbeitgeber in bestimmten Branchen neue Beschäftigte sofort melden, und zugleich sind diese verpflichtet, Ausweispapiere mit sich zu führen. Die Liste der in diese Pflicht eingezogenen Branchen zeigt, in welchen privatwirtschaftlichen Bereichen häufig Verstöße angetroffen werden: Bau-, Gaststätten- und Beherbergungsgewerbe, Personenbeförderungs-, Speditions-, Transport- und damit verbundenen Logistikgewerbe, Schausteller-, Gebäudereinigungsgewerbe sowie Unternehmen der Forstwirtschaft, der Fleischwirtschaft und des Messebaus.[20]

Unbestritten werden auch Privathaushalte besonders häufig zum Beschäftigungsort für Menschen ohne Status. Hier dominieren Reinigung, Pflege, Betreuung und andere Tätigkeiten, die traditionell von Frauen geleis-

18 Vogel/Aßner, *Wie viele Menschen leben illegal in Hamburg?* [wie Anm. 14], S. 90.

19 Vogel/Aßner, *Wie viele Menschen leben illegal in Hamburg?* [wie Anm. 14], S. 77 f.

20 23.12.2011, *http://www.deutsche-rentenversicherung.de/SharedDocs/de/Navigation/Service/Zielgruppen/arbeitgeber/DEUEV/DEUEV_ sofortmeldung_node.html.*

tet werden, so dass auch in der Beschäftigung ohne Status Frauen dominieren.[21]

III. Ökonomisch-theoretische Überlegungen zu Anreizstrukturen für die Durchsetzung von Rechten

Ökonomische Überlegungen eignen sich gut, um zu durchdenken, welche Wirkungen bei bestimmten Regelungen erwartet werden können. Zwar gibt es eine Vielzahl von ökonomisch-theoretischen Überlegungen zu Fragen des illegalen Aufenthalts,[22] jedoch meines Wissens keine modelltheoretischen Analysen zur Durchsetzung von Rechten von Menschen ohne Status im Arbeitsmarkt. Dazu sollen hier einige Überlegungen angestellt werden.

In der ökonomischen Theorie werden Normverstöße als Ergebnis individuellen Kalküls gedacht, wobei die erwarteten Nutzen die erwarteten Kosten eines Regelbruchs übersteigen müssen.[23] Der Normadressat reagiert auf Sanktionshöhe und -wahrscheinlichkeit und versucht diese durch Täuschungsmanöver zu beeinflussen. Der Staat bestimmt Kontrollaktivitäten und Sanktionshöhe, um einen optimalen Vollzug zu gewährleisten, wobei Kosten der Kontrolle und die Effekte der Kontrollaktivitäten abgewogen werden müssen. Aus diesem Ansatz folgt unmittelbar, dass ein 100prozentiger Normvollzug kein Ziel der staatlichen Politik sein kann, weil dann die Kontrollkosten die Kontrollnutzen überwiegen würden.[24]

Unter der realistischen Annahme, dass die Möglichkeiten zum Überleben in der Illegalität durch die Beschäftigungsmöglichkeiten begrenzt sind, ist die Arbeitsnachfrage der restringierende Faktor, und die Arbeitgeber sind Normadressaten staatlicher Regelungen. Dann ist zunächst zu fragen, ob sie überhaupt erkennen können, ob eine Person, die ihnen Arbeit anbietet, ohne

21 Gather, Claudia/Geissler, Birgit/Rerrich, Maria (Hg.), *Weltmarkt Privathaushalt. Bezahlte Hausarbeit im globalen Wandel*, Münster 2002; Lutz, *Vom Weltmarkt in den Privathaushalt* [wie Anm. 16].

22 Straubhaar, Thomas/Katseli, Louka/Zimmermann, Klaus F. (Hg.), »On the Economics of Illegal Migration«, *Special Issue of the Journal of Population Economics* (1999).

23 Gawel, Erik, »Vollzug als Problem der ökonomischen Theoriebildung«, *Zeitschrift für Wirtschafts- und Sozialwissenschaften* 113 (1993), S. 597–627.

24 Entorf, Horst, »Rational Migration Policy Should Tolerate Non-Zero Illegal Migration Flows: Lessons from Modelling the Market for Illegal Migration«, *International Migration* 40 (1) (2002), S. 27–41.

Status im Land ist. In der regulären Wirtschaft dürfte dies in Deutschland in der Regel der Fall sein.[25] Gerade in Kleinunternehmen sitzen zwar keine Dokumentenexperten, die gefälschte und echte Papiere auseinanderhalten können, aber es gibt weitgehende Meldepflichten und Datenweitergabepraktiken, die die Möglichkeiten zur Beschäftigung von Menschen ohne Status in der regulären Wirtschaft eng begrenzen.[26]

Bei einer Beschäftigung in der Schattenwirtschaft werden Steuern und Sozialabgaben nicht gezahlt und die Kosten von Regulierungen zum Beispiel im Arbeits- und Gesundheitsschutz umgangen. Weil der Nettolohn in der regulären Beschäftigung im Durchschnitt weniger als die Hälfte der Bruttoarbeitskosten beträgt[27], kann der Nettolohn in Schwarzarbeit höher sein als in einer regulären Beschäftigung, so dass solche Beschäftigungen nicht nur für papierlose Menschen attraktiv sind.

Allerdings haben Papierlose im Vergleich zu Deutschen und regulär im Land lebenden Ausländern und Ausländerinnen weniger Alternativen. Sie können in der Regel nicht regulär arbeiten oder auf Sozialleistungen zurückfallen, so dass die bestmögliche Alternative oft nur die Rückkehr und Arbeit im Herkunftsland ist. Das Wissen um Alternativen bestimmt die Verhandlungsmacht in der Arbeitgeber-Arbeitnehmer-Beziehung. Wer über wenige Informationen verfügt, zum Beispiel weil er oder sie erst vor kurzem angekommen ist, wenige Leute kennt und die Sprache nicht beherrscht, bleibt möglicherweise freiwillig in einem niedrig entlohnten Beschäftigungsverhältnis mit schlechten Arbeitsbedingungen, weil Alternativen nicht erkennbar sind. Arbeitgeber haben einen Anreiz, die Alternativen der Beschäftigten zu kennen und möglichst negativ darzustellen. Beschäftigte haben einen Anreiz, zu verbergen, dass sie keine Alternativen sehen.[28] Hier wird es nun ökonomisch wichtig, ob die Durchsetzung von Rechten als relevante Alternative

25 Das ist nicht unbedingt überall der Fall, wie z.B. die grundlegenden Ausführungen von Ethier zeigen: Ethier, Wilfried, »Illegal Immigration«, *American Economic Review*, Jg. 76, H. 2 (1986), S. 258–262, S. 63.

26 Vogel, Dita, »Identifying Unauthorized Foreign Workers in the German Labour Market«, in: Jane Caplan/John Torpey (Hg.), *Documenting Individual Identity: The Development of State Practices in the Modern World*, Princeton Oxford 2001, S. 328–344.

27 Nach Angaben des Instituts der Deutschen Wirtschaft kamen 2009 auf 100 Euro Bruttolohn rund 30 Euro Lohnnebenkosten, während der Arbeitnehmer zugleich vom Bruttolohn durchschnittlich 40% an Steuern und Sozialabgaben leisten muss, Arbeitskosten iwd Nr. 22 vom 3. Juni 2010 und Steuerbelastung iwd Nr. 42 vom 15.10.2009, 30.11.2011, *www.iw-koeln.de*.

28 Diese Überlegungen sind durch die Diskussion des Principal-Agent-Problems angeregt, die allerdings in der Regel einen einseitigen Informationsvorsprung eines Geschäftspart-

wahrgenommen wird. Wenn das Einklagen von zustehenden Löhnen vor Gericht eine relevante Alternative ist, kann die Option des Ausstieges aus einem Beschäftigungsverhältnis größere Attraktivität gewinnen. Wer glaubt, dass es nur den Ausstieg aus dem Beschäftigungsverhältnis nach dem Motto ›Weg mit Schaden‹ gibt, wird im Beschäftigungsverhältnis mehr Rechtsverletzungen hinnehmen, als wenn die Alternative ›Weg mit Entschädigung‹ erkennbar ist.[29]

Ökonomische Analysen zielen oft darauf ab zu zeigen, wie sich die Veränderung eines Handlungsparameters des Staates auswirkt, wenn man Rückwirkungen über die Märkte mit einbezieht. Nun kann man fragen, welche Rückwirkungen zu erwarten wären, wenn Beschäftigte ohne Status ihre Rechte aus einem Arbeitsverhältnis effektiver wahrnehmen könnten. Wenn der Markt durch die Angebotsseite determiniert wäre, könnte man eine Sogwirkung erwarten. Höhere erzielbare Löhne würden mehr Menschen in die Illegalität locken. Da der Markt aber durch die Nachfrageseite determiniert wird, ist das nicht zu erwarten. Für Arbeitgeber wird es riskanter, Menschen ohne Status unter Verletzung von staatlich festgelegten Mindestrechten oder Bruch von Lohnvereinbarungen einzustellen, weil sie damit rechnen müssen, dass der Arbeitnehmer Nachforderungen stellen wird. Damit verringert sich die Zahl der Beschäftigungsverhältnisse, in denen es Arbeitgebern unter Einbeziehung von Risikoabwägungen attraktiv erscheint, Menschen ohne Status zu ausbeuterischen Bedingungen zu beschäftigen. Wenn es aber weniger Beschäftigungsmöglichkeiten gibt, sinkt auch die Zahl der Menschen ohne Aufenthaltsstatus.

IV. Durchsetzung von Rechten in der Praxis – rechtssoziologische Erkenntnisse

Die Frage nach den Rechten von Menschen ohne Aufenthaltsstatus lässt sich als ein Spezialfall der Frage nach der Beachtung und Missachtung rechtlicher

ners annehmen und stark mathematisch-modelltheoretisch argumentieren, 30.11.2011, *http://wirtschaftslexikon.gabler.de/Definition/prinzipal-agent-theorie.html.*

29 In der Rechtssoziologie wird eine solche Auswirkung des Rechts auf die Verhandlungspositionen der Akteure auch als »Schattenwirkung« des Rechts bezeichnet. Vgl. Kocher, Eva, *Effektive Mobilisierung von Beschäftigtenrechten*, Gutachten für die Hans-Böckler-Stiftung, Düsseldorf 2009, S. 11.

Regeln in der Praxis auffassen. Derartige Fragen werden in der Rechtssoziologie und der Anthropologie des Rechts untersucht.[30] Im Folgenden wird der Ansatz des Sozialen Wirkens von Recht[31] vorgestellt und anhand dieses Ansatzes Wirkungen dargestellt.

Damit Gesetze in der Praxis eine soziale Wirkung entfalten, muss gefragt werden, wer die relevanten Akteure sind, was sie über das Recht wissen, wie sie es interpretieren und welche Entscheidungen sie auf dieser Basis treffen. Typischerweise setzen sich nur die Akteure im Rechtssystem selbst – also öffentliche Rechtsanwender, Gerichte, Rechtsanwälte etc. – direkt mit rechtlichen Regelungen auseinander. Die Letztadressaten des Rechts – hier also Arbeitnehmer und Arbeitgeber – lernen typischerweise aus der Rechtsanwendung, indem sie eigene Erfahrungen und Geschichten von fremden Erfahrungen aus ihrem Umfeld oder den Medien interpretieren. Die Kontrollmitarbeiter, die unmittelbaren Kontakt mit Zuwanderern ohne Status haben, machen die staatliche Politik konkret. Wie sie Entscheidungen treffen und Ermessensspielräume nutzen, ist für Zuwanderer ohne Status von hoher Bedeutung. Zwar werden typischerweise nur wenige Menschen kontrolliert, aber die Geschichten darüber werden weitererzählt. So beeinflusst die Rechtsumsetzung von Praktikern der Kontrolle die individuellen Rechtsinterpretationen einer Vielzahl von Menschen und ihre Interaktionen.

Typischerweise ist es so, dass auch reguläre Arbeitnehmer und Arbeitnehmerinnen ihre Arbeitsrechte aus einem laufenden Beschäftigungsverhältnis nicht vor Gericht einfordern, sondern dass die Mehrheit der Verfahren nach Beendigung eines Arbeitsverhältnisses stattfindet.[32] Rechtsanwälte und Gewerkschaften können Arbeitnehmer vor dem Arbeitsgericht vertreten. Sie werden zugleich im Vorfeld zu Vermittlern, die Arbeitnehmern helfen, die Erfolgschancen eines Verfahrens einzuschätzen. Auf diesem Weg wirkt die Rechtsprechung der Vergangenheit auf zukünftige Verfahren.

Als relevante Akteure werden also Kontrollorganisationen, Arbeitgeber, Migranten und Unterstützungsakteure identifiziert, deren Rolle in der Umsetzung des Rechts im Folgenden diskutiert wird.

---

30 Kocher, *Effektive Mobilisierung von Beschäftigtenrechten* [wie Anm. 29].

31 Griffiths, John, »The Social Working of Anti-Discrimination Law«, in: Titia Loenen/Peter R. Rodrigues (Hg.): *Non-discrimination law: comparative perspectives*, The Hague 1999, S. 313–330. Ausführlich dazu siehe auch: Vogel/Aßner, »Wie viele Menschen leben illegal in Hamburg?« [wie Anm. 14].

32 Kocher, *Effektive Mobilisierung von Beschäftigtenrechten* [wie Anm. 29].

1. Die Rolle der Kontrollorganisationen

Grundsätzlich wird in Deutschland davon ausgegangen, dass verschiedene staatliche Kontrollorganisationen zusammenarbeiten. Deshalb müssen Mitarbeiter öffentlicher Einrichtungen die Ausländerbehörden informieren, wenn sie in Ausübung ihrer Tätigkeit vom illegalen Aufenthalt eines Menschen erfahren. Erst Ende 2009 wurde klargestellt, dass zum Beispiel Schulen, Krankenhäuser und humanitär motivierte Helfende von solchen Pflichten ausgenommen sind, nicht aber Arbeitsgerichte. Unstrittig ist, dass Kontrollorganisationen zusammenarbeiten müssen. Menschen ohne Aufenthaltsrecht wissen zwar in der Regel nichts von solchen Übermittlungspflichten, haben aber eigene Erfahrungen mit Behördenkontakten und Kontrollen oder kennen Geschichten von Menschen, die aufgedeckt worden sind.[33]

Da illegaler Aufenthalt strafbar ist und Abschiebung mit Freiheitsentzug einher geht, ist die wichtigste Kontrollinstanz die Polizei. Die Polizei fragt stets nach Identitätspapieren, deckt dabei typischerweise einen fehlenden Aufenthaltsstatus auf und ist verpflichtet, dies auch zu verfolgen.[34] Dies gilt auch, wenn der fehlende Aufenthaltsstatus bei Zeugen oder Opfern deutlich wird.[35] Nur ein kleiner Teil der Personen, gegen die wegen illegalem Aufenthalt ermittelt wird, ist auch mit nicht-aufenthaltsrechtlichen Straftaten in Erscheinung getreten (s. II.1). Dies deutet darauf hin, dass Menschen ohne Status im Kontakt mit der Polizei hauptsächlich als Straftäter gegen das Aufenthaltsgesetz wahrgenommen werden.

Dies gilt auch für Kontrollen der Finanzkontrolle Schwarzarbeit (FKS). Die mit polizeiähnlichen Kompetenzen ausgestatteten Mitarbeiter kontrollieren Betriebe und Personen, die in Arbeitsstätten angetroffen werden – im Jahr 2009 immerhin 52.000 Betriebe und 473.000 Personen. Ihr Hauptziel ist die Bekämpfung der Schwarzarbeit. Von der Motivation her haben Mitarbeiter einer Vorläuferbehörde der FKS klar herausgestellt, dass sie in erster

33 Cyrus, Norbert/Vogel Dita, »Managing Access to the German Labour Market: Opportunities and Restrictions«, in: Franck Düwell (Hg.), *Illegal Immigration in Europe Beyond Control?*, New York 2006, S. 75–105.

34 Qualitative Studien liefern zahlreiche Beispiele für die Angst von Menschen ohne Status vor der Polizei. Beispiele z.B. bei Alt, *Leben in der Schattenwelt* [wie Anm. 9], S. 164–166.

35 Vogel, Dita/McDonald, William F./Düvell, Franck/Jordan, Franck/Kovacheva, Vesela/ Vollmer, Bastian, »Police Cooperation in Internal Enforcement of Immigration Control: Learning from international comparison«, in: William F. McDonald (Hg.), *Immigration, Crime and Justice. Sociology of Crime, Law and Deviance*, Vol.13, Bingley, UK 2009, S. 205–241, S.216.

Linie an der Überführung ausbeuterischer Arbeitgeber und schwarzarbeitender Arbeitsloser interessiert sind.[36] Wenn sie aber im Zuge ihrer Ermittlungen auf Ausländer ohne Status aufmerksam werden, werden sie festgenommen und in der Regel nach Rücksprache mit der Staatsanwaltschaft der Abschiebehaft übergeben.

Mitarbeiter von Kontrollorganisationen würden gern besonders ausbeuterische Arbeitsmarktkonstellationen ahnden, scheitern aber oft an der fehlenden Mitwirkung der Arbeitnehmer, die nicht mit den Kontrollorganisationen zusammenarbeiten, weil sie von den gleichen Organisationen auch als Täter im aufenthaltsrechtlichen Bereich verfolgt werden.[37]

2. Die Arbeitnehmerperspektive

Inzwischen wurde eine Vielzahl qualitativer Interviews mit Zugewanderten geführt, die aus unterschiedlichen Herkunftsländern den Weg in den deutschen Arbeitsmarkt gefunden haben.[38] Menschen ohne Aufenthaltsstatus wissen in der Regel, dass sie illegal im Land sind und bei einer Aufdeckung mit einer Abschiebung und erheblichen Kosten rechnen müssen. Sie wissen, dass sie in einer Vielzahl von Lebensbereichen eine Meldeadresse und gültige Papiere vorlegen müssen. Ansonsten werden sie bestenfalls abgewiesen und schlimmstenfalls aufgedeckt. Daher sind Papierlose typischerweise vorsichtig und offenbaren ihre aufenthaltsrechtliche Situation nur, wenn sie Vertrauen haben, dass sie nicht aufgedeckt werden. Viele leben in ständiger Angst davor, dass die Polizei sie kontrollieren, festnehmen und abschieben könnte.[39]

36 Cyrus, Norbert/Vogel, Dita, »Ausländerdiskriminierung durch Außenkontrollen im Arbeitsmarkt? Fallstudienbefunde – Herausforderungen – Gestaltungsoptionen«, *Mitteilungen aus der Arbeitsmarkt- und Berufsforschung* 35 (2/2002), S. 254–270.

37 Cyrus, Norbert/de Boer, Katrin/Vogel, Dita, *Menschenhandel zum Zweck der Arbeitsausbeutung. Eine explorative Untersuchung zu Erscheinungsformen, Ursachen und Umfang in ausgewählten Branchen in Berlin und Brandenburg – im Auftrag des Berliner Bündnisses gegen Menschenhandel zum Zweck der Arbeitsausbeutung c/o Internationale Organisation für Migration*, Berlin 2010.

38 Eine der ersten Studien mit einer Vielzahl von Interviews hat Alt durchführt: Alt, *Leben in der Schattenwelt* [wie Anm. 9]. Für ein aktuelles Beispiel siehe die Studie von Emilija Mitrovic, »Qualitative Befunde zur Lebenssituation von Menschen ohne gültige Aufenthaltspapiere in Hamburg: Bildungszugang – Arbeit – Gesundheit«, in: Diakonisches Werk Hamburg (Hg.), *Leben ohne Papiere. Eine empirische Studie zur Lebenssituation von Menschen ohne gültige Aufenthaltspapiere in Hamburg*, Hamburg 2009, S. 134–213.

39 Krieger/Ludwig/Schupp/Will, *Lebenslage »illegal«* [wie Anm. 8], S. 113–115.

Da ist es schwer vorstellbar, dass derselbe Staat, der den Aufenthalt notfalls mit Gewalt beenden kann, zugleich helfen kann, Ansprüche gegenüber Arbeitgebern durchzusetzen.

Daher ist unter Menschen ohne Aufenthaltsstatus die Vorstellung weit verbreitet, dass sie keine Rechte haben oder sie zumindest nicht durchsetzen können. In qualitativen Interviews gibt es oft Aussagen wie diese:

»Ich habe gearbeitet und ganz umsonst. Sie sagen mir dann: ›Du musst mir ein Papier bringen, um Geld zu bekommen.‹ Die Arbeitgeber wissen um meinen Status. Sie wissen: Ich habe kein Recht zu klagen. Ich wechsle dann sofort die Arbeit. [...] Ich habe zum Beispiel für einen Mann gearbeitet. Der hat mich nicht bezahlt. Den ganzen Monat. Einen Monat, zwei Monate ohne Lohn: ›So im nächsten Monat Lohn.‹ Die haben dich in der Hand. Das ist mir zum Beispiel in zwei Fällen passiert. Die wissen, dass ich mich nicht wehre.«[40]

3. Die Arbeitgeberperspektive

Bei der Fragestellung dieses Buches geht es darum, dass subjektive Rechte von Arbeitnehmern gegenüber Arbeitgebern durchgesetzt werden sollen. In der Praxis passieren Rechtsverletzungen in sehr unterschiedlichen Arbeitgeber-Arbeitnehmer-Konstellationen, deren Art auch branchen- und geschlechtsspezifisch geprägt ist. Arbeitgeberperspektiven wurden zwar bisher relativ wenig untersucht, lassen sich aber indirekt auch aus Fallbeschreibungen und Arbeitnehmerperspektiven ableiten. Im Folgenden werden Arbeitgeberperspektiven typisiert und exemplarisch an Hand von Fällen angeführt.

Engpass-Arbeitgeber. Wer eine Putzhilfe, Kinderbetreuung oder Altenpflege für einen Privathaushalt sucht, wird es oft schwer haben, eine reguläre Arbeitskraft zu finden. Im Bereich der Dienstleistungen in privaten Haushalten ist eine Mischung aus Eigenarbeit und Schwarzarbeit so üblich, dass reguläre Beschäftigungsverhältnisse als Ausnahme erscheinen.[41] Das hängt auch damit zusammen, dass die Privatsphäre besonders geschützt ist und die FKS in Privathaushalten nicht kontrolliert. In diesem Bereich dominieren Frauen auf beiden Seiten der Beziehungskonstellation. Das Unrechtsbewusstsein der Arbeitgeberin ist gering. Sie weiß zwar, dass ihre Beschäftigte

40 Krieger/Ludwig/Schupp/Will, *Lebenslage »illegal«* [wie Anm. 8], S. 133.

41 Schupp, Jürgen, »Quantitative Verbreitung von Erwerbstätigkeit in privaten Haushalten in Deutschland«, in: Claudia Gather/Birigit Geissler/Maria Rerrich (Hg.), *Weltmarkt Privathaushalt. Bezahlte Hausarbeit im globalen Wandel*, Münster 2002, S. 50–70.

schwarz arbeitet, muss aber nicht unbedingt wissen, dass sie illegal im Land ist. Nettolöhne liegen typischerweise über den Netto-Löhnen für reguläre Beschäftigungen in vergleichbaren Tätigkeiten. Arbeitgeberin und Arbeitnehmerin entwickeln bei längerfristiger Beschäftigung oft ein enges Verhältnis, das oft auch persönliche Beziehungen einschließt.[42]

Ähnliche Verhältnisse gibt es auch in kleinen Unternehmen und Familienbetrieben, die sich harter Konkurrenz ausgesetzt sehen. In Gaststätten und kleinen Handwerksbetrieben, in denen generell viel gearbeitet wird, sind Menschen ohne Status manchmal auf einer ähnlichen Basis beschäftigt wie legal im Lande lebende Menschen. So berichtete eine Polin, die vor dem EU-Beitritt Polens interviewt wurde, als sie sich illegal in Deutschland aufhielt und seit zwei Jahren im Restaurant eines Nordafrikaners beschäftigt war: »Es ist wie meine Familie. Ich mache immer den Witz, dass er mein Vater ist und sie meine Mutter. Weil ich allein hier bin, niemanden habe.«[43]

Herkunftslandorientierte Arbeitgeber. Wenn der Arbeitgeber den Lohn so ansetzt, dass er nach Maßstäben des Herkunftslandes in Ordnung ist, aber nach deutschen Maßstäben unter den ortsüblichen Mindestbedingungen liegt, können aus Sicht des deutschen Staates ausbeuterische Bedingungen vorliegen. Aus der Sicht des Arbeitgebers und des Arbeitnehmers kann es jedoch um eine einvernehmliche Rechtsverletzung gehen. Cyrus berichtet folgenden Fall eines Saisonarbeiters, der allerdings mit Status im Land war:

> »Während er in Polen 250 Euro pro Monat verdiente, erhielt er 600 Euro für die Saisonarbeit in Deutschland. Er gab zu, dass sein Arbeitsvertrag nicht eingehalten wurde. Anstatt sechs Stunden täglich an fünf Tagen der Woche, arbeitete er zehn bis zwölf Stunden am Tag, sieben Tage die Woche. Angesichts dieser Arbeitszeiten lag sein Lohn in Höhe von 600 Euro deutlich unter dem gesetzlichen Mindestlohn, aber der Saisonarbeiter beschwerte sich nicht, da er zu seinem Arbeitgeber eine freundschaftliche Beziehung entwickelt hatte und dieser ihn sogar in Polen besucht hatte.«[44]

Auch bei Menschen, die mit gefälschten Papieren oder ohne Status im Land sind, ergeben sich ähnliche Situationen. Unter dem Namen Ana S. wurde der Fall einer Lateinamerikanerin bekannt, die als Au-Pair nach Hamburg kam und nach Ablauf des Au-Pair-Visums in Vollzeit illegal weiter arbeitete.[45]

---

42 Rerrich, Maria, *Die ganze Welt zu Hause. Cosmobile Putzfrauen in privaten Haushalten*, Hamburg 2006, S. 91 ff.

43 Cyrus/Vogel, »Managing Access to the German Labour Market« [wie Anm. 33], S. 92.

44 Cyrus, Norbert, *Trafficking for Labour and Sexual Exploitation in Germany*, International Labour Organisation, Genf 2005, S. 26.

45 Mitrovic, »Qualitative Befunde zur Lebenssituation« [wie Anm. 39], S. 206.

Die gezahlte Vergütung war weit unter den deutschen Mindeststandards, wurde aber zunächst im Einvernehmen mit der Arbeitnehmerin vereinbart, der erst allmählich bewusst wurde, wie unüblich ihre Arbeitsbedingungen in Deutschland waren. Als die Frau später mit Unterstützung einer Gewerkschaft die Familie verließ und zusätzlichen Lohn einklagte, zeigte das Arbeitgeberpaar nur geringes Unrechtsbewusstsein, weil sie ja nicht die Vereinbarungen mit der Arbeitnehmerin, sondern nur die deutschen Mindeststandards unterlaufen hatten.

Betrügerische Arbeitgeber. Arbeitsverhältnisse können auch von vorneherein mit kalkuliertem Vertragsbruch geplant sein. Wenn Arbeitgeber wissen, dass die Arbeitnehmer illegal im Land sind und aus Angst vor der Aufdeckung, Unkenntnis über ihre Rechte oder mangelnde Nachweismöglichkeiten ausstehende Löhne nicht einfordern, können sie Arbeitsleistungen sogar umsonst nutzen, bis die Beschäftigten den Vertragsbruch erkannt und eine Alternative gefunden haben. Der Arbeitgeber kann auch zunächst ein günstiges Paket aus Lohn- und Arbeitsbedingungen anbieten und in der laufenden Arbeitsbeziehung lernen, dass der Arbeitnehmer auch schlechtere Bedingungen hinnimmt, ohne abzuwandern.

In Studien mit dem Schwerpunkt Arbeitsausbeutung werden diverse Fälle aufgeführt, die nach diesem Muster funktionieren:[46] Hausangestellte, die nach der Einreise in Deutschland schlechtere Verträge bekommen als im Ausland versprochen, Bauarbeiter, die für einen Subunternehmer arbeiten, der nach Abschluss der Arbeiten verschwindet, so dass es keine Adresse für Nachforderungen gibt, Beschäftigte in Landwirtschaft, Gastronomie und Fleischverarbeitung, die für den vereinbarten Lohn doppelt so viel arbeiten müssen.

Das folgende Zitat illustriert, dass das Risiko des Lohnbetrugs als alltäglich betrachtet wird:

> »Das ist so normal, dass ich ausgebeutet werde, dass ich erstaunt bin über die Frage. Ich hab nur gearbeitet und gearbeitet. Der hat was Ordentliches mit mir vereinbart, der Arbeitgeber. Ich habe dann was ganz anderes bekommen. Sehr oft. […] 120 D-Mark war vereinbart, 100 hat er gezahlt. Ich war zufrieden, dass ich überhaupt etwas bekam.«[47]

Bei herkunftslandorientierten und betrügerischen Arbeitgebern können die Arbeitsverhältnisse auch rechtlich als ausbeuterisch bezeichnet werden, wenn

46 Cyrus, *Trafficking for Labour and Sexual Exploitation* [wie Anm. 45]; Cyrus/de Boer/Vogel, *Menschenhandel zum Zweck der Arbeitsausbeutung* [wie Anm.38].

47 Krieger/Ludwig/Schupp/Will, *Lebenslage »illegal«* [wie Anm. 8], S. 122.

man sich an eine implizite Definition im Straftatbestand des Menschenhandels zum Zweck der Arbeitsausbeutung anlehnt. Ausbeutung liegt demnach dann vor, wenn Arbeitgeber oder Vermittler Arbeitsbedingungen im auffälligen Missverhältnis zu dem vergleichbarer Arbeitnehmer durchsetzen, indem sie die Hilflosigkeit oder Zwangslage eines Menschen ausnutzen.[48]

4. Die Rolle der Unterstützungsakteure

Unterstützungsakteure wie Gewerkschaften oder Beratungsstellen sind zentral für die Umsetzung von Rechten von Menschen ohne Status. Mir ist kein einziger arbeitsrechtlicher Fall bekannt, in dem Menschen ohne Status ohne die Hilfe von Unterstützungsakteuren Rechte durchgesetzt haben. Ausgangspunkt ist ein Teufelskreis, der zu uneinheitlicher Rechtsauslegung führt. Weil Menschen ohne Status glauben, dass sie keine Rechte oder keine Chance auf deren Durchsetzung haben, landen nur wenige Fälle vor Gericht. Wenn nur wenige Fälle vor Gericht gelandet sind und in noch weniger Fällen eine höchstrichterliche Klärung strittiger Rechtsfragen erfolgt ist, bleibt auch unklar, was im Zweifel durchsetzbar ist. Das führt wiederum zu mehr Risiken in Verfahren und weniger Verfahren. So besteht eine inhärente Tendenz zu uneinheitlicher Rechtsauslegung.

Exemplarisch lässt sich das zeigen am Beispiel der Frage, ob Menschen ohne Status Anspruch auf Lohn haben. So war noch 2003 in einer Reihe über »Aktuelles Recht für die Praxis« über die Folgen illegaler Ausländerbeschäftigung zu lesen, dass der ausländische Arbeitnehmer keinen Anspruch auf Arbeitslohn habe.[49] In einem Gutachten war dagegen argumentiert worden, dass Arbeitnehmer sehr wohl Anspruch auf Lohn haben und diesen auch gerichtlich geltend machen können.[50] In den letzten Jahren hat sich Position allgemein durchgesetzt. Dass sie mit der Umsetzung der Arbeitgebersanktionenrichtlinie explizit ins Aufenthaltsgesetz (§ 98a) übernommen

48 Dies gilt im deutschen Recht als »Menschenhandel zum Zweck der Arbeitsausbeutung« und ist in etwa mit dem Begriff der »Zwangsarbeit«, wie er von der Internationalen Arbeitsorganisation verwendet wird, vergleichbar. Beide Begriffe weichen aber deutlich vom Alltagsverständnis ab und eignen sich nur schlecht zur Verständigung (Cyrus/de Boer/Vogel, *Menschenhandel zum Zweck der Arbeitsausbeutung* [wie Anm. 38], S. 16/30).

49 Marschall, Dieter, *Bekämpfung illegaler Beschäftigung*, München 2003, S. 215, Rz.839.

50 Fodor, Ralf, »Rechtsgutachten zum Problemkomplex des Aufenthalts von ausländischen Staatsangehörigen ohne Aufenthaltsrecht und ohne Duldung in Deutschland«, in: Jörg Alt/Ralf Fodor, *Rechtlos? Menschen ohne Papiere*, Karlsruhe 2001, S. 132–162, S. 139.

wurde, kann insofern als Klarstellung betrachtet werden. Dennoch gibt es nur wenige bekannte Fälle, in denen Rechte erfolgreich geltend gemacht wurden. Der Sozialwissenschaftler und Jesuitenpater Jörg Alt, der in den 1990er Jahren zahlreiche Menschen ohne Status und 52 Experten interviewte, berichtet nur von einem einzigen Fall eines erfolgreichen Gangs vor das Arbeitsgericht aus den 1980er Jahren.[51] Dies macht es auch für Unterstützungsakteure schwierig, den Verlauf und Ausgang einer Rechtsstreitigkeit einzuschätzen. Inzwischen gibt es aber mehr dokumentierte Fälle und Hinweise zum Geltendmachen von Rechten.[52]

Pionierarbeit wurde in Berlin in einer Beratungsstelle des Polnischen Sozialrats geleistet. Das Projekt ZAPO leistete Hilfe in elf Fällen mit 27 Migranten und zeigte in der Praxis, dass Arbeitsrechte existieren und auch vor dem Arbeitsgericht durchsetzbar sind. Die Erfahrungen wurden in vielfältiger Weise vermittelt und weitergegeben.[53]

Vor allem Gewerkschaften unterstützen Menschen ohne Status bei der Durchsetzung ihrer Rechte heute stärker als früher. Während Gewerkschaften in der Vergangenheit überwiegend zur Kriminalisierung von Menschen ohne Status beigetragen haben, um ihre Mitglieder vor unerwünschter Konkurrenz durch die Migranten zu schützen, sind heute immer mehr Hinweise auf eine Durchsetzung eines *Empowerment*-Ansatzes zu erkennen. Dahinter steht die Logik, dass ein solcher »unterstützender Ansatz« Arbeitgebern eine Dumping-Konkurrenz zu Lasten der regulär Beschäftigten erschwert.[54]

Ein aktuelles Beispiel ist die Anlaufstelle Migration und Arbeit (MigrAr) in Hamburg, die zunächst als Pilotprojekt bei der Dienstleistungsgewerkschaft ver.di angesiedelt war und inzwischen vom Deutschen Gewerkschafts-

51 Alt, *Leben in der Schattenwelt* [wie Anm. 9], S. 140.

52 Zum Beispiel auf der Website von Respect, einer Informationsplattform für Arbeitende in privaten Haushalten: 23.12.2011, *http://www.respect-netz.de/*; vgl. auch die knappe und klare Beschreibung bei Cyrus, Norbert, »Soziale Arbeit mit Menschen ohne Aufenthaltsrecht«, in: Andreas Treichler/Norbert Cyrus (Hg.) *Handbuch Soziale Arbeit in der Einwanderungsgesellschaft*, Frankfurt am Main 2004, S. 280–203, S. 193 ff.

53 Cyrus, Norbert, »Representing undocumented migrant workers in industrial tribunals: Stimulating NGO experiences from Germany«, in: Michele LeVoy/Nele Verbruggen/Johan Wets (Hg.), *Book of Solidarity*, Brussels 2003, S. 107–112.

54 Cyrus, Norbert, »Soziale Unterstützung für Wanderarbeiterinnen und Wanderarbeiter«, in: Hans Günther Homfeldt/Wolfgang Schröer/Cornelia Schweppe (Hg.), *Soziale Arbeit und Transnationalität. Herausforderungen eines spannungsreichen Bezugs*, Weinheim/München 2008, S. 8–96.

bund anerkannt und unterstützt ist.[55] Ähnliche Anlaufstellen für Menschen ohne regulären Aufenthaltsstatus gibt es inzwischen auch in Berlin und Frankfurt. Bei MigrAr wird einmal wöchentlich eine offene Sprechstunde zu arbeitsrechtlichen Problemen für Migranten mit undokumentierten Arbeitsverhältnissen durchgeführt. Nach einer Erstberatung werden Rechte schriftlich geltend gemacht, gegebenenfalls gemahnt und gegebenenfalls mit Hilfe der DGB-Rechtsabteilung ein Arbeitsgerichtsverfahren eingeleitet. Dazu muss die betroffene Person dann der Gewerkschaft als Mitglied beitreten.

Für das soziale Wirken des Arbeitsrechts sind Musterfälle mit hoher Publizität wichtig. Die oben bereits erwähnte Migrantin Ana S., die von MigrAr beraten wurde, hat sich in Kooperation mit der Anlaufstelle für zahlreiche Interviews und einen Film zur Verfügung gestellt.[56] Mit Hilfe einer Beratungsstelle verließ die junge Frau zunächst die Familie und klagte dann den ihr noch zustehenden Lohn für 39 Monate Arbeit ein. Während der Verhandlung leitete die Richterin die Akte an die Staatsanwaltschaft weiter, so dass gegen Ana S. wegen illegalem Aufenthalt ermittelt wurde. Nach einer Güteverhandlung wurde ihr in einem Mediationsverfahren eine Zahlung zugesprochen, die als angemessen bezeichnet wird, bei der aber nicht alle Forderungen anerkannt wurden.

Der Fall zeigt die Möglichkeiten und Grenzen, denen sich in Deutschland lebende Menschen ohne Aufenthaltsstatus bei der Durchsetzung von Arbeitsrechten gegenüber sehen. Erstens muss ein Arbeitnehmer zunächst wahrnehmen, dass Rechte existieren. Zweitens kann er nur gegen einen Arbeitgeber vorgehen, wenn bereits eine alternative Beschäftigungs- und gegebenenfalls auch Wohnmöglichkeit besteht. Drittens ist ein Arbeitsgerichtsverfahren mit dem Risiko verbunden, dass die Ausländerbehörde auf die Person aufmerksam wird und die Staatsanwaltschaft ermittelt. Daher ist viertens eine Vertretung durch eine Gewerkschaft oder einen Rechtsanwalt nötig, um das Risiko der Aufdeckung bei einer Geltendmachung von Rechten zu mindern. Fünftens können Fälle daran scheitern, dass sich Lohnzahlungen und Beschäftigungszeiten in informellen Arbeitsverhältnissen nur mit Schwierigkeiten nachweisen lassen, was ebenfalls eine gute Beratung erfordert. Letztlich lässt sich aber sagen, dass mit der entsprechenden Unterstützung eine Durchsetzung von Rechten möglich ist.

55 Mitrovic, Emilija, »Qualitative Befunde zur Lebenssituation von Menschen ohne gültige Aufenthaltspapiere« [wie Anm. 39].

56 »Mit einem Lächeln auf den Lippen. Eine Hausarbeiterin ohne Papiere zieht vors Arbeitsgericht«, 30.11.2011, *http://www.kiezfilme.de/laecheln/*.

Wenn jemand bereits aufgedeckt und abgeschoben wurde, entfällt zwar die Sorge, durch eine Geltendmachung von Rechten aufgedeckt zu werden. Dafür wird es aber schwieriger und kostspieliger, vom Ausland aus ein Verfahren anzustrengen und zu betreiben.

Dass die Möglichkeiten und Grenzen der Durchsetzung von Rechten gegenüber Arbeitgebern manchmal ähnlich aussehen, auch wenn die Migranten einen Aufenthaltsstatus haben, zeigen in der Studie des Berliner Bündnisses gegen Menschenhandel berichtete Beispiele. Ein Rechtsanwalt berichtete von Zuständen in chinesischen Spezialitätenrestaurants, die sich sicher als Arbeitsausbeutung, vielleicht sogar als Menschenhandel beschreiben lassen. Nachdem er vor einigen Jahren erfolgreich für einen betroffenen Koch eine erhebliche Lohnnachzahlung hatte erstreiten können, hat er in der Folge inzwischen fast 100 Fälle von chinesischen Spezialitätenköchen vertreten. Den Köchen geht es darum, trotz Arbeitgeberwechsel ihren Aufenthaltsstatus zu behalten und Lohnnachzahlungen zu erhalten. In der Studie wird der Fall eines wegen Krankheit entlassenen Arbeitnehmers berichtet, bei dem ein erster Anwalt zunächst keinerlei substantielle Nachforderungen wegen willkürlich durch den Arbeitgeber gekürzte Bezüge gestellt hatte, als der interviewte Anwalt den Fall übernommen hat.[57]

Mit dem Bild einer Pyramide wird in der erwähnten Studie der Zusammenhang zwischen dem Grad der Schwere und der Häufigkeit der Erscheinungsformen von Arbeitsausbeutung verdeutlicht.[58] Die Fälle »einfacher« Arbeitsausbeutung, bei der Arbeitgeber Beschäftigten geltende Rechte und Ansprüche vorenthalten und sich dadurch einen finanziellen Vorteil oder Wettbewerbsvorteil verschaffen, bilden die quantitativ breite Basis. Fälle der Durchsetzung ausbeuterischer Beschäftigungsverhältnisse, die nachträglich aufgenötigt oder verschleiert werden, bilden den zahlenmäßig geringer werdenden Mittelteil. Fälle der gegen den Willen der Beschäftigten und unter Anwendung von Gewalt aufgezwungenen Ausbeutung bilden die quantitativ schmale Spitze der Pyramide der Arbeitsausbeutung. Mit zunehmender Schwere nimmt auch die Zahl der Fälle zu, die unter Umständen strafrechtlich als Menschenhandel zum Zweck der Arbeitsausbeutung geahndet werden könnten.

57 Cyrus/de Boer/Vogel, *Menschenhandel zum Zweck der Arbeitsausbeutung* [wie Anm. 38], S. 52.

58 Cyrus/de Boer/Vogel, *Menschenhandel zum Zweck der Arbeitsausbeutung* [wie Anm. 38], S. 88.

Zusammenfassend lässt sich sagen, dass Arbeitsrechte für Menschen ohne Aufenthaltsstatus heute in der Regel noch nicht sozial wirksam sind, weil sie nicht als solche erkannt werden, weil ihre Durchsetzung zur Aufdeckung des fehlenden Aufenthaltsstatus führen kann oder durch Arbeitgeber aktiv verhindert wird. Mit erheblicher Unterstützung kann es dennoch gelingen, Arbeitsrechte durchzusetzen. Dieser Ansatz gewinnt immer mehr an Bedeutung und wird auch von der Europäischen Union eingefordert. Bei Polizei und Finanzkontrolle Schwarzarbeit dominiert die Aufdeckung und Sanktionierung aufenthaltsrechtlicher Verstöße der Arbeitnehmer.

V. Herausforderungen für die politische Gestaltung und rechtliche Regulierung

Vor diesem Hintergrund soll abschließend überlegt werden, welche Herausforderungen sich für die politische Gestaltung und rechtliche Regulierung heute in Deutschland stellen, wenn wir die Frage der Durchsetzung von Arbeitsrechten von Menschen ohne Aufenthaltsstatus diskutieren.

Generell entsteht ein Umsetzungsproblem durch die Doppelrolle des Staates als Durchsetzer von Migrationsbeschränkungen und Garant von Arbeitsrechten von Arbeitnehmern. Im Fall von Menschen ohne Status sollen Menschen, die kein Recht auf Anwesenheit haben, Rechte in der Erwerbsarbeit durchsetzen können. Vom quantitativen Umfang her geht es um eine recht kleine und heterogene Bevölkerungsgruppe, deren Rechtsdurchsetzung in die umfassendere Debatte um die Durchsetzung von Rechten am Arbeitsmarkt eingeordnet werden muss. Grobe Rechtsverletzungen bis hin zum Menschenhandel zum Zweck der Arbeitsausbeutung treten auch bei legal im Lande lebenden Bevölkerungsgruppen auf, die durch eine Zwangslage erpressbar sind.

Häufig wird angenommen, dass die Doppelrolle des Staates einen Zielkonflikt beinhaltet: Ist es aber tatsächlich so, dass umso mehr Menschen in die Illegalität gelockt werden, desto mehr Rechte diese Menschen haben? Ökonomisch-theoretische Überlegungen weisen darauf hin, dass bei Rechten in der Erwerbsarbeit dieser Zielkonflikt nicht besteht, sondern im Gegenteil von einer Zielkonvergenz ausgegangen werden muss. Dies liegt daran, dass es bei einer effektiveren Durchsetzung der Rechte von Arbeitnehmern zugleich zu erhöhten Kosten und Risiken bei Arbeitgebern kommt. Die

Nachfrage der Arbeitgeber nach illegaler Beschäftigung kann durch eine Stärkung der Arbeitnehmerrechte reduziert werden. Wenn die Überlegung stimmt, dass die Zuwanderung in die Illegalität durch die Arbeitsnachfrage motiviert und im Umfang beschränkt wird, reduziert dies dann auch den illegalen Aufenthalt.

Die Darstellung aus rechtssoziologischer Sicht, wie heute Aufenthaltsrecht und Arbeitsrecht zusammenwirken, hat aufgezeigt, warum ein rein kontrollorientierter Ansatz nicht wirkt. Deutlich wurde die zentrale Rolle von Unterstützungsakteuren bei der Umsetzung der Rechte. Auch heute schon ist eine Rechtsdurchsetzung im Prinzip möglich, wenn Migranten durch Unterstützung in die Lage versetzt werden, ihre Rechte zu erkennen und ohne Risiko einer Aufdeckung einzufordern. Typischerweise wird es – wie auch bei anderen Beschäftigten – erst nach Ende eines Arbeitsverhältnisses zu Verfahren kommen, wobei die Möglichkeit zu solchen Verfahren die Verhandlungsmacht von Beschäftigten stärkt und so auch laufende Arbeitsverhältnisse beeinflussen kann.

Unter den gegebenen rechtlichen und politischen Rahmenbedingungen besteht die Herausforderung für den Staat darin, effektive und vertrauenswürdige Unterstützungsstrukturen aufzubauen, die eine Durchsetzung von Arbeitnehmerrechten ermöglichen. Dies wird auch in der Arbeitgebersanktionenrichtlinie der Europäischen Union[59] anerkannt. Die Mitgliedstaaten sollen der Richtlinie zufolge wirksame Verfahren einrichten, damit Arbeitnehmer direkt oder mithilfe von Dritten wie zum Beispiel Gewerkschaften ausstehende Löhne einklagen können.

Die Art der gesetzlichen Umsetzung der Richtlinie[60] spricht nicht dafür, dass die Einschätzung der Herausforderungen in vollem Umfang von der Mehrheit des Bundestages geteilt wird. So soll die Ausländerbehörde aufgedeckte Personen ohne Aufenthaltsstatus über das Recht auf die ihnen zustehende Vergütung unterrichten. Bei der Einschätzung der finanziellen Auswirkungen heißt es: »Da die zuständige Ausländerbehörde diese Unterrichtung in einem standardisierten Verfahren durchführen kann, wird sich der Mehr-

59 Richtlinie 2009/52/EG des Europäischen Parlaments und des Rates vom 18. Juni 2009 über Mindeststandards für Sanktionen und Maßnahmen gegen Arbeitgeber, die Drittstaatsangehörige ohne rechtmäßigen Aufenthalt beschäftigen (insbesondere Vorbemerkung 16, 17, 26 und Artikel 13).

60 Gesetz zur Umsetzung aufenthaltsrechtlicher Richtlinien der Europäischen Union und zur Anpassung nationaler Rechtsvorschriften an den EU-Visakodex, Bundesgesetzblatt Jahrgang 2011 Teil 1 Nr. 59, 25.11.2011.

aufwand voraussichtlich in einem überschaubaren Rahmen halten.«[61] Dies dürfte nach den hier vorgestellten Überlegungen auch für den Erfolg dieser Maßnahme gelten, weil eine Inanspruchnahme von Rechten ohne Unterstützung nach bloßer Information durch eine abschiebende Kontrollbehörde kaum zu erwarten ist. Welche soziale Wirksamkeit der neue § 98a AufenthG entfalten können wird, der widerlegbare Unterstellungen zur Dauer der Beschäftigung und zur Höhe der zustehenden Vergütung enthält, wird ebenfalls von der praktischen Durchsetzung und Bekanntmachung in Einzelfällen abhängen. Ob damit Nachweis- und Durchsetzungsprobleme gelindert werden können, kann als bestenfalls offen bezeichnet werden.

Grundzüge einer umfassenden Unterstützungsstruktur wurden in einem vom Bundesministerium für Arbeit und Soziales finanzierten Projekt erarbeitet, in dem es um die Unterstützung für die Opfer von Menschenhandel zum Zweck der Arbeitsausbeutung ging. Das vorgeschlagene Modell folgt einem rechtebasierten Ansatz. Es schlägt eine Orientierung auf menschenwürdige Arbeit vor und verknüpft *zentrale* Informationsbereitstellung und *lokale* Vernetzung und Unterstützung in vertrauensbasierten Strukturen. Eine auf Schutz vor Arbeitsausbeutung ausgerichtete Information und Beratung soll hier auch die Identifizierung und Ahndung strafrechtlich relevanter Fälle ermöglichen und die Betroffenen einer weiteren Hilfe zuführen.[62]

Herausforderungen können natürlich nicht nur unter gegebenen rechtlichen Rahmenbedingungen, sondern auch in der Veränderung rechtlicher Rahmenbedingungen gesehen werden, die bessere Wege aus der Illegalität und Präventionsstrategien einschließen.[63]

Wege aus der Illegalität können zurück ins Herkunftsland führen, aber auch in die Legalität in Deutschland. So stellt sich die Frage, ob Härtefallregelungen offener ausgestaltet werden könnten und Rückkehrförderungsmaß-

61 Deutscher Bundestag Drucksache 17/5470, 17. Wahlperiode 12. 04. 2011, Gesetzentwurf, der Fraktionen der CDU/CSU und FDP, Entwurf eines Gesetzes zur Umsetzung aufenthaltsrechtlicher Richtlinien der Europäischen Union und zur Anpassung nationaler Rechtsvorschriften an den EU-Visakodex.

62 Cyrus, Norbert, /Gatzke, Ulrike, »Modellvorschlag: Dezentrale Vernetzung als tragfähige Unterstützungsstruktur für Opfer von Menschenhandel zur Arbeitsausbeutung«, in: Bundesministerium für Arbeit und Soziales und Bundesweiter Koordinierungskreis gegen Frauenhandel und Gewalt an Frauen in Migrationsprozessen e.V. (KOK) (Hg.), *Studie über Menschenhandel zum Zweck der Arbeitsausbeutung im Auftrag des BMAS*, Berlin 2011, S. 417–429.

63 Vogel, Dita, »Illegaler Aufenthalt. Konzepte, Forschungszugänge, Realitäten, Optionen«, *Migration im Spannungsfeld von Globalisierung und Nationalstaat*, H. 22 (2003), S. 161–179.

nahmen in größerem Umfang eine Alternative zur Ausweisung und Abschiebung bilden könnten.

Zur Prävention könnten mehr legale Zugangsmöglichkeiten in Arbeitsmarktbereiche geschaffen werden, in denen Illegalität schwer vermeidbar und plausibel ist – zum Beispiel durch die Verbesserung der Möglichkeiten zum Familienzuzug, permanente Altfallregelungen und eine weniger restriktive Arbeitserlaubnisvergabe, vor allem auch für kurzfristige und unqualifizierte Beschäftigungen. Außerdem könnten dauerhafte Jobs, für die in der derzeitigen Situation nur Zugewanderte ohne Status gefunden werden können, für Inländer attraktiver gestaltet werden.[64] Weder durch Härtefallregelungen noch durch Prävention wird sich illegaler Aufenthalt in Deutschland jedoch auf Null reduzieren lassen. Daher wird die Frage auch längerfristig wichtig bleiben, wie Menschen ohne Aufenthaltsstatus ihre Rechte in der Erwerbsarbeit durchsetzen können.

64 Bade, Klaus J., »Die Festung Europa und illegale Migration«, in: Klaus J. Bade (Hg.), *Integration und Illegalität in Deutschland*, Osnabrück 2001, S. 65–76.

Rechtliche Rahmenbedingungen der Arbeit in der Illegalität

Grund- und Menschenrechte illegalisierter Migrantinnen und Migranten

Timo Tohidipur

Illegalisierte Migrantinnen und Migranten oder besser: *Sans Papiers*, sind Menschen ohne geregelten Aufenthalt.[1] Sie sind nicht zuletzt ein Produkt der Gesetze, die in einem Land zur Migrationssteuerung erlassen werden.[2] Ein Leben ohne gültige Aufenthaltspapiere ist für die Rechtsperson Mensch in einem politischen Gemeinwesen, das sich gerade über rechtlich konstruierte Zugehörigkeitsmodalitäten definiert, eine existenzielle Herausforderung. Der Beitrag spürt der Frage nach, inwieweit Grund- und Menschenrechte hier eine relevante Größe sein können oder sein müssen. Für die nur scheinbar paradoxe Forderung, Rechte im »Illegalen«, im gerade gesetzeswidrigen Zustand zu suchen, vermögen grundlegende Verbürgungen der Menschenwürde die Eckpunkte zu markieren. Sodann werden im Folgenden mögliche konkretisierbare Ansprüche aus relevanten Rechtstexten extrahiert und auf ihr Potential hin analysiert.[3]

---

1 Oft war noch der Zugang zum jeweiligen Staatsgebiet legal, doch die Entscheidung zu bleiben nicht: Engel, Ulrich, »Nicht-Orte. Über Flüchtlingslager, Ausnahmezustände und eine Leerstelle im Gefüge der Macht«, in: ders., *Europa als Versprechen*, Wien 2010, S. 61–81, S. 63.

2 Castles, Stephen/Miller, Mark J., *The Age of Migration*, New York 1998, S. 96; Koser, Khalid, *International Migration*, Oxford/New York 2007, S. 54, und überaus aktuell Burgers, Jack/Engbersen, Godfried, »Globalisierung, Migration und Einwanderer ohne Papiere«, in: Ulrich Beck/Angelika Poferl (Hg.), *Große Armut, großer Reichtum. Zur Transnationalisierung sozialer Ungleichheit*, Frankfurt am Main 2010, S. 500–530, S. 502 ff.

3 Die Europäische Grundrechtecharta wird dabei aufgrund der inhaltlich engen Verbindung mit der EMRK und der Europäischen Sozialcharta ebenfalls herangezogen, obwohl sie durch Ihre Einbeziehung in das Primärrecht der EU im Wege des Vertrages von Lissabon nun zu den europarechtlichen Rahmenbedingungen gehört. Weitere Bestimmungen des Europarechts werden hier nicht berücksichtigt, sondern separat behandelt werden, siehe Beitrag von Bast, Jürgen, »Illegale Migration und die Rechte von illegalen Migrantinnen und Migranten als Regelungsgegenstände des Europarechts«, in diesem Band, S. 71.

I. Verrechtlichung der »Illegalität«: ein auflösbares Paradoxon

Das Nachspüren von Grund- und Menschen*rechten* illegalisierter Migrantinnen und Migranten offenbart ein grundlegendes Dilemma schon in der Forderung, die man an das Recht stellt: »Illegalität verrechtlichen« deutet schon begrifflich die Suche nach dem Legalen im Illegalen an und enthält so in sich bereits eigentlich den Ansatz des Unmöglichen weil Paradoxen. Doch ganz so ist es dann doch nicht. Der unrechtmäßige Aufenthalt in einem Land bedeutet nicht »Illegalität« – Rechtlosigkeit – per se. In dieser Annahme spiegelt sich indes eine politische Herangehensweise der Mitgliedstaaten, denn der einzelnen Person soll ein Rechtsstatus erst mit dem Heraustreten aus der Illegalität und der Einleitung eines rechtmäßigen Verfahrens zur Bestimmung des Aufenthaltsstatus erwachsen.[4] Mit diesem Eintritt in die Verrechtlichung des Status, die allerdings dann auch schnell zur Ausweisung führen kann, wird die illegale Situation gerade aus dem rechtsfreien Raum in den legalen Rechtsraum transferiert. Politische Gemeinschaften sind in der Regel grundsätzlich daran interessiert, dass irregulärer, das heißt hoheitsrechtlich nicht erlaubter, und damit unkontrollierbarer Aufenthalt aufgedeckt und – wenn es sein muss durch Versagen von Leistungen – verhindert wird.[5] Dabei droht bei jeder Überführung in den legalen Raum auch aus einem sicherheitspolitischen Reflex heraus die »legale« Folge der Abwehr, der Ausweisung, die die mit dem Zustand der Irregularität einhergehende Rechtlosigkeit der Betroffenen nicht beseitigt, da sie endgültige Exklusion und nicht Inklusion bezweckt.[6] Der Terminus »illegal« wird zudem ohnehin leicht mit »kriminell« gleichgesetzt.[7] Hilfreich für die Auflösung des Paradoxon wäre daher der Verzicht auf die Verwendung dieses Terminus und die menschenrechtlich fragwürdige Entgegensetzung »legal/illegal«. Darüber hinaus kann ein gewährtes Recht nur dann eine Relevanz haben, wenn seine Ausübung nicht zugleich negative praktische Folgen hat, die faktisch eine

4 Schwenken, Helen, »Staatliche Illegalisierungspolitiken und die Eigensinnigkeit von Migrationsbewegungen«, in: Komitee für Grundrechte und Demokratie (Hg.), *Jahrbuch 2009 – Jenseits der Menschenrechte. Die europäische Flüchtlings- und Migrationspolitik*, Münster 2009, S. 28–38, S. 29; Stobbe, Holk, *Undokumentierte Migration in Deutschland und den Vereinigten Staaten*, Göttingen 2004, S. 116.

5 Stobbe, *Undokumentierte Migration* [wie Anm. 4].

6 Engel, »Nicht-Orte« [wie Anm. 1], S. 68 ff.

7 Zur Kritik Koser, *International Migration* [wie Anm. 2], S. 54, und Hanschmann, Felix, »Unsichtbare Kinder – Der zynische Ausschluss nicht dokumentierter Kinder und Jugendlicher vom staatlichen Schulwesen«, *RdJB*, H. 1 (2010), S. 80–99, S. 80.

Wahrnehmung des Rechtes verhindern. Wenn also irreguläre Migrantinnen und Migranten erst aus dem Raum der Unsichtbarkeit heraustreten müssen, um ein (Menschen-)Recht wahrnehmen zu können, dann hilft dies in ihrer spezifischen Situation des verborgen Bleibenmüssens wenig.

II. Ethische Dimension

»Wo menschliches Leben existiert, kommt ihm Würde zu« schreibt das Bundesverfassungsgericht[8] in seiner Auslegung des höchsten Prinzips des deutschen Grundgesetzes, der Garantie der Menschenwürde in Art. 1 Abs. 1 GG, die da lautet: »Die Würde des Menschen ist unantastbar. Sie zu achten und zu schützen ist Verpflichtung aller staatlichen Gewalt.« Doch die strikte Bindung an die Menschenwürde ist nicht auf nationalstaatliche Organe begrenzt. Die Verbürgung der Menschenwürde findet sich in ähnlicher Klarheit in Art. 1 der Grundrechtecharta der EU, die die Organe und Institutionen bei Ausübung ihrer Tätigkeit und die Mitgliedstaaten bei Durchführung des Unionsrechts bindet. Dort wird in Anlehnung an die deutsche Formulierung, die in gewisser Weise »Pate« stand,[9] ausgeführt: »Die Würde des Menschen ist unantastbar. Sie ist zu achten und zu schützen.« Mit noch deutlicherer Betonung des rechtlichen Aspekts führt die Allgemeine Erklärung der Menschenrechte in Artikel 1 Satz 1 aus: »Alle Menschen sind frei und gleich an Würde und Rechten geboren.« Diese Verbürgungen gehen weit über einen simplen Rechtsanspruch hinaus und sind doch weniger greifbar als ein individuell einklagbares subjektives Recht. Die ethische Dimension kümmert sich nicht um Hierarchien des Rechts im Kontext eines dem Menschen zugewiesenen Rechtsstatus, sondern knüpft an die Existenz des Menschen an sich an, ganz gleich, ob dies aus dem Naturrecht oder anderen Fundamenten moralischer Grundverbindlichkeiten abzuleiten ist.[10]

8 BVerfGE 39, S. 2 ff. (41).

9 Der Konvent zur Formulierung der Grundrechtecharta wurde nicht zufällig »Herzog-Konvent« genannt, vgl. dazu Schmittmann, Georg J., *Rechte und Grundsätze in der Grundrechtecharta*, Köln/Berlin/München 2007, S. 10 ff.

10 Vgl. Laslo, Ervin, *Macroshift. Die Herausforderung*, Frankfurt am Main 2003, S. 125 ff.; Spaemann, Robert, *Grenzen. Zur ethischen Dimension des Handelns*, Stuttgart 2001, S. 142 ff.; Steinvorth, Ulrich, *Klassische und moderne Ethik*, Hamburg 1990, S. 58 ff.; Wimmer, Reimer, »Pflicht«, in: Heiner Hastedt/Ekkehard Martens (Hg.), *Ethik*, Hamburg 1994,

Als unbedingtes – ethisch fundiertes – Recht kann so die »Freiheit von Verletzungen« und Gewährung »zumutbarer Hilfeleistungen« gelten.[11] Dies birgt eine soziale Dimension, die sich nicht auf das Gegenseitigkeitsverhältnis der Menschen untereinander begrenzen muss, sondern auch auf das Verhältnis des Staates zum Einzelnen beziehen kann und sollte.[12] Die moralischen Verpflichtungen des Staates bzw. des Hoheitsträgers dürfen dabei – auch schon angesichts nicht mehr entflechtbarer internationaler Interdependenzen – nicht auf seine (Staats)Bürger und Bürgerinnen begrenzt werden.[13] Selbst wenn ethische Kategorien zunächst ein Ausdruck des Wünschenswerten, des Sollens, einer Normativität sind, die sich aber nicht notwendig in der rechtlichen Realität, dem positiven Recht widerspiegelt, ergibt sich in der Gesamtschau zumindest ein Menschenbild, das jedem Einzelnen existenzielle Rechte und Pflichten einräumt. Das »Recht, Rechte zu haben« suspendiert die Forderung nach einer vorherigen, über festgelegte Zugehörigkeitsmechanismen definierte – und ansonsten exkludierende – statusrechtliche Aufnahme in eine politische Gemeinschaft.[14] Menschenrechte sind so nicht mehr nur reduziert auf einen wichtigen und leistungsfähigen Mythos, denn Menschenrechte sind – unabhängig von ihrer Begründungslogik – zunächst einmal Rechte, die auch Ansprüche erzeugen können.[15] Der Staat bzw. Hoheitsträger kann zwar grundsätzlich die Zugehörigkeit zu dem politischen Gemeinwesen und damit die Reichweite eines Aufenthaltsrechts und auch dessen Entzug oder Verweigerung bestimmen, nicht aber die dem Einzelnen zustehenden Menschenrechte dispensieren. Die fehlende Rechtmäßigkeit des Aufenthalts und damit das Fehlen einer aufenthaltsrechtlichen Position der *Sans Papiers* enthebt die politische Gemeinschaft also nicht von ihrer Verantwortung und darf folglich nicht zur Rechtlosigkeit führen. Ent-

---

S. 164–179, S. 167 ff. Kritisch zur Genese der Menschenrechte Ritter, Gerhard, »Ursprung und Wesen der Menschenrechte«, in: Roman Schnur (Hg.), *Zur Geschichte der Erklärung der Menschenrechte*, Darmstadt 1964, S. 202–237, S. 204 ff.

11 Steinvorth, *Klassische und moderne Ethik*, [wie Anm. 10], S. 183; Hahn, Henning, *Globale Gerechtigkeit*, Frankfurt am Main 2009, S. 54 f.

12 Siep, Ludwig, *Konkrete Ethik*, Frankfurt am Main 2004, S. 9 ff.; S. 356 ff. als Teil einer Ethik der »guten Welt«.

13 Tugendhat, Ernst, *Ethik und Politik*, Frankfurt am Main 1992, S. 70 f.; Ackerman, Bruce, *Social Justice in the Liberal State*, Yale 1980, §§ 17 ff.

14 Grundlegend Arendt, Hannah, *Elemente und Ursprünge totaler Herrschaft*, New York 1955, S. 443 f.

15 Vgl. zu Mythos, kritischer Rekonstruktion und individuellem Anspruch: Baer, Susanne, »Getanzte Konstitutionalisierung. Human Writes und in Menschenrechten inbegriffene Ausschlüsse«, *KJ*, H. 4 (2010), S. 470–481.

sprechend formuliert Art. 6 der Allgemeinen Erklärung der Menschenrechte[16] ebenso wie auch der Internationale Pakt über bürgerliche und politische Rechte (IPbpR)[17] in Art. 16, dass jedermann das Recht hat, überall als rechtsfähig anerkannt zu werden. Die Verwendung des Wortes »überall« stellt dabei heraus, dass eine räumlich-politische Zugehörigkeit keine entscheidende Relevanz hat. Menschenrechtskataloge sind eigene Normensysteme, die sich (rechts-)methodisch erschließen lassen.[18] Solche methodisch konkretisierbaren, positiv verbürgten Rechte vermögen Ansprüche für *Sans Papiers* zu begründen. Die Berufung auf die Garantie der Menschenwürde allein ist dabei allerdings noch nicht ausdifferenziert genug. In diesem Sinne kombiniert das Bundesverfassungsgericht das Grundrecht auf Gewährleistung eines menschenwürdigen Existenzminimums aus Art. 1 Abs. 1 GG mit dem Sozialstaatsprinzip des Art. 20 Abs. 1 GG und folgert daraus, dass jedem Hilfebedürftigen diejenigen materiellen Voraussetzungen zugesichert werden müssen, die »für seine physische Existenz und für ein Mindestmaß an Teilhabe am gesellschaftlichen, kulturellen und politischen Leben unerlässlich sind«.[19] Die soziale und wirtschaftliche Existenz ist folglich der relevante Maßstab für die Beurteilung hier maßgeblicher rechtlicher Verhältnisse.

III. Positivierung der Rechte der *Sans Papiers*

Als erste Beobachtung lässt sich zunächst feststellen, dass es auf internationaler Ebene bzw. innerhalb des ausdifferenzierten UN-Systems, zurzeit keine Organisation gibt, die sich spezifisch mit der Problematik der irregulären Migration als separatem Kompetenzfeld beschäftigt.[20] Dagegen ist der wesentlich weiter gefasste Bereich internationaler Migration an sich Gegen-

16 Resolution 217 A (III) der Generalversammlung vom 10. Dezember 1948. Problematisch ist die uneinheitliche Bewertung ihrer rechtlichen Bindungswirkung, das Spektrum reicht von rechtlicher Unverbindlichkeit über die Bewertung als Völkergewohnheitsrecht bis zur Annahme von *ius cogens*, vgl. hierzu Hailbronner, Kay, »Der Staat und der Einzelne als Völkerrechtssubjekte«, in: Wolfgang Graf Vitzthum (Hg.), *Völkerrecht*, 4. Aufl. 2007, S. 157–264, S. 231 ff.

17 UNTS Bd. 999, 171, und für Deutschland BGBl. 1973 II, 1534.

18 Ermacora, Felix, *Menschenrechte in einer sich wandelnden Welt, I. Band: Historische Entwicklungen der Menschenrechte und Grundfreiheiten*, Wien 1974, S. 25.

19 BVerfGE 125, 175 (Leitsatz 1).

20 Westermann, Sophie, *Irreguläre Migration – ist der Nationalstaat überfordert?*, Marburg 2009, S. 75.

stand weitreichender institutionalisierter und inhaltlicher Regulierung.[21] Folglich bietet sich hier ein eher themenspezifischer Zugang an, der sich bestimmten Bereichen rechtlicher Regulierung aus menschenrechtlicher Perspektive nähert. Unter dem Blickwinkel der sozialen und wirtschaftlichen Existenz sollen folgend völker- und europarechtliche Rechtstexte nach ihrem Potential zur Begründung von Rechten für *Sans Papiers* betrachtet werden. Zunächst wird hierbei eine Abgrenzung zum Status des Flüchtlings, der einer nicht deckungsgleichen Problemlage ausgesetzt ist, vorgenommen. In der Folge werden die Bereiche Gesundheitsversorgung, Bildung und Rechte im Kontext eines Arbeitsverhältnisses als explizit relevante Rechtsbereiche für *Sans Papiers* untersucht. Zuletzt soll ein perspektivischer Blick auf Konsequenzen und Desiderate erfolgen.

1. Status der *Sans Papiers* im Kontext des Asyl- und Flüchtlingsrechts

In einem ersten Zugriff würde man möglicherweise asyl- oder flüchtlingsrechtlich verbürgte Rechtspositionen heranziehen und hieraus Rechte für *Sans Papiers* zu begründen suchen. Dabei ist jedoch zu beachten, dass die irreguläre Aufenthaltssituation gerade aus dem Fehlen eines Aufenthaltsgrundes und damit eben auch eines Asylgrundes entsteht. Ein flüchtlingsrechtlicher Status ist ebenfalls ein regulärer Rechtsstatus, der zumindest einen rechtmäßigen Aufenthaltsstatus – zumindest temporär in Form von Abschiebeschutz – begründen kann.[22] Dem entgegen steht die Rechtsfigur der Migranten und Migrantinnen, die gerade gar keinen rechtmäßigen (aufenthaltsrechtlichen) Status besitzen, sich möglicherweise gar nach der Ablehnung des durch Flucht indizierten Asylantrages dem staatlichen Behördenzugriff entziehen. Das Flüchtlingsrecht steht also bereits für den Schritt vom irregulären Aufenthalt in eine Form des regulären Aufenthalts, der Schritt zur – wenn auch fragilen – formalen Anerkennung durch die politische Ge-

21 So existiert neben dem Hohen Flüchtlingskommissariat (UNHCR) z.B. die vom UN-Generalsekretariat eingesetzte Global Commission on International Migration (GCIM) oder auch das Global Forum on Migration and Development (GFMD). Außerhalb des UN-Kontextes ist z.B. aus dem Regime des Budapest-Prozesses das International Centre for Migration Policy Development hervorgegangen.

22 Kennedy, David, »The International Protection of Refugees«, in: ders., *The Dark Sides of Virtue. Reassessing International Humanitarianism*, Princeton 2004, S. 199, S. 204 ff.; Martinez-Soria, José, »Illegalität und Schulbesuch«, *RdJB*, H. 1 (2005), S. 82–94, S. 82.

meinschaft. Es sind unterschiedliche Szenarien denkbar.[23] Auf einen zunächst irregulären Grenzübertritt können durch den Versuch der Anerkennung als Flüchtling bzw. Asylant Maßnahmen der Legalisierung folgen. Andererseits kann auf einen regulären Grenzübertritt (zum Beispiel aus Besuchsgründen) durch nicht behördlich genehmigten verlängerten Verbleib auch ein irregulärer Aufenthalt werden.[24] Migration durch irregulären Grenzübertritt in einen Staat der EU ist folglich nicht per se gleichsetzbar mit irregulärem Aufenthalt in einem Mitgliedstaat der EU auch wenn beides unter dem Oberbegriff »illegale« oder »irreguläre Migration« behandelt wird.[25] Unbestreitbar gibt es allerdings einen Konnex zwischen Asyl- und Ausländerpolitik beziehungsweise -recht und dem Problem der *Sans Papiers*: Verschärfungen bei der Migrationspolitik und restriktivere Handhabung bei Asylverfahren reduzieren die regulären Zugangsmöglichkeiten und resultieren zumeist auch in der Zunahme irregulärer Migration.[26]

2. *Sans Papiers* und Gesundheitsversorgung

Sehr eng verbunden mit der Existenz des Menschen an sich ist seine Gesundheit. Daher ist leicht nachvollziehbar, dass es um die Frage der Gesundheitsversorgung irregulärer Migrantinnen und Migranten eine intensive Diskus-

23 Hierzu auch Koser, *International Migration* [wie Anm. 2], S. 55 f.

24 Vgl. zur Unterscheidung in vier Kategorien (Rechtmäßigkeit der Einreise/Rechtmäßigkeit des Aufenthalts/(Nicht-)Berechtigung zur Erwerbsarbeit/Informelle Beschäftigung) Pelzer, Marei, »Regularisierung des Aufenthalts von Menschen ohne Papiere: Bausteine einer liberalen Migrationspolitik?«, in diesem Band, S. 143.

25 Triandafyllidou, Anna, »Irregular Migration in Europe in the Early 21st Century«, in: dies. (Hg.), *Irregular Migration in Europe*, London 2010, S. 2; Etzold, Benjamin, *Illegalisierte Migration in der flüssigen Moderne*, Berlin 2009, S. 61 ff.; Schatzer, Peter, »Illegale Migration – Verbrechen oder Notwendigkeit?«, in: Bundesnachrichtendienst (Hg.), *Illegale Migration*, Bonn 2000, S. 30, 32 f.

26 Burgers/Engbersen, »Globalisierung, Migration und Einwanderer ohne Papiere« [wie Anm. 2], S. 501 f.; Hilfswerk der Evangelischen Kirchen Schweiz (HEKS), *Sans Papiers*, HEKS-Positionspapier, 2006, S. 4; Westermann, *Irreguläre Migration* [wie Anm. 20], S. 32 f., und ebenso mahnend auch schon die Resolution des Rates für Migration (RfM) zum Problem der aufenthaltsrechtlichen Illegalität, in: RfM/Klaus Bade (Hg.), *Integration und Illegalität in Deutschland*, Bad Iburg 2001, S. 101–102.

sion gibt, die auch generell zur Anerkennung eines Rechts auf gesundheitliche Versorgung durch die internationale Gemeinschaft geführt hat.[27]

2.1 *Internationale Ebene*

Bereits in der allgemeinen Erklärung der Menschenrechte von 1948 verfügt Art. 25.1, dass jeder das Recht auf ärztliche Versorgung hat. Die Gesundheitsversorgung wurde dadurch in den Kanon menschenrechtlicher Verbürgungen aufgenommen,[28] die über die Tätigkeit der Vereinten Nationen und ihrer Unterorganisationen als zentraler Verfassungswert der Internationalen Gemeinschaft angesehen werden.[29] Die Zielsetzung der Vereinten Nationen orientiert sich an sozialem Fortschritt und besserem Lebensstandard, was den Menschen in den Mittelpunkt internationaler Beziehungen stellt, wenngleich die Pflicht zur Durchsetzung auch und in besonderem Maße die Staaten trifft.[30] Eine zentrale Rolle für die Verankerung dieses Rechts auf Schutz der Gesundheit ist der Internationale Pakt über wirtschaftliche, soziale und kulturelle Rechte (UN-Sozialpakt),[31] denn in dessen Art. 12 erkennen die Vertragsstaaten das Recht einer jeden und eines jeden auf das für sie und für ihn erreichbare Höchstmaß an körperlicher und geistiger Gesundheit an.[32] Mit dem Recht auf Gesundheitsversorgung wurde dabei kein »Recht, gesund zu sein« geschaffen, da dies nicht nur eine Frage des (staatlich-kontrollierbaren) Rechts ist, doch es sollen die Rahmenbedingungen gesetzt werden, die Gesundheit und entsprechende Versorgung im Krankheitsfall überhaupt erst ermöglichen.

Zum Zwecke des Monitoring des UN-Sozialpaktes wurde 1985 der UN-Sozialpaktausschuss (Committee on Economic, Social and Cultural Rights, CESCR) eingerichtet, dessen Auftrag es ist, die Umsetzung und Einhaltung

27 Alfredsson, Gudmundur/Tomasevski, Katarina, *A thematic guide to documents on health and human rights*, The Hague 1998; van Krieken, Peter, »Health and migration. The human rights and legal context«, in: T. Alexander Aleinikoff/Vincent Chetail (Hg.): *Migration and international legal norms*, The Hague 2003, S. 289–302; Marks, Stephen P., *Health and human rights. Basic international documents*, 2. Aufl., Cambridge 2006, S. 80–106.

28 Karl-Trummer, Ursula/Novak-Zezula, Sonja/Metzler, Birgit, *Gesundheitsservices im Niemandsland: Funktionale Ignoranz und informelle Solidarität*, Wien 2009, S. 3.

29 Ruffert, Matthias/Walter, Christian, *Institutionalisiertes Völkerrecht*, München 2009, S. 23.

30 Ermacora, *Menschenrechte* [wie Anm. 18], S. 532 f.

31 In Deutschland in Kraft seit 1976, BGBl. 1973 II, S. 1570.

32 Craven, Matthew, *The International Covenant on Economic, Social and Cultural Rights: a perspective on its development*, Oxford 1995.

des UN-Sozialpaktes zu überwachen und zu befördern.[33] Dieser Ausschuss hat im Jahre 2000 seine Allgemeine Bemerkung Nr. 14 zum Recht auf das erreichbare Höchstmaß an Gesundheitsschutz veröffentlicht und damit den Art. 12 des UN-Sozialpaktes entscheidend konkretisiert.[34] Demnach umfasst das Recht auf Gesundheit, wie es Art. 12 UN-Sozialpakt postuliert, mehr als nur das Recht auf medizinische Versorgung, sondern zielt auf eine ganze Reihe von sozio-ökonomischen Faktoren ab, wie zum Beispiel Zugang zu sauberem Trinkwasser, die Versorgung mit Nahrungsmitteln, adäquate sanitäre Einrichtungen, sichere und gesunde Arbeitsbedingungen, aber auch die Existenz einer Behausung.[35] Es wird dabei eine Abgrenzung zur Weltgesundheitsorganisation (World Health Organisation, WHO) vorgenommen, deren Definition von Gesundheit in der Präambel der Verfassung der WHO das umfassend physische, mentale und soziale Wohlbefinden umfasst,[36] wobei auch hier in Art. 1 der WHO-Verfassung die Erlangung des höchstmöglichen Levels an Gesundheit für alle Menschen (unabhängig von einem Aufenthaltsstatus) als Ziel formuliert wird. Trotz unterschiedlicher Zielrichtung von WHO und UN-Sozialpakt, deckt sich hier der Anspruch auf adäquate Versorgung aller Menschen. Als normativer Gehalt des Art. 12 UN-Sozialcharta wird »the right to a system of health protection which provides equality of opportunity for people to enjoy the highest attainable level of health« angesehen.[37] Dies zielt insbesondere darauf, dass jeder Mensch in Bezug auf die existentiellen Gesundheitsaspekte selbstbestimmt handeln und entscheiden können muss und beinhaltet zudem den freien Zugang zu vorhandenen Einrichtungen der gesundheitlichen Versorgung, ohne dass staatliches Handeln eine Person daran hindert. Medizinische Einrichtungen sowie ärztliche Betreuung müssen für alle Personen verfügbar, zugänglich, annehmbar und

33 Economic and Social Council Resolution 1985/17 v. 28 Mai 1985. Hierzu weiter Alston, Philip, »Out of the abyss: the challenges confronting the new U.N. Committee on Economic, Social and Cultural Rights«, *Human Rights Quarterly* (1987) 9, S. 332–381; Coomans, Fons, »The role of the UN Committee on Economic, Social and Cultural Rights in strengthening implementation and supervision of the International Covenant on Economic, Social and Cultural Rights«, *Verfassung und Recht in Übersee* (2002) 35, S. 182–200.

34 General Comments No. 14, The right to the highest attainable standard of health (article 12 of the International Covenant on Economic, Social and Cultural Rights), UN Doc. E/C.12/2000/4 v. 11.08.2000.

35 CESCR [wie Anm. 34], General Comments No. 14, Rn. 4.

36 Constitution of the WHO, Off. Rec. Wld Hlth Org., 2, 100, in Kraft seit dem 7. April 1948.

37 CESCR [wie Anm. 34], General Comments No. 14, Rn.8.

qualitativ akzeptabel sein.[38] Im Hinblick auf das Kriterium der »Verfügbarkeit« ist beispielsweise ein Staat im Rahmen seiner Möglichkeiten verpflichtet, funktionierende Einrichtungen der öffentlichen Gesundheitsfürsorge, medizinische Einrichtungen und ärztliche Betreuungsdienste aufzubauen und sämtliche vorhandenen Einrichtungen und Stellen der ärztlichen Beratung physisch wie wirtschaftlich für alle Teile der Bevölkerung zugänglich zu machen, d.h. bereit zu halten.[39] Unterschiedslos zu gewährender Zugang kann auch bedeuten, dass sozial benachteiligte bzw. besonders schützenswerte Gruppen wie etwa Kinder oder Frauen, zum Beispiel in der Situation der Schwangerschaft, an die Gesundheitsversorgung weitergehende menschenrechtliche Anforderungen stellen,[40] wie sich dies in der spezifischen Gewährleistung eines Rechts auf Gesundheitsversorgung im Wege der Ratifikation der UN-Frauenrechtskonvention[41] und der UN-Kinderrechtskonvention[42] durch Deutschland verdeutlicht.

Eine Herausforderung stellt indes die Durchsetzung dar. Hierfür fordert die Allgemeine Bemerkung Nr. 14 des UN-Sozialpaktausschuss von den Staaten etwa die Gewährleistung dafür, dass die Rechte aus dem UN-Sozialpakt in geltendes mitgliedstaatliches Recht überführt werden und keine unmittelbaren oder mittelbaren Einschränkungen vorgenommen werden.[43] Folglich darf ein Staat keine wie auch immer gearteten Barrieren aufbauen oder unterhalten, die den Zugang zu den Einrichtungen von Menschen *de facto* wesentlich erschweren oder verhindern.[44] Auch wenn ein grundsätzli-

38 CESCR [wie Anm. 34], General Comments No. 14, Rn. 12.

39 Hierzu eingehend Aichele, Valentin, »Anspruch auf Zugang zu medizinischer Versorgung: Das Recht auf Gesundheit nach dem UN-Sozialpakt«, in: Christiane Falge/Andreas Fischer-Lescano/Klaus Sieveking (Hg.), *Gesundheit in der Illegalität*, Baden-Baden 2009, S. 205–222, S. 211 f.

40 Sehr instruktiv zur Frage der Ungleichbehandlung bezogen auf das biologische und soziale Geschlecht Aichele, »Anspruch auf Zugang zu medizinischer Versorgung« [wie Anm. 39], S. 212 f.

41 BGBl. 1985 II S. 648, dort Artikel 12.

42 BGBl. 1992 II S. 122, dort Artikel 24.

43 CESCR [wie Anm. 34], General Comments No. 14, Rn. 34 und 36. Die Rechtsverbindlichkeit der Allgemeinen Bemerkungen/General Comments ist indes streitig, vgl. nur Simma, Bruno, »Die internationale Kontrolle des VN-Paktes über wirtschaftliche, soziale und kulturelle Rechte: neue Entwicklungen«, in: Ulrich Beyerlin u.a. (Hg.), *Recht zwischen Umbruch und Bewahrung. Festschrift für Rudolf Bernhardt*, Heidelberg 1995, S. 579–593, S. 585.

44 Ebenso eindeutig Aichele, »Anspruch auf Zugang zu medizinischer Versorgung« [wie Anm. 39], S. 214.

cher Ressourcenvorbehalt zugunsten des Staates formuliert wird,[45] sind doch Mechanismen wie etwa die unbedingte Meldepflicht staatlicher Behörden – wie etwa der § 87 Abs. 2 AufhG – nicht davon umfasst, da sie ein integrationspolitisches Instrument und keine Frage der Ressourcen des Staates darstellt. Entsprechend dieser Rechtslage hat nun zumindest Deutschland die Meldepflicht dahingehend modifiziert, dass »Schulen sowie Bildungs- und Erziehungseinrichtungen« davon ausgenommen sind.[46] Aus soziologischer Sicht wurde gar nachgewiesen, dass allein eine Debatte über die Einführung von staatlichen Meldepflichten zu einem signifikanten Rückgang der Inanspruchnahme von Gesundheitsversorgung durch *Sans Papiers* geführt hat.[47] Eine Vereinbarkeit unbedingter Meldepflichten staatlicher Stellen mit menschenrechtlichen Garantien ist damit nicht gegeben. Der einschlägige Rechtsweg führt hier zunächst über die nationalen Gerichte, die völkerrechtliche Pflichten beachten müssen. Die Individualbeschwerdeverfahren sind im Völkerrecht noch deutlich defizitär in ihrer Ausgestaltung, auch wenn sich hier positive Tendenzen ausmachen lassen.[48] Bedeutsam ist daher, dass mit dem Fakultativprotokoll zum UN-Sozialpakt die Einführung eines Individualbeschwerdeverfahrens beschlossen wurde, das einen Rechtsbehelf von Einzelpersonen nach Erschöpfung des nationalen Rechtsweges an den UN-Sozialpaktausschuss vorsieht.[49]

45 Art. 2 Abs. 1 des UN-Sozialpaktes spricht hier von einer Pflicht des Staates »unter Ausschöpfung aller seiner Möglichkeiten«.

46 Löhr, Tillmann, »Migranten ohne Aufenthaltsstatus. Zur Schule auch ohne Papiere«, Legal Tribune online vom 8.7.2011, 30.11.2011, http://m.lto.de/de/html/nachrichten/3701/migranten_ohne_aufenthaltsstatus_zur_schule_auch_ohne_papiere/. Vgl. hierzu auch den weitergehenden Entwurf eines Gesetzes zur Verbesserung der sozialen Situation von Menschen, die ohne Aufenthaltsstatus in Deutschland leben: BT-Drs.17/6167 vom 08.06.2011.

47 Vgl. hierfür, dargelegt am Beispiel Italiens, die Studie der Platform for International Cooperation on Undocumented Migrants (PICUM): *PICUM's Main Concerns about the Fundamental Rights of Undocumented Migrants in Europe*, Brüssel 2010, S. 17, 02.01.12, http://picum.org/picum.org/uploads/publication/Annual%20Concerns%202010%20EN.pdf..

48 Fischer-Lescano, Andreas, »Transnationales Verwaltungsrecht«, *JZ*, H. 8 (2008), S. 373 ff.

49 Aichele, »Anspruch auf Zugang zu medizinischer Versorgung« [wie Anm. 39], S. 210; Fischer-Lescano, Andreas, *Europäische Rechtspolitik als transnationale Verfassungspolitik. Soziale Demokratie in der transnationalen Konstellation*, ZERP-DP 2/2010, S. 21.

2.2 Europäische Ebene

Über die dargestellten internationalen Rechtsakte hinaus, findet das Recht auf Gesundheit im europäischen Zusammenhang seine Verankerung in der Europäischen Menschenrechtskonvention (EMRK), der Europäischen Sozialcharta und nicht zuletzt in der EU-Grundrechtecharta.

Dabei findet sich im Text der EMRK zunächst kein ausdrücklicher Hinweis auf ein Recht auf Gesundheit. Die Gesundheit spielt im Rahmen der EMRK aber insoweit eine Rolle, als die gesundheitliche Situation eines Menschen relevant ist für die Frage der Rechtmäßigkeit einer Abschiebung. So ist für die Feststellung der Frage, ob ein Mensch einer »unmenschlichen Behandlung« im Sinne des Art. 3 EMRK unterworfen wird, die Gesundheit und die gesundheitliche bzw. medizinische Versorgungsmöglichkeit durchaus relevant. Der Europäische Gerichtshof für Menschenrechte (EGMR) berücksichtigt die unmittelbaren gesundheitlichen Folgen einer aufenthaltsbeendenden Maßnahme.[50] So kann Art. 3 EMRK beispielsweise dann einer Ausweisung entgegenstehen, wenn die zu befürchtende Misshandlung von nichtstaatlichen Institutionen droht und die Behörden dem Betreffenden aber *keinen ausreichenden Schutz gewähren* können[51] – was vom EGMR für den besonderen Fall eines *Aids*-Kranken angenommen wurde, dessen Auslieferung seine Lebenserwartung weiter verkürzen und ihm psychisches und physisches Leiden zufügen würde, wobei der EGMR aber zugleich betonte, dass Strafgefangene im allgemeinen *keinen Anspruch auf Nichtausweisung haben, um von der medizinischen, sozialen und sonstigen Hilfe im Aufenthaltsstaat zu profitieren*.[52] Dieses Recht gegen eine aufenthaltsbeendende Maßnahme trägt zwar den Gedanken des ausreichend zu gewährenden Gesundheitsschutzes in sich, ist jedoch eher in seiner Abwehrfunktion denn in seiner Leistungsfunktion im Kontext der EMRK relevant. Zugang zur Gesundheitsversorgung als positiv ausgestaltetes soziales Recht ist daher in dieser konkreten Gestalt aus dem Text der EMRK heraus schwer, letztlich nur über Abschiebeschutz, begründbar.

Die Europäische Sozialcharta[53] hingegen verbürgt die sozialen Rechte, die bei der Abfassung der EMRK keine ausreichende Berücksichtigung fanden. Sie enthält umfangreiche – und nach Anerkennung durch die Vertrags-

50 EGMR (Bensaid/Vereinigtes Königreich), *NVwZ* 2002, S. 453; EGMR (Cruz Varas), S. 28 f.

51 EGMR (D./Vereinigtes Königreich) v. 02.05.97, *NVwZ* 1998, 161 Nr. 46–50.

52 EGMR (Dragan/Deutschland) v. 7.10.04, 33743/03, *NVwZ* 2005, S. 1043.

53 BGBl. 1964 II, S. 1262.

staaten auch verbindliche[54] – soziale Gewährleistungen, wie etwa auch ein Recht auf Schutz der Gesundheit (Art. 11). Dieses wird im Titel I unter Nr. 11 sehr weit gefasst, da jedermann das Recht gewährt wird, alle Maßnahmen zur Ermöglichung des besten Gesundheitszustandes zu erlangen, der erreichbar ist. Die Verpflichtungen unter Titel II der Europäischen Sozialcharta sind dann allerdings nur an die Vertragsstaaten gerichtet, erlauben zur Pflichterfüllung aber auch eine Kooperation mit privaten Organisationen. Erreicht werden soll u.a. die Beseitigung der Ursachen für Gesundheitsschäden, die Schaffung von Beratungs- und Schulungsmöglichkeiten sowie die Vorbeugung vor epidemischen und endemischen Krankheiten. Im Jahr 1996 wurde die Europäische Sozialcharta revidiert und es wurde folgerichtig ein neuer Ratifikationsprozess in Gang gesetzt. Allerdings ist die Revision der Sozialcharta, ebenso wie das Zusatzprotokoll zur Europäischen Sozialcharta, das ein Verfahren der Kollektivbeschwerde einführte, nur unzureichend breit ratifiziert, auch nicht durch die Bundesrepublik.[55] Diese revidierte Sozialcharta (RESC) wurde nötig, da die alte Sozialcharta den Herausforderungen der modernen Ausgestaltung von Arbeitsleben und Gesellschaft nicht mehr gewachsen war.[56] Während die Struktur der Sozialcharta auch bei ihrer Revision erhalten blieb, hat sich der inhaltliche Umfang der garantierten Rechte insgesamt durchaus vergrößert. So finden sich nun insbesondere verstärkte Arbeitnehmerschutzrechte (Art. 24 ff.)[57] im Text der Sozialcharta. Die revidierte Fassung der Europäischen Sozialcharta von 1996 hat demgegenüber im Bereich des Gesundheitsschutzes keine materiell-rechtliche Veränderung erfahren.

Die Europäische Sozialcharta hatte auch einen entscheidenden Einfluss auf die Europäische Grundrechtecharta und ihre Verbürgung sozialer Rechte gehabt.[58] Dabei gestaltete sich die Verankerung von sozialen Grundrechten im Text der Grundrechtecharta als ebenso äußerst schwierig.[59] Immerhin ist

54 Vgl. Art. 20 der Europäischen Sozialcharta.

55 Fischer-Lescano, Andreas, *Europäische Rechtspolitik* [wie Anm. 49]; Classen, Kai-Dieter, *Gute Verwaltung im Recht der Europäischen Union*, Berlin 2008, S. 233 f.

56 Knecht, Matthias H., *Die Charta der Grundrechte der Europäischen Union*, Stuttgart 2005, S. 36.

57 Dazu unten unter Punkt 4.

58 Schlussfolgerungen des Vorsitzes des Europäischen Rates zu Köln v. 3./4. Juni 1999, Bulletin EU 6–1999, Anhang IV, I.6.; Kober, Martin, *Der Grundrechtsschutz in der Europäischen Union*, München 2009, S. 38 ff.; Knecht, *Die Charta der Grundrechte* [wie Anm. 56], S. 35 f.

59 Sagmeister, Matthias H., *Die Grundsatznormen in der Europäischen Grundrechtecharta*, Berlin 2010, S. 25 f., S. 36; Knecht, Matthias, »Arbeit und Soziale Sicherheit in der Charta

die institutionelle Einbindung der Grundrechtecharta bzw. die diesbezügliche Kohärenz in der EU doch eher sehr groß und die rechtliche Verbindlichkeit als primäres Unionsrecht setzt ebenfalls klare Vorgaben für die Rechtswirkung. Aus europarechtlicher Sicht könnte beispielsweise der Gerichtshof über die Aktivierung europäisch verbürgter Grundrechte zur gesundheitlichen Versorgung der *Sans Papiers* beitragen. Ein überaus geeigneter Anknüpfungspunkt ist Art. 35 der EU-Grundrechtecharta, der in seinem Satz 1 ausdrücklich statuiert, dass jede Person das Recht auf Zugang zur Gesundheitsvorsorge und auf ärztliche Versorgung hat. Ähnlich der in Art. 168 Abs. 1 AEUV niedergelegten Querschnittsklausel, verlangt Satz 2 dann auch die Sicherstellung eines hohen Gesundheitsschutzniveaus. Damit kombiniert Art. 35 der Grundrechtecharta einen konkreten Anspruch mit einer Zielbestimmung unionalen Handelns.[60] Im Grundrechtekonvent wurde die Frage diskutiert, ob aus Art. 35 der Charta mit seiner Formulierung als »Jedermannsrecht« nicht auch sich illegal im Gebiet der Europäischen Union aufhaltende Drittstaatsangehörige ein Recht auf Gesundheitsversorgung ableiten könnten.[61] Als »unstreitig« wurde in einer Debatte bezeichnet, dass illegal Anwesenden zumindest eine »medizinische Grundversorgung« zuteil werden müsse und dass diese Formulierung des Art. 35 das auch trage.[62] Diese weite Auslegung der Verbürgung gesundheitlicher Versorgung und des entsprechenden Adressatenkreises würde auch der systematischen Stellung des Art. 35 der Charta im Titel IV mit der Überschrift »Solidarität« entsprechend und mit der grundsätzlichen Verpflichtung auf die Menschenwürde in Art. 1 der Charta korrespondieren.[63] Mithin ist der Anwendungsbereich der Grundrechtecharta weit gefasst, denn gemäß Art. 51 GRCh gilt sie für Organe, Einrichtungen und sonstige Stellen der EU, aber auch für die Mitglied-

der Grundrechte der EU«, in: Karel Klima/Gerald Sander (Hg.), *Grund- und Menschenrechte in Europa*, Hamburg 2010, S. 175–216, S. 181 ff.

60 Riedel, Eibe, in: Jürgen Meyer (Hg.), *Kommentar zur Charta der Grundrechte der Europäischen Union*, 3. Aufl., Baden-Baden 2010, Art. 35, Rn. 9.

61 Protokoll der Achten Sitzung des Konvents (informelle Tagung) am 27./28. April 2000, SN 2536/00, in: Norbert Bernsdorff/Martin Borowsky, *Die Charta der Grundrechte der Europäischen Union*, Baden-Baden 2002, S. 227.

62 Protokoll der Fünfzehnten Sitzung des Konvents (informelle Tagung) am 17.-19. Juli 2000, SN 3502/00, in: Bernsdorff/Borowsky, *Die Charta der Grundrechte* [wie Anm. 61], S. 340.

63 Riedel, in: Meyer, *Kommentar zur Charta der Grundrechte* [wie Anm. 60], Art. 35, Rn. 9.

staaten bei der Durchführung unionalen Rechts.[64] Diese Rechtsorientierung muss sich in einer chartakonformen Auslegung niederschlagen, die den Geltungs- und Anwendungsbereich der in diesem Bereich erlassenen Richtlinien und deren Eingliederung in die mitgliedstaatlichen Rechtsordnungen betrifft und so das durch Art. 35 Abs. 2 GRCh geforderte hohe Gesundheitsschutzniveau sicherstellt. Insoweit statuiert die Grundrechtecharta ein Mindestschutzniveau, wenn sie weitergehenden Schutz als andere Quellen, wie beispielsweise das nationale Recht, gewährt. Für die Fruchtbarmachung wäre allerdings verfahrensrechtlich Voraussetzung, dass vorzugsweise in einem repräsentativen Einzelfall in einem Mitgliedstaat auf menschenwürdige Gesundheitsversorgung durch einen Papierlosen geklagt und dies als Rechtsstreit bis vor den Gerichtshof getragen wird. Mit bedacht werden muss allerdings ebenso, dass dem Gerichtshof auch in materieller Hinsicht Grenzen gesetzt sind, die potentiellen Optimismus bremsen. Denn Art. 35 der Grundrechtecharta garantiert das Recht auf Zugang zu ärztlicher Versorgung nicht unbedingt, vielmehr richtet sich diese Versorgung nach »Maßgabe der einzelstaatlichen Rechtsvorschriften und Gepflogenheiten«, die zwischen den Mitgliedstaaten durchaus stark voneinander abweichen.[65] Ob der Gerichtshof auch in dieser Frage politische Defizite durch justiziell konstruierte Verbürgungen auszugleichen sucht,[66] bleibt abzuwarten. Im Zusammenspiel mit der Europäischen Sozialcharta und weiteren völkerrechtlichen Impulsen wie beispielsweise der Kinderrechtskonvention, die für Kinder und Jugendliche, sowie Schwangere besondere Gesundheitsversorgung verlangt,[67] hat sich hier durchaus ein Grundrecht auf medizinische Grund-/Basisversorgung auf der europäischen Ebene herausgebildet,[68] das auch keinen staatsbürgerschaftlichen Begrenzungen unterworfen sein darf.

---

64 Siehe zum Anwendungsbereich Borowsky, Martin, in: Meyer, *Kommentar zur Charta der Grundrechte* [wie Anm. 60], Art. 51, Rn. 16 ff. Vgl. hierzu auch die Ausführungen von Bast, »Illegale Migration« [wie Anm. 3], S. 71.

65 Hierzu Riedel, in: Meyer, *Kommentar zur Charta der Grundrechte* [wie Anm. 60], Art. 35, Rn. 11.

66 Grundlegend zu dieser Thematik Tohidipur, Timo, *Europäische Gerichtsbarkeit im Institutionensystem der EU. Zu Genese und Zustand justizieller Konstitutionalisierung*, Baden-Baden 2008, S. 208 ff.

67 Hierzu ausführlich Sprecher, Franziska, *Medizinische Forschung mit Kindern und Jugendlichen nach schweizerischem, deutschem, europäischem und internationalem Recht*, Berlin 2007, S. 95 f.

68 In diesem Sinne Riedel, in: Meyer, *Kommentar zur Charta der Grundrechte* [wie Anm. 60], Art. 35, Rn. 9. Kritisch dazu Frenz, Walter, *Handbuch Europarecht, Bd. 4: Europäische Grundrechte*, Berlin/Heidelberg 2008, S. 314.

3. *Sans Papiers* und das Recht auf Bildung

Bildung ermöglicht die aktive Gestaltung und Teilhabe an Gemeinschaft und Gesellschaft. Sie dient so nicht nur der Herausbildung der eigenen geistigen und kulturellen Kompetenzen, sondern hat auch integrative Kraft. Doch genau diese integrative Kraft erscheint aus staatspolitischer Sicht ein entscheidender Moment in der Behandlung von *Sans Papiers* im Kontext des Rechts auf Bildung, denn eine gesellschaftliche Integration nicht dokumentierter Einwanderer ist gerade nicht erwünscht, solange sie nicht aus der »Unsichtbarkeit« heraustreten. Das Fernhalten von der Möglichkeit auf Bildung hat – neben Folgen für die Persönlichkeitsentwicklung, gerade bei den primär betroffenen Kindern, die gar nicht über »Sichtbarkeit/Unsichtbarkeit« entscheiden – dabei nicht nur gesellschaftlich-exkludierende Wirkung, sondern kann so auch den Zugang zu anderen Rechten erschweren oder einschränken.

3.1 Internationale Ebene

Das Recht auf Bildung findet seinen menschenrechtlichen Ausgangspunkt in Art. 26 Abs. 1 der Allgemeinen Erklärung der Menschenrechte, wonach jedermann das Recht auf Bildung hat. Grund- und Elementarstufe müssen demnach nicht nur verfügbar, sondern auch unentgeltlich sein, um eine so zu verstehende »Grundversorgung« mit Bildung für alle zu gewährleisten. Mit Art. 13 UN-Sozialpakt erkennen auch dessen Vertragsstaaten ein Recht eines jeden auf Bildung und hieran anschließend auf eine verpflichtenden Grundschulunterricht an. In Umsetzung dessen hat der Staat neben der Grundschulpflicht auch für die Ermöglichung weiterführender Bildungs- und Ausbildungseinrichtungen Sorge zu tragen. Die Rechte und Ziele im Bereich Bildung sind dabei besonders weitreichend und ausdifferenziert und umfassen beispielsweise auch die Pflicht zur »allmählichen Einführung der Unentgeltlichkeit« des höheren Fach- und Berufsschulwesens und des Hochschulwesens – der Trend in Europa läuft indes eher konträr auf Einführung der Entgeltlichkeit und Verteuerung hinaus. Als systematisch konkretisierend, wenn auch in ihrer Rechtsverbindlichkeit umstritten,[69] erweisen sind hier die General Comments (Allgemeine Bemerkungen) Nr. 13 zum Sozialpakt, die explizit den eigenständigen menschenrechtlichen Charakter des Rechts auf Bildung hervorheben und betonen, dass die Staaten zu vielfälti-

69 Wie Anm. 43.

gen Investitionen in diesem Bereichen auffordern.[70] Als »essential features« werden dabei die Verfügbarkeit, die Zugänglichkeit, die kulturell angemessene Akzeptanz im Hinblick auf Minderheiten und die Anpassungsfähigkeit an zeitgemäße Erfordernisse formuliert.[71] Der inkludierende menschenrechtliche Charakter der Regelung ergibt sich auch aus der ausdrücklichen Einbeziehung aller Personen, die sich auf dem Territorium der Vertragsstaaten befinden und im schulpflichtigen Alter sind, unabhängig von ihrem rechtlichen (Aufenthalts-)Status.[72] Untermauert wird diese Lesart durch das Übereinkommen gegen die Diskriminierung im Unterrichtswesen, wonach die Vertragsstaaten (inkl. Deutschland) ausländischen Staatsangehörigen, die in dem Staatsgebiet eines Vertragsstaates ansässig sind, denselben Zugang zum Unterricht zu gewähren haben, wie ihren eigenen Staatsangehörigen.[73] Die herausgestellten Pflichten der Staaten im Hinblick auf das Recht auf Bildung orientieren sich insbesondere an der Bildung der Kinder und finden ihre – leider unzureichend vollziehbare – Erwähnung auch in Art. 28 und 29 der Kinderrechtskonvention.[74] Demnach soll der unentgeltliche Besuch der Grundschule für alle zur Pflicht gemacht werden, auch wenn Staaten wie die Bundesrepublik dies im Kontext der Kinderrechtskonvention an einen rechtmäßigen Aufenthaltsstatus knüpfen.[75] Die Unabdingbarkeit von Bildung für die Ausbildung und Entwicklung der Persönlichkeit eines Menschen ist gleichwohl aus normativer Sicht schon auf der Basis des UN-Sozialpaktes internationaler Konsens und die Gewährung diskriminierungsfreien Zugangs völkerrechtlich begründete Pflicht der Staaten.

---

70 CESCR [wie Anm. 34], General Comments No. 13.

71 CESCR [wie Anm. 34], General Comments No. 13, Rn. 50.

72 CESCR [wie Anm. 34], General Comments No. 13, Rn. 34. Cremer, Hendrik, *Recht auf Bildung für alle Kinder*, Deutsches Institut für Menschenrechte, Policy Paper 14/2009, Berlin 2009.

73 Vgl. Art. 3 des Übereinkommens, BGBl. 1968 II, 387; in Kraft seit dem 17.10.1968. Hierzu Hanschmann, »Unsichtbare Kinder« [wie Anm. 7], S. 93.

74 Dazu Mahler, Claudia/Weiß, Norman, »Der Einfluss der internationalen Menschenrechtsverträge auf die deutsche Bildungsrechtsordnung«, *RdJB*, H. 4 (2007), S. 430–446, S. 433 f.

75 Hierzu Hanschmann, »Unsichtbare Kinder« [wie Anm. 7], S. 92; Hailbronner, »Der Staat und der Einzelne als Völkerrechtssubjekte« [wie Anm. 16], S. 233 f.

3.2 Europäische Ebene

Die EMRK kann in ihrem Grundlagentext keine bildungsrelevante Vorschrift vorweisen. Doch im 1. Zusatzprotokoll zur Konvention[76] findet sich in Art. 2 ein ausdrückliches Recht auf Bildung, das immerhin festschreibt, dass niemandem sein Recht auf Bildung verwehrt werden darf. Soweit Schulen und Hochschulen bestehen, muss der Zugang unter Berücksichtigung des Gleichheitsgrundsatzes gewährt werden.[77] Damit wird ein diskriminierungsfreier Zugang grundsätzlich garantiert. Indes kann der Staat Einzelheiten des Zugangs und dessen Voraussetzung regeln, solange der Kernbereich nicht angetastet wird, das heißt soweit die Maßnahmen den Vorbehalt des Gesetzes wahren, verhältnismäßig und vorhersehbar sind und ein berechtigtes Ziel verfolgen.[78] Unübersichtliche verwaltungsinterne und in den verschiedenen Schulen unterschiedlich angewendete Bestimmungen, wie im Falle der deutschen Bundesländer, entsprechen im Zweifel nicht den genannten Anforderungen.[79] Auch bedingt die Gewährung des Schulbesuchs von Kindern nicht zugleich eine Legalisierung ihres Aufenthalts oder dem ihrer Angehörigen.[80] Der EGMR stellte in diesem Kontext ausdrücklich fest, dass angesichts seiner Bedeutung für die Entwicklung von Kindern und Heranwachsenden eine restriktive Auslegung des Rechts auf Bildung aus Art. 2 des Zusatzprotokolls nicht statthaft ist und das Recht auf Zugang zu elementarer Schulbildung daher weder rechtlich noch faktisch für bestimmte Gruppen von Kindern versperrt werden darf.[81] Damit bestätigt der Gewährleistungsgehalt von Art. 2 des Zusatzprotokolls in seiner Auslegung durch den EGMR die umfassenderen Rechtsgewährleistungen des Art. 26 der Allgemeinen Erklärung der Menschenrechte und dem Art. 13 UN-Sozialpakt, auch wenn der Wortlaut zunächst eine begrenztere Anwendbarkeit suggeriert.[82]

---

76 BGBl. 2002 II, 1072.

77 EGMR (Sahin, Leyla /Türkei) GrK Urt. v. 10.11.2005, Antrag 44774/98 Rn. 134, 141, 153.

78 EGMR (Belgischer Sprachenstreit), EuGRZ 1975, 298; EGMR (Kjeldsen u.a./Dänemark), Series A 23 (1976), Rn. 53.

79 Hanschmann, »Unsichtbare Kinder« [wie Anm. 7], S. 94.

80 Langenfeld, Christine, »Das Recht auf Bildung«, in Rainer Grote/Thilo Marauhn (Hg.), *EMRK/GG*, Kap. 23 Rn. 25/30.

81 EGMR (Timishev/Russland), Urt. v. 31.12.2005, Anträge Nr. 55762/00 und 55974/00, Rn. 63 ff.

82 Meyer-Ladewig, Jens, in: ders., *Kommentar zur Europäischen Menschenrechtskonvention*, 3. Aufl. München 2011, Art. 2 Zusatzprotokoll EMRK, Rn. 1.

Hinzu treten die Bestimmungen der Europäischen Sozialcharta. Die ursprüngliche Gewährleistung der EU-Sozialcharta erwähnt zwar in Art. 7 (Recht der Kinder und Jugendlichen auf Schutz) unter Nr. 3 die »Schulausbildung«, setzt dies jedoch nur in Bezug auf angemessene Arbeitszeiten von Kindern und Jugendlichen als Ziel, ohne hieraus ein Recht auf Bildung zu statuieren. Immerhin wird aber der Schulausbildung dadurch erhebliche Bedeutung zugemessen. Entscheidend vertieft dies die revidierte Sozialcharta, die in Art. 17 (Recht der Kinder und Jugendlichen auf sozialen, gesetzlichen und wirtschaftlichen Schutz) ein ausdrückliches Recht auf unentgeltlichen Primar- und Sekundarschulunterricht festlegt und den Vertragsstaaten aufgibt, den regelmäßigen Schulbesuch zu fördern. Trotz der derzeitigen Wirkungsmängel der revidierten Europäischen Sozialcharta, unterstützt und bestätigt diese vorbehaltlose Regelung zumindest den zuvor analysierten Rechtsgehalt aus dem Zusatzprotokoll der EMRK und lässt insoweit für einen rechtlichen und faktischen Ausschluss vom Zugang zu Bildungseinrichtungen keinen Raum.

4. *Sans Papiers* im Kontext von menschenwürdigen Arbeitsbedingungen und Ausbeutung

Ein Mensch kann nur leben und überleben, wenn ihm ausreichende Existenzmittel zur Verfügung stehen. Daher muss der Mensch arbeiten können, um sich selbst in die Lage zu versetzen, die Grundlage seiner Existenz zu sichern. Aus dem Recht auf Leben ergibt sich daher fast notwendig ein Recht auf Arbeit.[83] Doch hier schwindet die kontrafaktische Kraft des Rechts und gewährt, neben greifbaren rechtlichen Verbürgungen, auch unhaltbaren Zuständen Raum.

4.1 Internationale Ebene

Geleitet von der Vorstellung des existenziellen Rechts auf Versorgung mit ausreichenden Existenzmitteln garantiert Art. 23 der Allgemeinen Erklärung der Menschenrechte, dass jedermann das Recht auf Arbeit hat, an das sich auch das Recht auf gerechte und günstige Entlohnung anschließt. In Anleh-

83 Shibata, Shingo, »Die Grundrechte des Menschen und Fragen der Freiheit«, in: Hans-Jörg Sandkühler/Hans Heinz Holz (Hg.), *Die Rechte der Menschen*, Köln 1987, S. 58–80, S. 58.

nung hieran sieht auch Art. 6 des UN-Sozialpaktes ein Recht auf Arbeit vor und verpflichtet die Vertragsstaaten dazu, geeignete Schritte zum Schutz dieses Rechts zu unternehmen. Ergänzt wird dies ebenfalls durch das in Art. 7 des Paktes postulierte Recht auf gerechte und günstige Arbeitsbedingungen, was angemessene Entlohnung, sichere und gesunde Arbeitsbedingungen, generelle Aufstiegsmöglichkeiten und angemessene freizeit- bzw. pausenbedingte Arbeitszeitbegrenzungen. Und nach der Präambel der Verfassung der Internationalen Arbeitsorganisation (ILO) ist die Gewährleistung menschenwürdiger Arbeitsbedingungen ein essentielles Element sozialer Gerechtigkeit. Weiter ausgeführt wird dies in der jüngsten Erklärung über soziale Gerechtigkeit und faire Globalisierung,[84] wonach Förderung von Beschäftigung, soziale Sicherung, sozialer Dialog und die »Achtung, Förderung und Verwirklichung der grundlegenden Prinzipien und Rechte bei der Arbeit« festgeschrieben werden. Die Erklärung der ILO über die Kernarbeitsnormen,[85] die acht fundamentale Übereinkommen der ILO in ihrer Kernaussage bündelt,[86] konkretisiert diesen Ansatz unter besonderer Hervorhebung der »Beseitigung aller Formen von Zwangs- oder Pflichtarbeit« und die Beseitigung von »Diskriminierung in Beschäftigung und Beruf«.[87] Neben der hohen Ratifikationsdichte der rechtsverbindlichen Übereinkommen, setzt die ILO auf Überwachung und Berichtspflichten seitens der Staaten.[88]

Problematisch erscheint indes ganz allgemein die Definition des Kreises der Begünstigten, denn Arbeit auf dem Gebiet einer politischen Entität setzt zunächst die zuvorige Einreise voraus. Der menschenrechtliche Zugriff erscheint hier der weitreichendste, der zudem nicht an verliehene (staatliche/hoheitliche) Statusrechte geknüpft ist. Dies wird durch Art. 2 der Allgemeinen Erklärung der Menschenrechte ausdrücklich betont, wonach u.a. natio-

84 Erklärung der IAO über soziale Gerechtigkeit für eine faire Globalisierung, 97. Tagung, Genf 2008.

85 Erklärung der IAO über grundlegende Prinzipien und Rechte bei der Arbeit und ihre Folgemaßnahmen, angenommen von der Internationalen Arbeitskonferenz, 86. Tagung, Genf 1998.

86 ILO Kernarbeitsnormen, 30.11.2011, *http://www.ilo.org/public/german/region/eurpro/bonn/kernarbeitsnormen/index.htm*; hierzu weiter Trebilok, Anne, »The ILO Declaration on Fundamental Principles and Rights at Work: a new tool«, in: Roger Blanpain/Chris Engels (Hg.), *The ILO and Social Challenges of the 21st Century*, Den Haag 2001, S. 105–116.

87 Cassel, Doug, »Equal Labour Rights for Undocumented Migrant Workers«, in: Anne F. Bayefsky (Hg.), *Human Rights and Refugees, Internally Displaced Persons and Migrant Workers*, Den Haag 2006, S. 477–516, S. 489 f.

88 Art. 19 und 22 ILO Verfassung; vgl. die Übersicht, 30.11.2011, unter *http://www.ilo.org/global/standards/lang—en/index.htm*.

nale oder soziale Herkunft, Geburt oder ein sonstiger Status keinen Einfluss auf die Wahrnehmung der in dieser Erklärung verbürgten Menschenrechte haben darf. Zu diesen Rechten gehört auch das Recht, jedes Land einschließlich seines eigenen zu verlassen und in sein Land zurückzukehren. Während jedoch generell ein Recht zu Reisen in Zeiten globaler Mobilität schon aus dem Prinzip grundlegender Freizügigkeit in Art. 13 der Allgemeinen Erklärung der Menschenrechte angenommen wird,[89] gilt dies nicht gleichfalls für das Recht auf Einreise in ein anderes Land zum Zweck der Arbeit.[90] Ein ökonomisch verständliches und moralisch gerechtfertigtes Recht auf Einwanderung ist juristisch, als subjektives Recht derzeit nicht existent.[91] Während die globalisierte Wirtschaft vom Individuum mehr Flexibilität und Mobilität fordert und damit auf den Nutzen von ökonomischen (und daran anschließend möglicherweise sozialen) Teilhabechancen an Orten propagiert, wo wirtschaftliche Bedürfnisse bestehen, stoßen Menschen, die diesem Ruf folgen, auf schwer überwindbare nationalstaatliche Grenzen, restriktive oder zumindest unübersichtliche politische Regulierung und oft rigorose Zugangsbeschränkungen.[92] Letztlich ist die internationale Migration an sich schon ein weltweit bedeutender Wirtschaftszweig, der natürlich zumeist im (Halb)Dunkeln, bestenfalls semi-legal/offiziell aber durchaus straff organisiert floriert.[93]

Irreguläre Beschäftigung ist indes ein Hauptgrund irregulärer Migration.[94] Das Migrationsnetzwerk PICUM spricht daher auch bevorzugt von »*undocumented migrant workers*«.[95] Dabei scheint die Gruppe der bereits irregulär Einreisenden (»irregular entry«) nicht so groß und bedeutend, wie die Gruppe derjenigen, die nach einer ehemals rechtmäßigen Einreise hinaus

89 Art. 13 der Allgemeinen Erklärung der Menschenrechte gewährt unter Nr. 2 ausdrücklich »das Recht, jedes Land, einschließlich seines eigenen, zu verlassen und in sein Land zurückzukehren«.

90 Keeley, Brian, *Internationale Migration*, Bonn 2010, S. 43.

91 Hierzu kritisch Kirloskar-Steinbach, Monika, *Gibt es ein Menschenrecht auf Immigration?*, München 2007, S. 241 f.

92 Burgers/Engbersen, »Globalisierung, Migration und Einwanderer ohne Papiere« [wie Anm. 2], S. 500–530; Etzold, Illegalisierte Migration [wie Anm. 25], S. 64.

93 Salt, John, »The Business of International Migration«, in: Mohammed Abu B. Siddique (Hg.), *International Migration into the 21st century: essays in honor of Reginald Appleyard*, Northampton 2001, S. 86–108; Koser, Khalid, *International Migration* [wie Anm. 2], S. 64 f.

94 Triandafyllidou, *Irregular Migration in Europe* [wie Anm. 25], S. 11 f.

95 LeVoy, Michele/Verbruggen, Nele/Wets, Johan (Hg.), *Undocumented Migrant Workers in Europe*, Brüssel 2004.

länger als erlaubt bleiben (»overstaying«).[96] Arbeitgeber_innen haben ein nicht zu unterschätzendes Interesse an der Beschäftigung irregulärer Migrantinnen und Migranten. Die Ineffizienz (national-)staatlicher Maßnahmen gegen deren Beschäftigung erklärt sich aber nicht nur aus dem Interesse der Arbeitgeber_innen, vielmehr kann auch der Staat selbst durchaus ein ökonomisches Interesse an »illegaler Arbeit« haben und entsprechend eine eher symbolische Kontrollpolitik betreiben oder durch Schutz vor Strafverfolgung von Unternehmen widersprüchliche Signale sendet.[97] Arbeitgeber_innen umgehen mit der Beschäftigung von *Sans Papiers* die ansonsten notwendigen Kosten für Steuern oder Sozialabgaben und haben damit nicht nur billige, sondern auch ausbeutbare, weil aufgrund ihres Status erpressbare Arbeitskräfte.[98] Damit offenbart sich das große Spektrum der Schutzbedürftigkeit von arbeitenden *Sans Papiers* oder *undocumented migrant workers*. Das Recht kommt hier auf unterschiedliche Weise ins Spiel und wirkt teils unterstützend, teils beschränkend.

Zunächst ist festzuhalten, dass auch Menschen ohne gültiges Aufenthaltsrecht und ohne erforderliche Erlaubnis zur Beschäftigung einen Anspruch auf Lohn für geleistete Arbeit als Arbeitnehmer_innen aus einem faktischen Arbeitsverhältnis haben.[99] Problematisch ist allerdings stets die Durchsetzung, zumal wenn Arbeitgeber_innen vom irregulären Aufenthalt Kenntnis haben. Durchsetzung von Ansprüchen mit Hilfe des Staates, zum Beispiel durch Gerichte, bedeutet zumeist auch Sichtbarwerden für den Staat. Die Verpflichtung der Staaten auf Geltendmachung von arbeitsrechtlichen Ansprüchen auch nach Rückführung[100] wird keine Arbeitnehmerin

96 Vgl. die Ergebnisse einer länderübergreifenden Studie, Triandafyllidou, »Irregular Migration in the European Union: Evidence, Facts and Myths«, in: Dies., *Irregular Migration in Europe* [wie Anm. 25] S. 291–299, S. 294 ff.

97 Vgl. zu dieser Thematik Keeley, Brian, *Internationale Migration* [wie Anm. 90], S. 44 f.; Ostendorf, Bernd, »Einwanderungspolitik der USA: eine historische Skizze«, in: Landeszentrale für politische Bildung (Hg.), *Polis 03 – Politik der Migration*, Wiesbaden 1993, S. 15–24, S. 22; Westermann, *Irreguläre Migration* [wie Anm. 20], S. 120; siehe zudem Bast, »Illegale Migration« [wie Anm. 3], S. 71.

98 Etzold, *Illegalisierte Migration* [wie Anm. 25], S. 63.

99 Will, Annegret, *Ausländer ohne Aufenthaltsrecht*, Baden-Baden 2008, S. 149 ff.; Cyrus, Norbert, »Irreguläre Migration – Zum Stand der Diskussion menschenrechtlicher Ansätze in der Bundesrepublik Deutschland«, *ZAR* (2010), S. 317–322, S. 319, und Lewek, Christian, »Arbeitsrechte für Menschen ohne Papiere in Deutschland«, in diesem Band, S. 181.

100 So im Rahmen der Europäischen Union geplant durch die Arbeitgebersanktionenrichtlinie, Richtlinie 2009/52/EG v. 18.06.2009 über Mindeststandards für Sanktionen und Maßnahmen gegen Arbeitgeber, die Drittstaatsangehörige ohne rechtmäßigen Aufenthalt beschäftigen, ABl. 168/24 v. 30.06.2009.

und keinen Arbeitnehmer mit irregulärem Aufenthaltsstatus zur Geltendmachung eines Anspruchs bewegen. Internationale Verträge ändern nichts an der Tatsache, dass es als essentieller Teil staatlicher Souveränität gilt zu bestimmen, wer in den Hoheitsbereich eintreten darf – und folglich auch, wer rechtmäßig dort arbeiten darf. Weder das Recht auf Arbeit aus Art. 23 der Allgemeinen Erklärung der Menschenrechte noch aus Art. 6 des UN-Sozialpaktes oder den Rechtsakten der ILO vermögen dies zu modifizieren.

Immerhin aber können für bestehende Arbeitsverhältnisse, grundlegende, menschenrechtskonforme Regeln aufgestellt werden, die dann auch für solche Arbeitsverhältnisse gelten, die zwischen *Sans Papiers* und Arbeitgeber_innen eingegangen werden – da sie ja jedenfalls faktisch Arbeitsverhältnisse sind, die eine Entlohnung für eine Leistung zugrunde legen. Art. 23 Nr. 3 der Allgemeinen Erklärung der Menschenrechte garantiert allen Arbeitnehmer_innen ein »Recht auf gerechte und befriedigende Entlohnung«. Ergänzend bestimmt Art. 7 a) des UN-Sozialpaktes, dass die Vertragsstaaten das Recht jedes Einzelnen auf angemessenen Lohn und gleiches Entgelt für gleichwertige Arbeit anerkennen. Hierbei ist zu bedenken, dass die bestehende hohe rechtliche Verletzbarkeit, die von Arbeitgeber_innen durch unwürdige oder gefährliche Arbeitsbedingungen ausgenutzt werden können, dazu geeignet ist, zu zwangsarbeitsähnlichen Bedingungen von Arbeit führen.[101] Das Verbot von Sklaverei und Leibeigenschaft in Art. 4 der Allgemeinen Erklärung der Menschenrechte vermag da nur die eklatantesten Verstöße zu adressieren. Hinreichend konkret wird erst Art. 7 b) des UN-Sozialpaktes, der »sichere und gesunde Arbeitsbedingungen« garantiert. Ergänzend ergibt sich der Schutz vor Zwangs- und Pflichtarbeit aus der Erklärung über die Kernarbeitsnormen aus 1998, die hierunter nicht freiwillig bzw. unter Strafandrohung geleistete Arbeit versteht. Die Anwendbarkeit dieser Schutzrechte auf *Sans Papiers* ist gegeben. Hinzu kommt das Zugestehen von Arbeitspausen, Freizeit, angemessene Begrenzung der Arbeitszeit, bezahlter Urlaub sowie Vergütung gesetzlicher Feiertage. Überdies sollen die Vertragsstaaten gemäß Art. 9 UN-Sozialpakt das Recht jedes Einzelnen auf soziale Sicherung – das heißt also auch Sozialversicherung – anerkennen. Konkret hat das CSCR in seinen Allgemeinen Hinweisen Nr. 3 festgestellt, dass Handlungspflichten in Form von Grundverpflichtungen (minimum core obligations) der Vertragsstaaten beispielsweise für das Streikrecht und gleichen Lohn für

101 Keeley, Brian, *Internationale Migration* [wie Anm. 90], S. 46.

gleiche Arbeit bestehen und sie damit für justiziabel erklärt.[102] Dies alles muss nach Art. 2 Abs. 3 UN-Sozialpakt diskriminierungsfrei, also auch ohne Ansehung der »nationalen Herkunft« bzw. des »sonstigen Status« erfolgen und inkludiert so auch Nicht-Staatsangehörige bzw. *Sans Papiers*. Wenn also Arbeitgeber_innen Arbeitsverhältnisse mit *Sans Papiers* eingehen, dürfen sie deren rechtlich prekären Status nicht als Grund für arbeitsrechtliche Diskriminierung mißbrauchen.[103]

4.1 Europäische Ebene

Die EMRK, die selbst zu Arbeitnehmerrechten als sozialen Rechten wenig enthält, wird durch Protokoll Nr. 4[104] dahingehend ergänzt, dass dort in Art. 2 Freizügigkeit garantiert wird, das heißt das Recht jedes Land, einschließlich seines eigenen, zu verlassen. Doch ebenso wie im geschilderten internationalen Rahmen, wird Einreise, erst recht zu Arbeitszwecken, davon nicht tangiert. Im Kontext des Schutzes von Arbeitnehmer_innen verbietet Art. 4 EMRK in Abs. 1 Sklaverei und Leibeigenschaft und in Abs. 2 die Verrichtung von Zwangs- oder Pflichtarbeit. Dabei kann insbesondere das Verbot der Leibeigenschaft für arbeitsrechtliche Fragen von Bedeutung sein. Der EGMR hat Leibeigenschaft als besonders schwere Form der Abschaffung von Freiheit, mithin Arbeit unter Zwang dann angenommen, wenn eine Minderjährige ohne Bewegungsfreiheit und Freizeit und unter Wegnahme ihrer Papiere mit der Folge der dauernden Angst vor polizeilicher Entdeckung arbeiten verrichten muss und so in völliger Abhängigkeit der Gnade eines Ehepaares ausgeliefert war.[105] Denkbar wäre hier auch die Anwendung auf Fälle von Zwangsprostitution. Weitergehende soziale Schutzrechte gewährt die EMRK allerdings nicht. Hier bedarf es abermals des Blicks auf die Europäische Sozialcharta. Diese gewährt in Art. 1 Nr.2 insbesondere das Recht von Arbeitnehmer_innen, ihren Lebensunterhalt durch freiwillig übernommene Tätigkeiten zu verdienen. Ergänzend garantieren die Art. 2 und 3 das Recht auf gerechte, sichere und gesunde Arbeitsbedingungen und verpflichten die Vertragsparteien in Art. 4 auf die Gewährleistung wirksamer

102 General Comment No. 3 des CSCR, UN Doc. E/1991/23, RN5; hierzu Golden, Iris, »Soziale und Wirtschaftliche Rechte neu betrachtet«, in: Iris Eisenberger u.a. (Hg.), *Norm und Normvorstellung, Festschrift für Bernd-Christian Funk*, Wien/New York 2003, S. 215–234, S. 229.

103 Ebenso deutlich: Cassel, »Equal Labour Rights« [wie Anm. 87], S. 477 f.

104 BGBl. 2002 II, 1074.

105 EGMR (Siliadin/Frankreich) v. 26.7.05, 73316/01 Nr. 113, 121 und 123–129 Slg. 05.

Ausübung des Rechts auf gerechtes Entgelt. Darüber hinaus werden auch Rechte auf Beteiligung an den Institutionen des kollektiven Arbeitsrechts, besondere Rechte von Arbeitnehmer_innen und soziale Sicherungen in den Blick genommen. Indes wird bei Rechten der Wanderarbeitnehmer_innen und ihrer Familien aus Art. 19 ausdrücklich eine Begrenzung auf solche Arbeitnehmer_innen vorgenommen, die rechtmäßigen Aufenthalt nachweisen können.

Denkbar wäre hier eine Argumentation mit dem Umkehrschluss, dass also alle Rechtsgarantien aus der Europäischen Sozialcharta, die nicht unter dem Vorbehalt des rechtmäßigen Aufenthaltes stehen, für alle und damit auch für *Sans Papiers* gelten. Deutliche Verbesserungen und Konkretisierungen der Rechtssituation könnten sich aus der revidierten Europäischen Sozialcharta ergeben, die mit vielen neuen Garantien in den Art. 20 ff. die Rechte der Arbeitnehmer_innen beispielsweise im Hinblick auf Diskriminierungsschutz, Verbesserung der Arbeitsbedingungen, soziale Absicherung und Beteiligungsrechte deutlich stärkt.[106] Der Anwendung und Wirkung steht indes die fehlende Ratifikationsdichte entgegen.

Umso bedeutender stellt sich der Beitrag der Europäischen Grundrechtecharta dar. So kann die Gewährung von Grundrechten auf eine lange Tradition im Europarecht zurückblicken, da der Wirkungskreis des supranationalen Gemeinwesens schon sehr früh einzelne Rechtsträger tangierte, und sich angesichts fehlender Kodifizierung einer Grundrechtssicherung in den Verträgen, ein richterlich begründeter Grundrechtsschutz vom Gerichtshof der EU entwickelte,[107] dessen Grundlagen erst sehr verspätet ihren Eingang in Art. 6 EUV fanden. Zwar sucht man eine spezifische Regelung, die die Arbeitsbedingungen zugunsten von *Sans Papiers* reguliert, vergebens. Doch dank ihrer Anlehnung an die EMRK und insbesondere an die Europäische Sozialcharta, werden vielversprechende Potentiale begründet. Neben dem der EMRK entsprechenden Verbot von Sklaverei und Zwangsarbeit (Art. 5 GrCh), finden sich die grundsätzliche Berufs- und unternehmerische Freiheit (Art. 15 und 16 GrCh), die sich nicht nur an Unionsbürger_innen richten. Dabei spricht die Diskussion im Konvent für die Begrenzung der Rechte auf sich zumindest rechtmäßig im Gebiet der Mitgliedstaaten aufhaltende

106 Hierzu Lörcher, Klaus, »Die Revidierte Europäische Sozialcharta«, in: BMAS/MPI Internationales Sozialrecht/Akademie der Diözese Rottenburg (Hg.), *Soziale Grundrechte in der Europäischen Union*, Baden-Baden 2001, S. 99–103.

107 Ausführlich hierzu Tohidipur, *Europäische Gerichtsbarkeit im institutionellen System der EU* [wie Anm. 66], S. 204 ff.

Personen.[108] Jedenfalls regeln die Art. 15 und 16 GrCh keinen Zugang zum Arbeitsmarkt.[109] Zu betrachten sind überdies die im Titel IV unter »Solidarität« gewährtet Rechte der Grundrechtecharta, die zum Teil an den Formulierungen der Rechte aus der Europäischen Sozialcharta angelehnt sind, wie etwa Rechte auf Zugang zu unentgeltlichen Arbeitsvermittlungsdiensten, gesunde, sichere und würdige Arbeitsbedingungen, Formen sozialer Sicherung und das Recht auf Kollektivverhandlungen. In einigen Vorschriften der Grundrechtecharta werden aber auch neue Rechte verbürgt, so u.a. der Kündigungsschutz und ein Recht der Arbeitnehmer_innen auf innerbetriebliche Anhörung.[110] Allerdings finden sich häufig mitgliedstaatliche Rechtsvorbehalte in den Normen. Gleichzeitig sollen die gewährten würdigen Arbeitsbedingungen nicht nur für Unionsbürger_innen gelten[111] und erlauben so die weite Auslegung, die auch *Sans Papiers* inkludiert.

III. Konsequenzen für eine menschenrechtsgeleitete Behandlung von *Sans Papiers*

Die maßgebliche Vision wird von Art. 28 der Allgemeinen Erklärung der Menschenrechte formuliert, die als kodifiziertes Völkergewohnheitsrecht Anerkennung einfordert und deren Kernbestand als zwingendes Völkerrecht – *ius cogens* – Geltung beansprucht.[112] Unter der Überschrift »Gerechte

108 Bernsdorff, Norbert, in: Meyer, *Charta der Grundrechte*, [wie Anm. 60] Art. 15, Rn. 10 f. Ähnlich Knecht, Matthias, »Arbeit und Soziale Sicherheit in der Charta der Grundrechte der Europäischen Union« [wie Anm. 59], S. 193, und Ruffert, Matthias, in: Christian Calliess/Matthias Ruffert (Hg.), *EUV/AEUV. Das Verfassungsrecht der Europäischen Union mit Europäischer Grundrechtecharta. Kommentar*, 4. Aufl., München 2011, Art. 15 GrCh, Rn. 9.

109 Bernsdorff, in: Meyer, *Charta der Grundrechte* [wie Anm. 60], Art. 15, Rn. 21.

110 Eingehend zu den sozialen Rechten in der Grundrechtecharta und der Europäischen Sozialcharta Funk, Bernd-Christian, »Die sozialen Rechte der Grundrechtecharta«, in: Alfred Duschanek/Stefan Griller (Hg.), *Grundrechte für Europa*, Wien 2002, S. 39–53, S. 43 ff., Knecht, Matthias, »Arbeit und Soziale Sicherheit in der Charta der Grundrechte der Europäischen Union« [wie Anm. 59], S. 190 ff. und Krebber, Sebastian, in: Calliess/Ruffert, *EUV/AEUV* [wie Anm. 108], Art. 27 GrCh, Rn. 1 ff.

111 Riedel, in: Meyer, *Kommentar zur Charta der Grundrechte* [wie Anm. 60], Art. 31 Rn. 14.

112 Nicht unumstritten, vgl. Stein, Torsten/von Buttlar, Christian, *Völkerrecht*, 12. Aufl., Köln/München 2009, S. 360 f.; Hailbronner, »Der Staat und der Einzelne als Völkerrechtssubjekte« [wie Anm. 16], S. 231; Hinze, Daniela, »Die Entstehung der Allgemeinen Erklärung

Weltordnung« wird ein Anspruch (!) eines jeden Menschen auf eine »soziale und internationale Ordnung« formuliert, in der sich die in dieser Erklärung festgelegten Rechte und Freiheiten verwirklichen können. Doch der Durchsetzung dieses Anspruchs über die vielseitigen Gewährleistungen von Grund- und Menschenrechten von *Sans Papiers* steht sehr deutlich die Inkohärenz der Anwendungsbefehle und Sanktionspotentiale entgegen.

Unter Vollzugsgesichtspunkten effektiv gestaltet ist die EMRK angesichts ihrer Bindungswirkung.[113] Durch Gesetzgebung und Anwendung muss sichergestellt werden, dass keine Rechtsverletzung geschieht.[114] Die effektive Durchsetzung erlaubt die direkte Individualklage vor dem EGMR. Im Wege der Auslegung hat der EGMR festgestellt, dass die meisten Konventionsgarantien gegen willkürliche Eingriffe durch staatliche Behörden schützen und mithin *Freiheitsrechte, negative Rechte, und Abwehrrechte* konstituieren: so gibt es einige Vorschriften, die den Staat ausdrücklich zu *positiven Handlungen* verpflichten,[115] da sich auch aus den klassischen Freiheitsrechten Verpflichtungen zu positiven Handlungen ergeben, um einen wirksamen Schutz der betroffenen Rechte zu garantieren.[116] Dem Staat kommt hierbei eine Ermittlungspflicht zu und er wird auch für verpflichtet gehalten, ausreichende gesetzliche Maßnahmen zum Schutze der Menschenrechte zu treffen.[117] Überdies birgt die mit dem supranationalen Rechtsanwendungsbefehl ausgestattete Grundrechtecharta mit ihren Bezügen auf EMRK und vor allem die Europäische Sozialcharta das Potential zur kohärenten Um- und Durchsetzung hoher sozialer Standards in der EU,[118] von denen auch die *Sans Pa-*

---

der Menschenrechte«, in: Dies./Friedrich Ebert Stiftung (Hg.), *Für Freiheit und Menschenwürde. 60 Jahre Allgemeine Erklärung der Menschenrechte*, Berlin 2008, S. 4–12, S. 6.

113 Mikkola, Matti, »Social Human Rights in Europe – regulated by the European Convention on Human Rights and the European Social Charter«, in: BMAS/MPI Internationales Sozialrecht/Akademie der Diözese Rottenburg (Hg.), *Soziale Grundrechte in der Europäischen Union*, Baden-Baden 2001, S. 95–97, S. 95.

114 Aus deutscher Sicht ausdrücklich BVerfGE 111, 307, 328 (Görgülü-Beschluss), wonach das BVerfG im »Dienst der Durchsetzung des Völkerrechts« steht und so »das Risiko der Nichtbefolgung internationalen Rechts« vermindert.

115 Vgl. z.B. Art. 3 Prot. Nr. 1 zur Organisation von Wahlen.

116 Übersicht in EGMR (Gündem, Özgür /Türkei) v. 16.03.2000, 23144/93, Slg. 00-III Nr. 42.

117 Meyer-Ladewig, *Kommentar zur Europäischen Menschenrechtskonvention*, [wie Anm. 82], Einleitung Rn. 36 ff.

118 Wenngleich auch dies in der Kritik steht, wegen der »Gefahr unitarisierender Wirkung«, vgl. Langenfeld, Christine, »Soziale Grundrechte«, in: Detlef Merten/Hans-Jürgen Papier (Hg.), *Handbuch der Grundrechte in Deutschland und Europa, Band VI/1, Europäische Grundrechte I*, Heidelberg u.a. 2010, §163 Rn. 20.

piers profitieren würden. Zugleich weisen die unterschiedlichen normativen Schutzsysteme derart uneinheitliche Geltungs- und Anwendungsqualitäten auf, dass eine einheitliche Systematik zur Zeit kaum zu entwickeln ist. Sinnbildlich dafür ist das »choose and pick-Verfahren« der Europäischen Sozialcharta, die es den Staaten quasi freistellt, welche Verbürgungen übernommen werden und welche nicht.[119] Eine systematische Erfassung scheitert letztlich auch daran, weil viele Regelungen allzu programmhaft, proklamatorisch und unbestimmt bleiben.[120] Dies gilt in besonderer Weise für die Schutzrechte, die sich für den Bereich der sozialen Sicherheit und der Rechte im Hinblick auf Arbeitsverhältnisse aus internationalen Verträgen ergeben. Positive Ausnahmen bilden hier die Rechte auf einen angemessenen Gesundheitsschutz und ärztliche Versorgung sowie das Recht auf Bildung, insbesondere soweit es um elementare (Grund)Schulbildung geht.

Doch die Wirkung völkerrechtlicher Pflichten auf die Rechtssysteme der Vertragsstaaten und die Begründung subjektiver Rechte ist noch immer zu sehr vom Umsetzungswillen der einzelnen Staaten und der zu erfolgenden Konkretisierung durch staatliche Rechtsvorschriften abhängig.[121] Der internationale Diskurs um die Menschenrechte ist zwar zum festen Bestandteil internationaler Diplomatie avanciert, die Ausstrahlungswirkung auf die praktische Anwendung der Rechte dabei aber nicht immer gegeben.[122] Für die Bundesrepublik gilt zumindest die Verpflichtung staatlicher Gewalt auf Beachtung völkerrechtlicher Vertragspflichten in nationalstaatlichem Recht und dessen Umsetzung.[123] Mithin könnte die Vorrangwirkung des Europarechts in den Bereichen als Katalysator oder »Türöffner«[124] völkerrechtlicher Garantien dienen, die im Anwendungsbereich des Unionsrechts liegen. Immerhin nutzt die EU ihre Kompetenz im Bereich der Steuerung irregulären Aufenthalts nach Art. 79 Abs. 2 c), wenngleich dies zumeist unter negativen

119 Langenfeld, »Soziale Grundrechte« [wie Anm. 118], §163 Rn. 10.

120 Ebenso Funk, »Die sozialen Rechte der Grundrechtscharta« [wie Anm. 110], S. 53.

121 Langenfeld, »Soziale Grundrechte« [wie Anm. 118], §163. Rn. 16.

122 Hoffmann, Stefan-Ludwig, »Zur Genealogie der Menschenrechte«, in: ders. (Hg.), *Moralpolitik. Geschichte der Menschenrechte im 20. Jahrhundert*, Göttingen 2010, S. 7–37, S. 29 f.; sowie Roger Maul, Daniel, »Die ILO und die Globalisierung der Menschenrechte 1944–1970«, in: Hoffmann (Hg), *Moralpolitik* [ebd.], S. 285–311, S. 311.

123 So für Deutschland nach BVerfGE 111, 307, wonach die Organe des deutschen Staates völkerrechtliche Entscheidungen nicht ignorieren dürfen, sondern sich mit ihnen auseinandersetzen müssen.

124 Mayer, Franz C., »European Law as Door Opener for Public International Law«, in: Societé Française pour le Droit International (Hg.), *Droit International et Diversité des cultures juridiques*, Paris 2008, S. 241 ff.

Vorzeichen geschieht, also namentlich Rückführung und Verbot der Beschäftigung.[125] Es sind aber auch andere Regelungsformen bezüglich des Umgangs mit irregulärer Migration von den recht weiten Kompetenzgrundlagen umfasst, die im Lichte des Völkerrechts und unter besonderer Beachtung völkerrechtlich garantierter Grund- und Menschenrechte auszugestalten sind.[126] Die menschenrechtlichen Garantien des Völkerrechts partizipieren dann am unionalen Anwendungsvorrang bei Erlass eines EU-Rechtsaktes bezüglich irregulärer Migration und binden so die Anwendung und Auslegung durch die Mitgliedstaaten. Jenseits der damit einhergehenden Rechtsschutzmöglichkeit vor den Gerichten der EU fehlt dem Einzelnen zumeist der direkte Zugriff auf Rechtsgewährleistungen. Immerhin entwickeln sich Formen von Individualbeschwerdeverfahren, die einen direkten Zugriff auf soziale Rechte ermöglichen. So erlaubt seit 1998 das Zusatzprotokoll zur Europäischen Sozialcharta ein Individualverfahren vor dem Ausschuss für Soziale Rechte, wenngleich Deutschland dies noch nicht ratifiziert hat.[127]

Ähnliches gilt auch für die Individualbeschwerde nach dem Fakultativprotokoll des IPbpR.[128]

Doch Papierlose schrecken letztlich vor jedem Kontakt mit staatlichen bzw. hoheitlichen Stellen – also auch Gerichten oder gerichtsähnlichen Institutionen – zurück.[129] Ein wichtiger Schritt könnte auch in diesem Kontext des Zugangs zum Recht für *Sans Papiers* die Nichtanwendbarkeit der in § 87 AufenthG niedergelegten Meldepflicht führen, sofern diese die Inanspruchnahme grund- und menschenrechtlich verbürgter Rechte wie medizinischer

---

125 Richtlinie 2008/115/EG (Rückführungs-RL) des Europäischen Parlaments und des Rates vom 16. Dezember 2008 über gemeinsame Normen und Verfahren in den Mitgliedstaaten zur Rückführung illegal aufhältiger Drittstaatsangehöriger, ABl. L 348 vom 24.12.2008, 98–107 und Richtlinie 2009/52/EG (Sanktions-RL) des Europäischen Parlaments und des Rates vom 18. Juni 2009 über Mindeststandards für Sanktionen und Maßnahmen gegen Arbeitgeber, die Drittstaatsangehörige ohne rechtmäßigen Aufenthalt beschäftigen, ABl. L 168 vom 30.6.2009, S. 24–32. Vertiefend hierzu zudem Bast, »Illegale Migration« [wie Anm. 3], S. 71.

126 Zum Völkerrecht im Unionsrecht Oppermann, Thomas/Classen, Claus Dieter/Nettesheim, Martin, *Europarecht*, 4. Aufl., München 2009, S. 193 f., und speziell für die GFK Fischer-Lescano, Andreas/Horst, Johan, »Das Pönalisierungsverbot aus Art. 31 I GFK«, *ZAR*, H. 3 (2011), S. 81–90, S. 83.

127 Golden, »Soziale und Wirtschaftliche Rechte neu betrachtet« [wie Anm. 102], S. 231.

128 Hierzu und zu den weiteren Möglichkeiten einer Individualbeschwerde Ruffert/Walter, *Institutionalisiertes Völkerrecht* [wie Anm. 29], S. 172 ff.

129 Zur Durchsetzung grundlegender Arbeitsrechte vor deutschen Gerichten vgl. Lewek, Christian, »Arbeitsrechte für Menschen ohne Papiere in Deutschland«, in diesem Band, S. 181.

Versorgung, (Schul)Bildung oder auch die Durchsetzung von Rechten aus faktischen Arbeitsverhältnissen durch die Betroffenen verhindert.

IV. Fazit und Ausblick

Die solidarische Verantwortungsgemeinschaft muss sich ihrer ohnehin bröckelnden Zentrierung auf staatsbürgerschaftliche Formen entledigen und sich postnational konstituieren,[130] um ihrem menschenrechtlichen Anspruch gerecht zu werden und rechtliche Verbürgungen in wohlformulierten internationalen oder europäischen Vertragstexten zur Geltung zu verhelfen. Letztlich konstituiert sich der globale und europäische soziale Raum noch immer defizitär[131] – soziale Rechte, die in menschenrechtsgeleiteter Lesart auch den *Sans Papiers* würdige Existenzbedingungen ermöglichen können, stehen in der zweiten Reihe der Gewährleistungen. So hat beispielsweise der soziale »Geschwisterpakt« der EMRK, die Europäische Sozialcharta, zwar eine lange Tradition. Im Zusammenspiel mit dem UN-Sozialpakt und der Grundrechtecharta der EU ergeben sich durchaus klar konturierte Rechte auf gesundheitliche Versorgung und Zugang zu Bildungseinrichtungen, sowie grundlegende Rechte aus Arbeitsverhältnissen. Doch zur Effektuierung eines hohen sozialen Schutzstandards, der dann eben auch die Rechte von *Sans Papiers* inkludieren kann, wäre auf normativer Ebene zumindest die breite Ratifizierung der revidierten Europäischen Sozialcharta notwendig. Einem daran anknüpfenden Rechtsanwendungsmechanismus muss eine effektive individualverfahrensrechtliche Durchsetzung der Rechte folgen. Pflichten von Staaten zu statuieren, die sich die Reichweite der Umsetzung selbst definieren können, reicht nicht aus. Das eigentliche Projekt wäre aus menschenrechtlicher Sicht aber im Anschluss an die Anerkennung jedes Einzelnen als existenzberechtigten Rechteinhaber der Versuch, Wege aus dem irregulären Aufenthaltsrechtsstatus in einen regulären zu ebnen.

130 Instruktiv hierzu Poferl, Angelika, »Jenseits der Solidarität? Globale Probleme und die kosmopolitische Konstitution von Sozialität«, in: Beck/Poferl, *Große Armut, großer Reichtum* [wie Anm. 2], S. 134–167, S. 144 ff.

131 Berking, Helmuth, »Global Images. Ordnung und soziale Ungleichheit in der Welt, in der wir leben«, in: Beck/Poferl, *Große Armut, großer Reichtum* [wie Anm. 2], S. 110–133, S. 114 ff.; Kingreen, Thorsten, »Die Europäisierung sozialer Rechte«, in: Andreas Fischer-Lescano/Florian Rödl/Christoph U. Schmid. (Hg.), *Europäische Gesellschaftsverfassung*, Baden-Baden 2009, S. 129–142, 129 ff.

Illegale Migration und die Rechte von illegalen Migrantinnen und Migranten als Regelungsgegenstände des Europarechts

Jürgen Bast

I. (Europa-) Rechtliche Regelung illegaler Migration?

Ein grundsätzlicher Einwand gegen die Möglichkeit rechtlicher Steuerung von Migrationsprozessen lautet, dass es sich um ein autonomes, unkontrollierbares Geschehen handelt: Angesichts der faktischen Unmöglichkeit, illegale Migration effektiv zu unterbinden, erschöpften sich Steuerungsversuche in einer Erhöhung der sozialen Kosten und persönlichen Risiken von »illegalisierten« Formen der Migration.[1] Richtig daran ist allemal, dass hoheitliche Migrationskontrollen in keinem Land der Welt in der Lage wären, illegale Zuwanderungen gänzlich zu verhindern, und schon gar nicht mit rechtsstaatlich akzeptablen Mitteln.[2] Die Messlatte zur Beurteilung staatlicher Kapazität bei der Implementierung migrationsrechtlicher Regelungen sollte allerdings nicht so unrealistisch hoch gelegt werden, dass jeder Sektor staatlicher Verwaltungstätigkeit daran scheitern müsste.[3] Es käme vielmehr darauf an zu zeigen, dass Vollzugsdefizite im Bereich des Migrationsrechts so tief greifend und allgemein verbreitet sind, dass Migrationsverbote in die Rubrik jener hoffnungslos zum Scheitern verurteilten Prohibitionen gehören, für die Alkohol-, Glücksspiel- und Prostitutionsverbote historisch verbürgte Beispiele sind.[4]

Bei näherer Betrachtung bestehen im internationalen Vergleich große Unterschiede in der Leistungsfähigkeit staatlicher Behörden, die Einreise

1 Exemplarisch: Dauvergne, Catherine, *Making People Illegal: What Globalization Means for Migration and Law*, Cambridge 2008, S. 9–28.

2 Engbersen, Godfried/Broeders, Dennis, »The State versus the Alien: Immigration Control and Strategies of Irregular Immigrants«, *West European Politics*, Bd. 32 (2009), S. 867–885, S. 881.

3 Ellermann, Antje, *States against Migrants: Deportation in Germany and the United States States against Migrants*, Cambridge 2009, S. 151 f.

4 Für ein umfassendes Bild vgl. Legomsky, Stephan H., »Portraits of the Undocumented Immigrant: A Dialogue«, *Georgia Law Review*, Bd. 44 (2009), S. 65–160.

und den Aufenthalt von Migrantinnen und Migranten zu überwachen und die einschlägigen legislativen Programme zu implementieren.[5] Für die Kontrolle der illegalen Einwanderung spielen nicht nur die Effektivität »externer« Zugangskontrollen an den Staatsgrenzen oder Flughäfen eine Rolle, sondern auch und vor allem die Infrastruktur »interner« Kontrollen wie Ausweis- und Meldepflichten und die Instrumente der staatlichen Überwachung des Arbeitsmarktes.[6] So gelten die Vereinigten Staaten als Musterbeispiel eines Migrationsregimes, das über eine notorisch geringe Dichte leistungsfähiger »interner« Kontrollen verfügt, sodass das Migrationsgeschehen trotz teilweise aufwändiger Grenzsicherungsmaßnahmen von einer großen Zahl von illegalen Migrantinnen und Migranten geprägt ist.[7]

Vollzugsdefizite bei der Migrationskontrolle können zudem schlicht dem fehlenden politischen Willen geschuldet sein, wirksame Instrumente zum Einsatz zu bringen, weil ein Anziehen der Vollzugsschraube unerwünschte wirtschaftliche oder außenpolitische Konsequenzen zeitigen würde.[8] Auch hierfür liefern die USA breites Anschauungsmaterial, beispielsweise die Widerstände dagegen, effektive Sanktionen für Arbeitgeber, die illegale Migrantinnen und Migranten beschäftigen, einzuführen.[9] Die fortgesetzte stillschweigende Duldung illegaler Migration entspricht vor allem den Interessen der Landwirtschaft in den US-Bundesstaaten des Südwestens und funktioniert als willkommene Einwanderungschance durch die – überwiegend mexikanische – »Hintertür«. Was auf den ersten Blick als Schwäche der recht-

5 Freeman, Gary P., »Can Liberal States Control Unwanted Migration?«, *Annals of the American Academy of Political and Social Science*, Bd. 534 (1994), S. 17–30, S. 18.

6 Vogel, Dita, »Migration Control in Germany and the United States«, *International Migration Review*, Bd. 34 (2000), S. 390–422, S. 404 ff.

7 Martin, David A., »The Obstacle to Effective Internal Enforcement of the Immigration Laws in the United States«, in: Kai Hailbronner/David A. Martin/Hiroshi Motomura (Hg.), *Immigration Controls: The Search for Workable Policies in Germany and the United States*, Oxford 1998, S. 1–43, 4 ff.; Cornelius, Wayne A., »Controlling ›Unwanted‹ Immigration: Lessons from the United States«, *Journal of Ethnic and Migration Studies*, Bd. 31 (2005), Nr. 4, S. 775–794, S. 777 ff.

8 Minderhoud, Paul, »Introduction«, in: Anita Böcker/Kees Groenendijk/Tetty Havinga/Paul Minderhoud (Hg.), *Regulation of Migration: International Experiences*, Amsterdam 1998, S. 7–24, S. 15.

9 Perotti, Rosanna, »Employer Sanctions and the Limits of Negotiation«, *AAPSS* Bd. 534 (1994), S. 31–43; Martin, Philipp L., »Good Intentions Gone Awry: IRCA and U.S. Agriculture«, *AAPSS*, Bd. 534 (1994), S. 44–57.

lichen Steuerung erscheint, kann sich auf den zweiten Blick als flexible Methode der Steuerung »außerhalb« des Rechts erweisen.[10]

Die Annahme einer Unkontrollierbarkeit von illegalen Migrationsprozessen muss also insofern relativiert werden, als ihr Ausmaß von kontingenten Faktoren abhängt, von denen einige – gewiss nicht alle – einer rechtlichen Gestaltung zugänglich sind. Angesichts der fortschreitenden Europäisierung des Migrationsrechts ist es dann eine nahe liegende Frage, welchen Einfluss auf die rechtliche Gestaltung dieser Faktoren die Rechtsetzung der EU heute nimmt bzw. sie in Zukunft nehmen könnte. Letzteres steht im Mittelpunkt der folgenden Überlegungen. Sie sondieren die Handlungsmöglichkeiten, die die EU im Hinblick auf illegale Migrationsprozesse besitzt. Es entspricht dem Doppelcharakter des Migrationsrechts – als Instrument der hoheitlichen Intervention in das Migrationsgeschehen und als »Migrationssteuerungsbegrenzungsrecht« –, dass der Blick dabei in zwei Richtungen geht: einerseits auf die Verfolgung migrationspolitischer Ziele, andererseits den Schutz von Migrantinnen und Migranten als Rechtspersonen.

II. Überblick über die Ziele und Kompetenzen der EU-Migrationspolitik

Um die rechtlichen Handlungsmöglichkeiten der EU auf dem Feld illegaler Migration einzuordnen, soll zunächst ein Überblick über die einschlägigen Ziele und Kompetenzen nach den EU-Verträgen gegeben werden, wie sie sich seit der Reform durch den Lissabonner Vertrag im Jahr 2009 darstellen.

Das übergreifende Vertragsziel eines Freiheits-, Sicherheits- und Justizraums ohne Binnengrenzen ist in Art. 3 Abs. 2 EUV und Art. 67 Abs. 1 AEUV niedergelegt. Zu seiner Verwirklichung sehen die Verträge Rechtsetzungsmaßnahmen auf drei großen Politikfeldern vor: Migrationspolitik, Kriminalpolitik sowie grenzüberschreitende Aspekte des Zivilrechts (Art. 67 Abs. 2–4 AEUV). Die Migrationspolitik umfasst ihrerseits drei Teilbereiche mit jeweils zugeordneten Rechtsgrundlagen, namentlich die Bereiche Asyl, Einwanderung und Grenzkontrolle (Art. 3 Abs. 2 EUV, Art. 67 Abs. 2

10 Motomura, Hiroshi, »Immigration Outside the Law«, *Columbia Law Review*, Bd. 108 (2008), S. 2037–2097, S. 2049: »chronic and intentional underenforcement of immigration law has been de facto federal policy for over a century«.

AEUV). Der Begriff Einwanderung meint hier unspezifisch alle auf die Begründung von Aufenthalt im Unionsgebiet zielenden Migrationsformen. Er ist deshalb auch nicht auf legale Migration beschränkt (vgl. Art. 79 Abs. 1 AEUV).[11] Mit der Forderung nach einer »gemeinsamen Politik« für alle drei Teilbereiche verwendet der Vertrag eine Begrifflichkeit, die üblicherweise für die am stärksten integrierten EU-Politiken wie die Agrarpolitik oder die Verkehrspolitik reserviert ist.[12]

Art. 67 Abs. 2 AEUV richtet die gemeinsame Migrationspolitik der EU an drei Prinzipien aus. Der erste Grundsatz ist die *Gewährleistung des freien Personenverkehrs* durch Beseitigung der Kontrollen an den Binnengrenzen. Die Migrationspolitik der EU zielt mithin auf die Schaffung eines europäischen Migrationsraums mit interner Mobilität auch für Drittstaatsangehörige. Dabei ist zu differenzieren: Für Kurzaufenthalte ist das Ziel der Reisefreiheit in den programmatischen Aussagen des Art. 3 Abs. 2 EUV und Art. 77 Abs. 1 lit. a AEUV enthalten; die entsprechenden Kompetenzen folgen aus Art. 77 Abs. 2 lit. c und lit. e AEUV. Eine ebenso klare Zielvorgabe fehlt für die wirtschaftliche Freizügigkeit von Drittstaatsangehörigen. Die Bedingungen, unter denen sich Drittstaatsangehörige für einen längeren Zeitraum in einem anderen Mitgliedstaat aufhalten und dort niederlassen dürfen, sind in das politische Ermessen des EU-Gesetzgebers gestellt (Art. 79 Abs. 2 lit. b AEUV; Art. 45 Abs. 2 GR-Charta).

Zweitens soll die Migrationspolitik der EU auf der *Solidarität der Mitgliedstaaten* untereinander gründen. Dies betrifft vor allem den Teilbereich Asyl und das Gemeinsame Europäische Asylsystem, mit dem die Mitgliedstaaten ihre völkerrechtlichen und humanitären Verpflichtungen zur Gewährung internationalen Flüchtlingsschutzes kollektiv wahrnehmen wollen (Art. 78 Abs. 1, 2 AEUV). In der Konsequenz stellen sich Fragen der solidarischen Verteilung der administrativen Zuständigkeiten und finanziellen Belastungen, die die Mitgliedstaaten aufgrund ihrer geographischen Lage, der Unterschiede ihrer wirtschaftlichen Leistungsfähigkeit und wegen der Stabilität etablierter Migrationssysteme ungleich treffen. Art. 80 AEUV konkretisiert den Grundsatz der Solidarität, indem er eine weit reichende Annex-

11 Zur Terminologie Thym, Daniel, »Europäische Einwanderungspolitik: Grundlagen, Gegenstand und Grenzen«, in: Rainer Hofmann/Tillmann Löhr (Hg.), *Europäisches Flüchtlings- und Einwanderungsrecht*, Baden-Baden 2008, S. 183–204, S. 195 f.

12 Vgl. Monar, Jörg, »Der Raum der Freiheit, der Sicherheit und des Rechts«, in: Armin von Bogdandy/Jürgen Bast (Hg.), *Europäisches Verfassungsrecht*, Heidelberg 2009, S. 749–797, 756 und 780.

befugnis für einen Finanzausgleich oder andere Mechanismen der Lastenumverteilung zwischen den Mitgliedstaaten vorsieht.

Drittens erklärt Art. 67 Abs. 2 AEUV die »angemessene« Behandlung von Drittstaatsangehörigen zur Grundlage der Migrationspolitik der EU. Art. 79 Abs. 1 AEUV wiederholt diesen Grundsatz der *Fairness* (vgl. dort engl. *fair treatment*) speziell für die rechtmäßig ansässigen Drittstaatsangehörigen. Diese Vorgabe korrespondiert mit der Befugnis zur Festlegung ihrer Rechte während des Aufenthalts im Unionsgebiet (Art. 79 Abs. 2 lit. b AEUV). Ähnlich wie der Grundsatz der Solidarität stellt die Forderung nach einem »angemessenen« rechtlichen Status für Drittstaatsangehörige ein offenes Gerechtigkeitspostulat auf, das zur politischen Suche nach einem Ausgleich der berührten Interessen auffordert, ohne das Ergebnis inhaltlich zu determinieren.

Die *Sachkompetenzen* gliedern sich nach den genannten Politikfeldern: Regelungen zu Kurzaufenthalten und zu Personenkontrollen an Binnen- und Außengrenzen (Art. 77 AEUV), formelles und materielles Asylrecht für unterschiedliche Formen internationalen Schutzes (Art. 78 AEUV) sowie Regelungen zu den übrigen Erscheinungsformen legaler und illegaler Migration (Art. 79 AEUV). Was das Verhältnis zu den mitgliedstaatlichen Befugnissen angeht, sind alle Rechtsetzungskompetenzen der EU in diesem Bereich gemäß Art. 4 Abs. 2 lit. j AEUV als »geteilte Zuständigkeit« klassifiziert. Das bedeutet, dass die Mitgliedstaaten ihre legislativen Befugnisse weiter ausüben dürfen, solange und soweit die Union nicht rechtsetzend tätig geworden ist; allerdings besitzt die Union grundsätzlich die Befugnis zu einer erschöpfenden Regelung, die die Mitgliedstaaten von parallelen Regelungen ausschließt.

III. Ansatzpunkte für europarechtliche Regelungen

Als Ansatzpunkte für einen regelnden Zugriff der EU auf das illegale Migrationsgeschehen kommen vier Themenkomplexe in Betracht: (1.) die Rechtsstellung von Personen, die sich im Unionsgebiet befinden, ohne ein Recht zum Aufenthalt zu besitzen, (2.) operative Maßnahmen zur Verhinderung illegaler Einreisen, (3.) Rückübernahmeübereinkommen mit Drittländern, und (4.) die Beendigung aufenthaltsrechtlicher Illegalität durch Legalisierungen.

1. Drittstaatsangehörige ohne Aufenthaltsrecht als Gegenstand von Einwanderungsregelungen nach Art. 79 Abs. 2 AEUV

1.1 Allgemeiner Rahmen

Die zentrale Kompetenzvorschrift für die unionsrechtliche Regelung des Aufenthalts ist Art. 79 Abs. 2 AEUV. Soweit nicht eine speziellere Rechtsgrundlage einschlägig ist, öffnet sie das Aufenthaltsrecht für Drittstaatsangehörige in allen wesentlichen Aspekten dem Zugriff des europäischen Gesetzgebers: Die einwanderungspolitische Kompetenz der Union umfasst die formellen und materiellen Voraussetzungen der Erteilung eines Aufenthaltstitels (lit. a), die Festlegung der statusbezogenen Rechtsfolgen (lit. b) sowie das Rechtsregime der aufenthaltsbeendenden Maßnahmen (lit. c).

Die Kompetenz nach Art. 79 Abs. 2 *lit. a* AEUV ist nicht beschränkt auf einen bestimmten Aufenthaltszweck; der Zweck der Familienzusammenführung ist nur exemplarisch aufgeführt. Die Regelungsbefugnis betrifft »Visa und Aufenthaltstitel für einen langfristigen Aufenthalt« und schließt damit nahtlos an die Befugnis nach Art. 77 Abs. 2 lit. a AEUV an, »Visa und andere kurzfristige Aufenthaltstitel« zu regeln. Die Regelungsbefugnis des Art. 79 Abs. 2 lit. a AEUV umfasst auch die formellen Aspekte der Erteilung eines Aufenthaltstitels, einschließlich des Organisations- und Verfahrensrechts sowie der äußeren Form der Titel (»Normen für die Erteilung«). Allerdings wird weiterhin eine dezentrale Vollzugsstruktur vorausgesetzt, bei der die Wahrnehmungskompetenz für die Titelerteilung bei einer mitgliedstaatlichen Behörde liegt.

Die Teilkompetenz zur »Festlegung der Rechte« von rechtmäßig ansässigen Drittstaatsangehörigen nach Art. 79 Abs. 2 *lit. b* AEUV hat gegenüber der früheren Fassung eine substanzielle Erweiterung erfahren. Die Kompetenz bezieht sich nunmehr sowohl auf die Weiterwanderung in einen anderen Mitgliedstaat als auch auf Rechte im Aufenthaltsstaat. Sie betrifft also insgesamt die Rechtsstellung von Drittstaatsangehörigen im Unionsgebiet, deren Aufenthaltsrecht entweder auf einem durch die EU (gemäß *lit. a*) harmonisierten Aufenthaltstitel oder auf einem autonom-nationalen Titel beruht.

Vor dem Inkrafttreten des Lissabonner Vertrags bestand großer Streit über die Reichweite der Unionskompetenz in Bezug auf das *Arbeits*erlaubnisrecht. Kontrovers diskutiert wurde, ob zu den »Aufenthaltsvoraussetzungen« gemäß Art. 63 Nr. 3 lit. a EG (jetzt Art. 79 Abs. 2 lit. a AEUV) auch der Zugang zum Arbeitsmarkt gehört. In der Praxis hat der Rat wiederholt

Regelungen über den Zugang zur Beschäftigung in die einwanderungspolitischen Richtlinien mit aufgenommen.[13] Nach Ansicht des Verfassers bestehen hiergegen keine kompetenzrechtlichen Bedenken.[14] Die Regelung der sogenannten Ausländerbeschäftigung gehört nach einem historisch gewachsenen und von der Union übernommenen Verständnis mit zur aufenthaltsrechtlichen Steuerung der Migration.[15] Im Übrigen ermächtigt Art. 79 Abs. 2 lit. b AEUV, wie erläutert, nunmehr umfassend zur Regelung der Rechtsstellung während des legalen Aufenthalts: Der nur durch den finalen Kontext begrenzte Begriff »Rechte« schließt Rechte auf Zugang zum Erwerbsleben zwanglos ein.[16]

Die Befugnisse nach Art. 79 Abs. 2 *lit. c* und *lit. d* AEUV dienen speziell dem Ziel der Verhütung und Bekämpfung illegaler Migration, das in Art. 79 Abs. 1 AEUV genannt wird. Die EU-Politik im Bereich »illegale Einwanderung und illegaler Aufenthalt« sowie hinsichtlich der migrationsbezogenen Erscheinungsformen des Menschenhandels[17] kann einen weit gezogenen Kreis von Maßnahmen der Migrationsprävention und zur Effektivierung von Ausreiseverpflichtungen umfassen. Eigens hervorgehoben wird (in *lit. c*) mit dem Abschiebungsrecht ein Kernbereich des Rechtsregimes zur Durchsetzung aufenthaltsrechtlicher Pflichten. Das Begriffspaar »Abschiebung und Rückführung« deutet weitere Effektivierungsmechanismen an, zum Beispiel leistungsrechtliche Anreize zur Förderung der freiwilligen Rückkehr.

Für die europarechtliche Harmonisierung strafrechtlicher Sanktionen ist speziell Art. 83 AEUV einschlägig. Dort ist der Menschenhandel als besonders schwere Kriminalitätsform genannt, nicht jedoch Verstöße gegen aufenthaltsrechtliche Vorschriften im Zusammenhang mit illegaler Einreise oder illegalem Aufenthalt. Ob insoweit eine Annexkompetenz aufgrund von Art. 83 Abs. 2 i.V.m. Art. 79 Abs. 2 lit. c AEUV existiert, soll hier nicht

13 Beispiel: Art. 11, 21 der Daueraufenthalts-RL 2003/109/EG.

14 Gößling, Katja, *Der Aufenthaltsstatus von ausländischen Arbeitnehmern in der Bundesrepublik Deutschland*, Frankfurt am Main 2009, S. 50; enger Thym, Daniel, in: Eberhard Grabitz/Meinhard Hilf/Martin Nettesheim, *Das Recht der EU* (42. EL 2010), Art. 79 AEUV, Rn. 25/43; ablehnend Kugelmann, Dieter, »Einwanderungs- und Asylrecht«, in: Reiner Schulze/Manfred Zuleeg/Stefan Kadelbach (Hg.), *Europarecht: Handbuch für die deutsche Rechtspraxis*, 2. Aufl., Baden-Baden 2010, § 41 Rn. 204/207.

15 Brinkmann, Gisbert, »The Immigration and Asylum Agenda«, *ELJ*, Bd. 10 (2004), S. 182–199, S. 187.

16 Hoppe, Michael, in: Karl-Otto Lenz/Klaus-Dieter Borchardt (Hg.), *EU-Verträge: Kommentar nach dem Vertrag von Lissabon*, 5. Aufl., Köln 2010, Art. 79 AEUV, Rn. 5.

17 Dazu: Askola, Heli, »Violence against Women, Trafficking, and Migration in the European Union«, *ELJ*, Bd. 13 (2007), S. 204–217.

vertieft werden. Jedenfalls besteht diese nur so weit, wie dies »unerlässlich« ist, um europarechtlich harmonisierte Vorschriften auf dem Gebiet des Aufenthaltsrechts durchzusetzen.

1.2 Anwendung auf Drittstaatsangehörige ohne Aufenthaltsrecht

Analysiert man diesen Rechtsrahmen im Hinblick auf die Regelungsmöglichkeiten im Bereich illegale Migration, fällt zunächst auf, dass die EU keine allgemeine Kompetenz zur Regelung der Rechte von Personen in der aufenthaltsrechtlichen Illegalität besitzt. Art. 79 Abs. 2 lit. b AEUV setzt ausdrücklich voraus, dass sich die berechtigten Personen »rechtmäßig in einem Mitgliedstaat aufhalten«. Das gleiche gilt für die sozialpolitische Kompetenz des Art. 153 Abs. 1 lit. g AEUV zur Regelung von »Beschäftigungsbedingungen«, für die ebenfalls ein legaler Aufenthalt der betroffenen Drittstaatsangehörigen verlangt ist. Die kompetenzrechtliche Kopplung von Aufenthaltsstatus und Rechten[18] führt zu einer Schere zwischen Sollen und Können: Einerseits verspricht die EU-Grundrechte-Charta »jeder Person« bzw. »jedem Menschen«, also unabhängig von Staatsangehörigkeit oder aufenthaltsrechtlichem Status, Rechte auf Bildung und Gesundheitsschutz (Art. 14, 35 GR-Charta), andererseits hat die EU keine spezifische Kompetenz zur Verwirklichung und normativen Ausgestaltung dieser Menschenrechte, denn eine Befugnis zum gesetzgeberischen Handeln kann aus einem Charta-Grundrecht als solches nicht abgeleitet werden (Art. 51 Abs. 2 GR-Charta).[19]

Die maßgebliche Rechtsgrundlage für den Erlass von Regelungen zur Situation von illegalen Migrantinnen und Migranten ist demnach Art. 79 Abs. 2 lit. c. AEUV. Der dort verwendete Begriff »illegaler Aufenthalt« ist als Komplementärbegriff zu »sich rechtmäßig in einem Mitgliedstaat aufhalten« in Art. 79 Abs. 2 lit. b AEUV zu verstehen. Die Politik der EU gegenüber Drittstaatsangehörigen, die sich ohne Aufenthaltsrecht in der Union befin-

18 Zu dieser »mitgliedschaftlichen« Konzeption von Rechten auf staatlicher Ebene siehe Da Lomba, Sylvie, »Immigration Status and Basic Human Rights: A Comparative Study of Irregular Migrants' Rights to Health Care in France, the UK and Canada«, *Netherlands Quarterly of Human Rights*, Bd. 28 (2010), S. 6–40.

19 Gewisse Ansatzpunkte für Regelungen zu den Menschenrechten von Personen ohne Aufenthaltsrecht könnten sich im Rahmen der Antidiskriminierungspolitik nach Art. 19 Abs. 1 AEUV bieten. Hierfür sind allerdings verfahrensmäßig hohe Hürden aufgestellt (Einstimmigkeit im Rat, Zustimmung im EP). Vgl. Tohidipur, Timo, »Sans Papier und Gesundheitsversorgung: Möglichkeiten europäischer Harmonisierung«, in: Christiane Falge/Andreas Fischer-Lescano/Klaus Sieveking (Hg.), *Gesundheit in der Illegalität*, Baden-Baden 2009, S. 183–194, S. 193 f.

den, ist damit systematisch nicht dem Ziel der »angemessenen Behandlung« von Drittstaatsangehörigen zugeordnet, sondern dient der »Verhütung und verstärkten Bekämpfung von illegaler Einwanderung«. Ungeachtet dieser auf Exklusion gerichteten Finalität ist durch die Verträge nicht vorgegeben, ob die Beiträge der EU in der Sache eher der Effektivierung der Ausschlusspolitiken dienen oder ob sie sich eine individualrechtliche Sicht zu eigen machen, indem sie die Rechte von Migrantinnen und Migranten, die die Adressaten solcher Maßnahmen sind, stärken.[20]

Aus der bisherigen Gesetzgebungspraxis ist vor allem die Rückführungs-Richtlinie 2008/115 hier zu nennen.[21] Die Richtlinie definiert einen einheitlichen Verfahrensablauf für das Abschiebungsverfahren in den Mitgliedstaaten, legt für jedes Verfahrensstadium Mindestgarantien zugunsten der betroffenen Drittstaatsangehörigen fest und stattet die Entscheidungen des handelnden Mitgliedstaats mit transnationalen Effekten aus, weist ihnen also Wirkungen gegenüber den übrigen Mitgliedstaaten zu.[22] Der EuGH hat in einem grundlegenden Urteil zu dieser Richtlinie den abschließenden Charakter der in ihr vorgesehen Instrumente zur Durchsetzung der Ausreiseverpflichtung hervorgehoben und die Richtlinie insgesamt als eine gesetzliche Konkretisierung des Verhältnismäßigkeitsgrundsatzes gedeutet.[23] Diese Aufladung mit Grundrechtsgehalten verdeutlicht die starken Bindungen, denen die Mitgliedstaaten unterliegen, wenn die EU in einem grundrechtsrelevanten Rechtsbereich gesetzgebend tätig geworden ist.[24]

Entsprechend steht zu erwarten, dass auch die unionsrechtlichen Garantien für das Verwaltungsverfahren, wie sie in der Rechtsprechung des EuGH als sog. Verteidigungsrechte entwickelt wurden und in Art. 41 GR-Charta als Teil des Rechts auf gute Verwaltung niedergelegt sind,[25] nunmehr in der

20 Eine frühere Sondierung bei Weber, Albrecht, »Europarechtliche Aspekte illegaler Migration«, in: Ulrich Becker/Hans Hablitzel/Eckhard Kreßel (Hg.), *Migration, Beschäftigung und soziale Sicherheit*, Berlin 2007, S. 41–51, S. 46 ff.

21 Richtlinie 2008/115/EG des Europäischen Parlaments und des Rates vom 16. Dezember 2008 über gemeinsame Normen und Verfahren in den Mitgliedstaaten zur Rückführung illegal aufhältiger Drittstaatsangehöriger, ABl. L 348 vom 24.12.2008, S. 98.

22 Zum systematischen Zusammenhang Bast, Jürgen, »Der Vorschlag der Europäischen Kommission für eine Abschiebeverfahrens-Richtlinie«, in: Klaus Barwig/Stephan Beichel-Benedetti/Gisbert Brinkmann (Hg.), *Perspektivwechsel im Ausländerrecht?*, Baden-Baden 2007, S. 648–659, S. 650 ff.

23 EuGH, Rs. C-61/11 PPU, El Dridi, Slg. 2011, I-0000, Rn. 31 ff.

24 Grundlegend EuGH, Rs. C-540/03, Parlament/Rat, Slg. 2006, I-5769, Rn. 23 und 104 f.

25 Kańska, Klara, »Towards Administrative Human Rights in the EU«, *ELJ*, Bd. 19 (2004), 296–326; Bitter, Stephan, *Die Sanktion im Recht der Europäischen Union*, Heidelberg 2011,

Ausweisungs- und Abschiebepraxis der Mitgliedstaaten durchgängig beachtet werden müssen.[26] Zwar sieht die Rückführungs-Richtlinie in ihrem Abschnitt über »Verfahrensgarantien« (Art. 12–14), der zu den umstrittenen Themen im Gesetzgebungsprozess gehörte,[27] im Wesentlichen nur Anforderungen an die Form der getroffenen Entscheidungen vor. In solchen Fällen folgt die Pflicht zur Beachtung der grundrechtlichen Verfahrensgarantien aber unmittelbar aus den verfassungsrechtlichen Grundsätzen des Unionsrechts.[28]

Noch nicht im vollen Umfang absehbar sind die zukünftigen Effekte der Sanktions-Richtlinie 2009/52, die sich mit Arbeitsverhältnissen befasst, an denen Arbeitnehmerinnen und Arbeitnehmer ohne Aufenthaltsrecht beteiligt sind.[29] Die Kompetenz zum Erlass der Richtlinie war nur hinsichtlich ihrer strafrechtlichen Aspekte umstritten.[30] Ebenso wie die Rückführungs-Richtlinie wurde sie gestützt auf Art. 63 Nr. 3 lit. b EG, dem fast wortgleichen Vorgänger von Art. 79 Abs. 2 lit. c AEUV, obschon sie keinen aufenthaltsrechtlichen Regelungsschwerpunkt hat. Wie erwähnt, sieht die Kompetenz der EU zum Erlass von Maßnahmen zur Bekämpfung der illegalen Migration keine Einschränkung hinsichtlich der rechtlichen Mittel vor. Kompetenzrechtlich zulässig ist es demnach wohl auch, ein Verbot der Be-

S. 37 ff.; zur Anwendung im mitgliedstaatlichen Vollzug EuGH, Rs. C-28/05, Dokter, Slg. 2006, I-5431, Rn. 71 ff.

26 Bast, Jürgen, »Of General Principles and Trojan Horses: Procedural Due Process in Immigration Proceedings under EU Law«, *German Law Journal*, Bd. 11 (2010), S. 1006–1024, S. 1018 ff.

27 Acosta, Diego, »The Good, the Bad and the Ugly in EU Migration Law: Is the European Parliament Becoming Bad and Ugly?«, *EJML*, Bd. 11 (2009), S. 19–39; Baldaccini, Anneliese, »The Return and Removal of Irregular Migrants under EU Law: An Analysis of the Returns Directive«, *EJML*, Bd. 11 (2009), S. 1–17, S. 11 ff.

28 So für das Recht auf effektiven Rechtsschutz Reneman, Marcelle, »An EU Right to Interim Protection during Appeal Proceedings in Asylum Cases?«, *EJML*, Bd. 12 (2010), S. 407–434, S. 413 f.; Brouwer, Evelien, »Effective Remedies in Immigration and Asylum Law Procedures: A Matter of General Principles of EU Law«, in: Anneliese Baldaccini/Elspeth Guild/Hellen Toner (Hg.), *Whose Freedom, Security and Justice?*, Oxford 2007, S. 57–83.

29 Richtlinie 2009/52/EG des Europäischen Parlaments und des Rates vom 18. Juni 2009 über Mindeststandards für Sanktionen und Maßnahmen gegen Arbeitgeber, die Drittstaatsangehörige ohne rechtmäßigen Aufenthalt beschäftigen, ABl. L 168 vom 30.6.2009, S. 24.

30 Zur Diskussion aus deutscher Sicht Hörich, Carsten, »Die Sanktionsrichtlinie – Zündstoff zwischen EuGH und BVerfG?«, *ZAR*, H. 2 (2010), S. 49–53; Zimmermann, Frank, »Tendenzen der Strafrechtsangleichung in der EU«, *Zeitschrift für Internationale Strafrechtsdogmatik*, H. 1 (2009), S. 1–10, S. 8 ff.

schäftigung von illegalen Migrantinnen und Migranten zu begründen. Die Sanktions-Richtlinie dient einerseits der Verstärkung »interner« Kontrollen durch Indienstnahme von privaten Unternehmen für die öffentlichen Zwecke der Einwanderungspolitik. Andererseits beinhaltet sie gewisse Garantien zum Schutz der Arbeitnehmerrechte von Migrantinnen und Migranten, insbesondere bei der Durchsetzung von Vergütungsansprüchen und der nachträglichen Entrichtung von Sozialversicherungsbeiträgen.[31]

2 Bekämpfung illegaler Migration im Rahmen der Grenzkontroll- und Visapolitik nach Art. 77 AEUV

2.1 Allgemeiner Rahmen

Die einwanderungspolitische Kompetenz aus Art. 79 Abs. 2 AEUV wird ergänzt durch die Befugnis zur Regelung der Einreise und des Kurzaufenthalts gemäß Art. 77 AEUV. Dieser Artikel bezieht sich auf zwei eng verzahnte, aber zu unterscheidende Themenkomplexe des Migrationsrechts: die Grenzpolizei und das Aufenthaltsrecht für Kurzaufenthalte im Unionsgebiet.

Die Unionskompetenz zur Regelung der polizeilichen Kontrolle des grenzüberschreitenden Verkehrs betrifft unter anderem die Frage, ob das derzeitige Vollzugsmodell an den Außengrenzen durch Einschaltung von Behörden der EU stärker zentralisiert werden soll. Der Lissabonner Vertrag erklärt die schrittweise Einführung eines »integrierten Grenzschutzsystems« zum Programm und räumt alle erforderlichen Kompetenzen zu seiner Verwirklichung ein (Art. 77 Abs. 1 lit. c, Abs. 2 lit. d AEUV), was die Befugnis zur Schaffung eines Europäischen Grenzschutzkorps einschließt, aber nicht zwingend verlangt.[32] Weiter sind hier Fragen der Personenkontrolle an den Binnengrenzen umfasst. Die programmatische Zielvorgabe ist, dass solche Kontrollen unabhängig von der Staatsangehörigkeit der Betroffenen im Regelfall nicht stattfinden (Art. 77 Abs. 1 lit. a, Abs. 2 lit. e AEUV).

---

31 Näher Peers, Steve, »Attracting and Deterring Labour Migration: The Blue Card and the Employer Sanctions Directives«, *EJML*, Bd. 11 (2009), S. 387–426, S. 411 ff.; Vogelrieder, Sabine, »Die Sanktionsrichtlinie: Ein weiterer Schritt auf dem Weg zu einer umfassenden Migrationspolitik der EU«, *ZAR*, H. 5 (2009), S. 168–178; Inghammar, Andreas, »The Employment Contract Revisited: Undocumented Migrant Workers and the Intersection between International Standards, Immigration Policy and Employment Law«, *EJML*, Bd. 12 (2010), S. 193–214.

32 Weber, Albrecht, »Migration im Vertrag von Lissabon«, *ZAR*, H. 2 (2008), S. 55–58, S. 56; enger Thym [wie Anm. 14], Art. 77 AEUV, Rn. 37.

Was die im engeren Sinne aufenthaltsrechtlichen Befugnisse unter Art. 77 Abs. 2 AEUV angeht, übertragen lit. a und lit. c eine tatbestandlich nicht näher eingegrenzte Kompetenz zur Entwicklung einer gemeinsamen Politik für den kurzfristigen Aufenthalt. Art. 77 lit. a und lit. c AEUV sind für den Kurzaufenthalt das Gegenstück zu Art. 79 lit. a und lit. b AEUV. Eine weitere Parallele besteht darin, dass Art. 77 lit. c ebenso wie Art. 79 lit. b AEUV auch solche transnationalen Mobilitätsrechte betrifft, die sich an einen autonom-nationalen Aufenthaltstitel anschließen (sogenannte Schengen-Wirksamkeit eines nationalen Aufenthaltstitels, siehe Art. 21 SDÜ).[33] Die Kompetenz zur Entwicklung einer gemeinsamen Kurzaufenthaltspolitik schließt die Festlegung ein, welche Drittstaatsangehörigen während eines Kurzaufenthalts im Unionsgebiet (das heißt hier: im Schengen-Raum) einen als »Visum« bezeichneten Kurzaufenthaltstitel besitzen müssen und welche Personen sich bis zu drei Monate je Sechsmonatszeitraum genehmigungsfrei im Unionsgebiet aufhalten dürfen. Die entsprechende Visalisten-Verordnung Nr. 539/2001 stellt als maßgebliches Kriterium auf die Staatsangehörigkeit der Einreisewilligen ab.[34]

2.2 *Bedeutung von externen Mobilitätskontrollen für die Bekämpfung illegaler Migration*

Inwiefern bilden die von der EU geregelten bzw. koordinierten Kontrollen an den Außengrenzen einen Ansatzpunkt für die Bekämpfung illegaler Migration? Die Frage erscheint redundant, denn gemeinhin ist die gedankliche Verbindung von Grenzkontrolle und Migrationssteuerung so eng, dass sie nicht selten als Synonyme verwendet werden.[35] So verbreitet Grenz-Metphern im Migrationsdiskurs sind, so unzutreffend ist jedoch die Vorstellung, Migrationssteuerung im Allgemeinen und die Bekämpfung illegaler Migration im Besonderen fände notwendigerweise oder auch nur vorwiegend an

33 Näher Laas, Matthias, *Die Entstehung eines europäischen Migrationsverwaltungsraumes*, Baden-Baden 2008, S. 215 f.

34 Zu den Konfliktlagen Guild, Elspeth, »When Even Machiavelli's Prince Needs a Visa«, *European Foreign Affairs Review*, Bd. 15 (2010), S. 367–384.

35 Etwa Hess, Sabine, »Konturen des Europäischen Grenzregimes«, in: Thomas Hengartner/ Johannes Moser (Hg.), *Grenzen & Differenzen*, Dresden 2006, S. 155–160; Mau, Steffen u.a., »Grenzen in der globalisierten Welt: Selektivität, Internationalisierung, Exterritorialisierung«, *Leviathan*, Bd. 36 (2008), S. 123–148, S. 128 ff.; zur historischen Relativierung dieser »biopolitischen« Filter-Funktion der Grenze siehe Walters, William, »Mapping Schengenland«, *Environment and Planning D: Society and Space*, Bd. 20 (2002), S. 561–580, S. 571 ff.

den Staatsgrenzen und im zeitlichen Zusammenhang mit dem Grenzübertritt statt.[36] Die Mehrzahl der aufenthaltsrechtlichen Entscheidungen, einschließlich derjenigen über die Einreiseerlaubnis, wird von konsularischen Vertretungen im Ausland oder von Verwaltungsbehörden im Inland getroffen.[37] Grenzpolizeiliche Aufgaben sind vorwiegend solche der Überwachung und der Durchsetzung von bereits getroffenen Entscheidungen über den (Nicht-)Zugang, ungeachtet der Spielräume, die auch in solchen Vollzugsaufgaben selbstverständlich liegen.

Dies erschöpft die migrationsrechtliche Bedeutung von Grenzkontrollen bzw. allgemeiner: von externen, auf den Gebietszugang bezogenen Mobilitätskontrollen nicht. Im Zusammenwirken von EU und Mitgliedstaaten hat sich ein Komplex von Vorschriften und Techniken herausgebildet, der sich von einer dienenden Rolle für das Aufenthaltsrecht ablöst und das Grenzregime zu einem Instrumentarium gezielter »Migrationsvermeidungspolitik« fortentwickelt.[38] Hierher gehören die vielfältigen operativen Maßnahmen, die der Abschreckung potenzieller Migrantinnen und Migranten dienen, indem sie das Entdeckungs- und Kostenrisiko illegaler Einreiseversuche bzw. Beförderungsdienstleistungen erhöhen. Diese Maßnahmen setzen nicht nur im unmittelbaren Umfeld der Grenze an, sondern weit im räumlichen Vorfeld durch Kooperation mit anderen Staaten und durch Patrouillen auf Hoher See.[39] Zu nennen sind hier ferner die sogenannten *carrier sanctions*, die legale Beförderungsunternehmen unter Androhung von Zwangsmitteln in die Pflicht nehmen, die Einreiseberechtigung ihrer Kunden vorab zu überprüfen, und so vorverlagerte Grenzkontrollen durch Private ermöglichen.[40]

36 Thym, Daniel, *Migrationsverwaltungsrecht*, Tübingen 2010, S. 335–341.

37 Zur verbliebenen Bedeutung von *»at-entry eligibility checks«* im gestaffelten System der Migrationskontrollen siehe Vogel, »Migration Control« [wie Anm. 6], S. 400–402.

38 Begriff nach Eigmüller, Monika, *Grenzsicherungspolitik: Funktion und Wirkung der europäischen Außengrenze*, Wiesbaden 2007, S. 58.

39 Nessel, Lori A., »Externalized Borders and the Invisible Refugee«, *Columbia Human Rights Law Review*, Bd. 40 (2009), S. 625–699, S. 643 ff.; Fischer-Lescano, Andreas/Tohidipur, Timo, »Europäisches Grenzkontrollregime: Rechtsrahmen der europäischen Grenzschutzagentur FRONTEX«, *ZaöRV*, Bd. 67 (2007), S. 1219–1276, S. 1238 ff.; zur Bildung punktueller europäischer Polizeieinheiten nach der RaBIT-VO Nr. 863/2007 siehe Schöndorf-Haubold, Bettina, *Europäisches Sicherheitsverwaltungsrecht*, Baden-Baden 2010, S. 103–109.

40 Scholten, Sophie/Minderhoud, Paul, »Regulating Immigration Control: Carrier Sanctions in the Netherlands«, *EJML*, Bd. 10 (2008), S. 123–147, 128 ff.; Lahav, Gallya/Guiraudon, Virginie, »Comparative Perspective on Border Control«, in: Peter Andreas/Timothy Snyder (Hg.), *The Wall around the West: State Borders and Immigration Controls in North America and Europe*, Oxford 2000, S. 55–77, S. 63 f.

Schließlich erleichtert die Visumpflicht für Reisende aus bestimmten Herkunftsländern die Zurückweisung von Personen, die aufgrund bestimmter Merkmale – etwa ihr Alter, Geschlecht, Familienstand oder ihr Einkommen – im Verdacht stehen, Einwanderungsabsichten zu hegen.[41] Dies zielt zum einen auf unerwünschte Asylbewerberinnen und -bewerber, zum anderen auf potenzielle *visa overstayer*, also Personen, die ihren Aufenthalt nach Ablauf des Kurzaufenthaltsvisums illegal fortsetzen könnten.

Bei diesen Maßnahmen geht es nicht allein oder in erster Linie um die Effektivierung der Unterscheidung von legalen und illegalen Einreisen, sondern um die Effekte, die mit der tatsächlichen Abwendung unerwünschter Einreisen verbunden sind, unabhängig davon, ob sie legal oder illegal erfolgen würden.[42] Die Logik dieses Ansatzes erschließt sich mit Blick auf die rechtlichen und praktischen Konsequenzen, die sich an den einmal begründeten tatsächlichen Aufenthalt anschließen. Die Präsenz von Ausländern im Hoheitsgebiet eines Staates bzw. in manchen Konstellationen sogar bereits der bloße Kontakt mit der staatlichen Gewalt löst Rechtsfolgen völkerrechtlicher Art aus, die zu einem Aufenthaltsrecht der Betroffenen führen können. Namentlich befinden sie sich im räumlichen Anwendungsbereich der Europäischen Menschenrechtskonvention (Art. 1 EMRK), und den Staat treffen Schutzgewährpflichten aus der Genfer Flüchtlingskonvention, unabhängig von der Frage, ob die Einreise legal erfolgte.[43] Aus einzelstaatlichem Recht können sich weitere individualrechtliche Positionen ergeben, die durch den Gebietskontakt aktiviert werden.[44] Die systematische Einreiseverhinderung kann mithin als »räumliche« Strategie verstanden werden, das Entstehen individueller Rechte zu verhindern, die die Durchsetzung restriktiver Migrationspolitiken erheblich erschweren, wenn nicht gar unmöglich

41 Puntervold Bø, Bente, »The Use of Visa Requirements as a Regulatory Instrument for the Restriction of Migration«, in: Böcker/Groenendijk/Havinga/Minderhoud (Hg.), *Regulation of Migration* [wie Anm. 8], S. 197.

42 Hathaway, James C., *The Rights of Refugees under International Law*, Cambridge 2005, S. 291–300, spricht von »*non-entrée policies*«. Für eine Deutung als Instrumente der Vollzugseffektivierung dagegen Thym, *Migrationsverwaltungsrecht* [wie Anm. 36], S. 335 f., 347.

43 Vgl. EGMR, Nr. 24404/05, Kimfe, Mengesha/Schweiz, § 62, und Nr. 3295/06, Agraw/Schweiz, § 45, beide vom 29.7.2010.

44 Heintzen, Markus, »Ausländer als Grundrechtsträger«, in: Detlef Merten/Hans-Jürgen Papier (Hg.), *Handbuch der Grundrechte in Deutschland und Europa*, Bd. II, Heidelberg 2006, § 50 Rn. 32.

machen.[45] In welchem Umfang diese Strategie gelingt, (menschen-)rechtliche Bindungen durch Externalisierung abzustreifen, ist Gegenstand intensiver rechtswissenschaftlicher Diskussion.[46]

3. Rückübernahmeübereinkommen nach Art. 79 Abs. 3 AEUV

Ein einmal begründeter Aufenthalt kann auch praktisch nicht ohne Weiteres wieder beendet werden, selbst wenn kein Recht zum Aufenthalt besteht, weil die Durchsetzung der Aufenthaltsbeendigung die Kooperation des Abschiebungszielstaats voraussetzt. In der Praxis ist die Bereitschaft zur zwischenstaatlichen Kooperation bei der Abschiebung durchaus unterschiedlich ausgeprägt, selbst wenn es um die Übernahme von eigenen Staatsangehörigen geht, ungeachtet insoweit bestehender völkergewohnheitsrechtlicher Pflichten.[47] Kritische Punkte sind vor allem die Kooperation bei der Beschaffung von Reisedokumenten und die Anerkennung von Nationalitäts- und Identitätsnachweisen. Dies gilt umso mehr bei der Rückübernahme von fremden Staatsangehörigen oder bei Personen, deren Identität und/oder Staatsangehörigkeit nicht geklärt ist, wenn also der Reiseweg den maßgeblichen Anknüpfungspunkt für die Wahl des Abschiebungszielstaats darstellt. Dies deutet insgesamt darauf hin, dass die institutionalisierte Kooperation mit Herkunfts- und Transitstaaten eine wichtige Ressource der Bekämpfung der illegalen Migration darstellt, weil sie sowohl für die Verhinderung unerwünschter Einreisen als auch bei der Durchsetzung der Ausreisepflicht bedeutsam ist.[48]

---

45 Mau u.a., »Grenzen in der globalisierten Welt« [wie Anm. 35], S. 143; ähnlich Lahav/ Guiraudon, »Comparative Perspective« [wie Anm. 40], S. 57 f.

46 Exemplarisch Moreno Lax, Violeta, »Seeking Asylum in the Mediterranean: Against a Fragmentary Reading of EU Member States' Obligations Accruing at Sea«, *IJRL*, Bd. 23 (2011), 174–220; Fischer-Lescano, Andreas/Löhr, Tillmann/Tohidipur, Timo, »Border Controls at Sea: Requirements under International Human Rights and Refugee Law«, *IJRL*, Bd. 21 (2009), S. 256–296; Weinzierl, Ruth/Lisson, Urszula, *Grenzschutz und Menschenrechte: Eine europarechtliche und seerechtliche Studie*, Berlin 2007, sowie die Beiträge in Bernard Ryan/Valsamis Mitsilegas (Hg.), *Extraterritorial Immigration Control: Legal Challenges*, Leiden 2010.

47 Zum völkerrechtlichen Diskussionsstand: Coleman, Nils, *European Readmission Policy: Third Country Interests and Refugee Rights*, Leiden 2009, S. 28–41; Hailbronner, Kay, »Readmission Agreements and the Obligation on States under Public International Law to Readmit Their Own and Foreign Nationals«, *ZaöRV*, Bd. 57 (1997), S. 1–49, S. 25 ff.

48 Ausführlich: Ellermann, Antje, »The Limits of Unilateral Migration Control: Deportation and Inter-state Cooperation«, *Government and Opposition*, Bd. 43 (2008), S. 168–189.

Bei welcher Handlungsebene liegt in Europa die Zuständigkeit zum Abschluss entsprechender Abkommen? Allgemein gilt: Innen- und Außenkompetenzen der EU laufen grundsätzlich parallel, ohne dass zwischen Vertragsschluss- und Transformationskompetenz zu unterscheiden wäre (Art. 216 AEUV).[49] Kritisch ist häufig gar nicht die Existenz einer Außenkompetenz der Union, sondern ihre Qualifizierung als ausschließliche oder geteilte Kompetenz. Ein ungeschriebenes Verbot völkerrechtlichen Handelns der Mitgliedstaaten kann entweder der betreffenden Rechtsgrundlage innewohnen (primäre bzw. konstitutionelle Ausschließlichkeit) oder von ihrer Inanspruchnahme durch die Union abhängen (sekundäre bzw. legislative Ausschließlichkeit). Eine erschöpfende interne Regelung eines Sachbereichs ist nicht in jedem Fall verlangt, damit im Außenverhältnis eine Sperrwirkung für mitgliedstaatliche Kompetenzausübung in diesem Bereich eintritt (Art. 3 Abs. 2 AEUV). In welchem Umfang die Mitgliedstaaten noch völkervertragliche Bindungen eingehen dürfen, hängt also vom Gegenstand des Abkommens und dem Stand der Rechtsetzungsaktivitäten der Union ab.

Die Zuständigkeit der EU für den Abschluss von Rückübernahmeabkommen wird in Art. 79 Abs. 3 AEUV ausdrücklich erwähnt.[50] Seit 2001 hat die Union als Teil ihrer Rückführungspolitik mit einer Reihe von Staaten entsprechende Verhandlungen aufgenommen und zum Abschluss gebracht.[51] Die Formulierung »kann« spricht für den konstitutionell geteilten Charakter der Kompetenz.[52] Was eine Sperrwirkung kraft interner Rechtsetzung der EU angeht, dürfte auch nach Erlass der Rückführungs-Richtlinie 2008/115 noch keine legislative Ausschließlichkeit zulasten der Mitgliedstaaten eingetreten sein, da die Richtlinie nur die unionsinternen Anforderungen an eine Rückführung regelt, nicht aber die Zusammenarbeit mit Drittländern. Eine Beeinträchtigung der in der Rückführungs-Richtlinie niedergelegten gemeinsamen Regeln oder eine Änderung ihrer Tragweite (Art. 3 Abs. 2 AEUV,

49 Näher Thym, Daniel, »Auswärtige Gewalt«, in: von Bogdandy/Bast, *Europäisches Verfassungsrecht* [wie Anm. 20], S. 441–488, S. 452 ff.

50 Es handelt sich um eine der ältesten Arten zwischenstaatlicher Verträge, die sich mit Fragen des Aufenthalts von Ausländern beschäftigen, siehe Gosewinkel, Dieter, *Die Nationalisierung der Staatsangehörigkeit vom Deutschen Bund bis zur Bundesrepublik Deutschland*, Göttingen 2001, S. 78 ff.

51 Billet, Carole, »EC Readmission Agreements: A Prime Instrument of the External Dimension of the EU's Fight against Irregular Immigration«, *EJML*, Bd. 12 (2010), S. 45–79; Thrun, Lydia-Kathrin, »Quid pro quo? EU-Rückübernahmeabkommen gegen Mobilitätserleichterungen«, *ZEuS*, H. 1 (2008), S. 699–748, S. 704 ff.

52 Zur nicht-ausschließlichen Natur der Kompetenz Coleman, *European Readmission Policy* [wie Anm. 47], S. 75–80.

3. Fall) ist nicht schon deshalb zu befürchten, weil die Mitgliedstaaten weiterhin bilaterale Rückübernahmeübereinkommen aushandeln dürfen.[53]

Somit sind die Mitgliedstaaten an der Formulierung einer eigenen Rückführungs-Außenpolitik und dem Abschluss entsprechender Abkommen erst dann gehindert, wenn die Union selbst mit dem betreffenden Drittland Verhandlungen aufnehmen will. In der Praxis enthalten die von der Union abgeschlossenen Übereinkommen dann ihrerseits Ermächtigungen an die Mitgliedstaaten, zur Konkretisierung der mit dem Drittland vereinbarten Regelungen bilaterale Durchführungsabkommen zu schließen.[54]

4. Kompetenz zur Regelung aufenthaltsrechtlicher Legalisierungen

Ein weiterer Ansatzpunkt für europarechtliche Regelungen auf dem Feld illegaler Migration ist die nachträgliche Legalisierung des Aufenthalts. Viele Staaten greifen auf das Instrument aufenthaltsrechtlicher Legalisierungen (Regularisierungen, Amnestien, Altfallregelungen, die Begriffe werden nicht einheitlich verwendet) zurück, um Personen ohne Aufenthaltsrecht den Erwerb eines regulären Aufenthaltsstatus zu ermöglichen.[55] Aufenthaltsrechtliche Legalisierungen können entweder periodisch wiederkehrend und gruppenbezogen sein (sogenannte *régularisation exceptionelle*) oder auf individueller Basis erfolgen, etwa wenn die eigenmächtige Rekrutierung durch die Arbeitgeber mit anschließender Legalisierung durch die Behörden üblich ist.[56] Im EU-Kontext hat die unterschiedliche Praxis der Mitgliedstaaten in Bezug auf Legalisierungen verschiedentlich zu Konflikten zwischen den

---

53 Zu den Kriterien EuGH, Rs. 22/70, Kommission/Rat, Slg. 1971, 263, Rn. 22; Gutachten 1/2003, Lugano-Übereinkommen, Slg. 2006, I-1145, Rn. 122, S. 124.

54 Beispiel: Art. 20 des Abkommens zwischen der Europäischen Gemeinschaft und der Russischen Föderation über die Rückübernahme, ABl. L 129 vom 17.5.2007, S. 38–60.

55 Zu den Gründen näher Pelzer, Marei, »Regularisierung des Aufenthalts von Menschen ohne Papiere: Bausteine einer liberalen Migrationspolitik?«, in diesem Band, S. 143. Zur systematischen Einordnung in das Ausländerrecht Kluth, Winfried, »Einheitliche Europäische Zuwanderungspolitik: Vertragsrechtliche Grundlagen und Vergleich der politischen Konzeptionen: Legalisierungsmaßnahmen«, *ZAR*, H. 1 (2007), S. 20–23, S. 22.

56 Zur Praxis europäischer Staaten siehe de Philippe Bruycker (Hg.), *Les régularisations des étrangers illégaux dans L'Union européenne*, Brüssel 2000; im globalen Maßstab Sunderhaus, Sebastian, *Regularization Programs for Undocumented Migrants*, Saarbrücken 2007.

Regierungen und zur Forderung nach vorherigen Konsultationen auf EU-Ebene geführt.[57]

Bislang noch wenig diskutiert wurde die Frage der Kompetenz der EU, eigene Regelungen zu aufenthaltsrechtlichen Legalisierungen zu erlassen bzw. einen verbindlichen Rechtsrahmen für entsprechende Programme der Mitgliedstaaten vorzuschreiben. Einschlägige Rechtsgrundlage ist die aufenthaltsrechtliche Generalklausel des Art. 79 Abs. 2 lit. a AEUV zur Gesetzgebung über »Einreise- und Aufenthaltsvoraussetzungen« von Drittstaatsangehörigen. Interessanterweise differenziert der Begriff »Aufenthaltsvoraussetzungen« weder danach, ob sich die Adressanten der Regelung innerhalb oder außerhalb der Union aufhalten, noch danach, ob sie derzeit ein Aufenthaltsrecht besitzen oder nicht. Die EU kann demnach die Voraussetzungen für die erstmalige Begründung eines rechtmäßigen Aufenthalts festlegen, also auch die »Einwanderung von innen« durch Legalisierungen regeln. Der Vertrag lässt dabei Richtung und Intensität der Beschränkung mitgliedstaatlicher Autonomie offen. Unionsrechtliche Regelungen zum Thema Legalisierungen könnten die mitgliedstaatlichen Spielräume stark einengen, indem sie Legalisierungsprogramme untersagen oder an strikte Voraussetzungen binden. Ebenso gut jedoch können sie die Durchführung von Legalisierungsprogrammen fördern oder sogar Rechtsansprüche auf Legalisierung begründen.

Der EU-Gesetzgeber hat bisher nur sehr zögerlich von dieser Kompetenz Gebrauch gemacht.[58] Die Rückführungs-Richtlinie lässt individuelle oder kollektive Legalisierungen in allen Stadien des Ausweisungs- und Abschiebungsverfahrens ausdrücklich zu, regelt sie aber selbst nicht (Art. 6 Abs. 4 RL 2008/115). Punktuelle Anwendungsfälle sind die Einführung eines besonderen Aufenthaltstitels für Opfer von Menschenhandel bzw. für die Begünstigten von strafbaren Einschleusungen durch die Opferschutz-Richtlinie (Art. 8 RL 2004/81[59]) sowie die Einführung eines entsprechenden Titels für

57 Weber, »Europarechtliche Aspekte« [wie Anm. 20], S. 51. In diesem Kontext siehe die Entscheidung des Rates vom 5. Oktober 2006 über die Einrichtung eines Mechanismus zur gegenseitigen Information über asyl- und einwanderungspolitische Maßnahmen der Mitgliedstaaten (2006/688/EG), ABl. L 283 vom 14.10.2006, S. 40–43.

58 Vgl. Pelzer, Marei, »Europäische Regelungen über den Zugang zur Gesundheitsversorgung: Welche Rechte haben Migranten ohne Aufenthaltsstatus?«, in: Falge/Fischer-Lescano/Sieveking, *Gesundheit in der Illegalität* [wie Anm. 19], S. 195–204, S. 201 ff.

59 Richtlinie 2004/81/EG des Rates vom 29. April 2004 über die Erteilung von Aufenthaltstiteln für Drittstaatsangehörige, die Opfer des Menschenhandels sind oder denen Beihilfe zur illegalen Einwanderung geleistet wurde und die mit den zuständigen Behörden kooperieren, ABl. L 261 vom 6.8.2004, S. 19.

Opfer von ausbeuterischen Arbeitsbedingungen im Rahmen eines illegalen Beschäftigungsverhältnisses durch die Sanktions-Richtlinie (Art. 13 Abs. 4 RL 2009/52). Allerdings beinhalten diese Richtlinien keine Pflicht der Mitgliedstaaten, von der Möglichkeit zur Legalisierung des Aufenthalts im Einzelfall tatsächlich Gebrauch zu machen.

Zukünftig könnte die EU diese Regelungskompetenz breiter nutzen, indem sie den Rechtsstatus harmonisiert, auf den die Mitgliedstaaten zurückgreifen können, wenn sie vom Instrument einer kollektiven Legalisierung Gebrauch machen wollen. So könnte die Union auf dem Feld illegaler Migration ein stärker individualrechtliches Profil gewinnen und zugleich das zwischenstaatliche Konfliktpotenzial unkoordinierter Legalisierungsprogramme entschärfen.

IV. Resümee: Europarechtliche Handlungsmöglichkeiten

Die Europäisierung der Migrationspolitik seit den 1990er Jahren ist als Produkt strategischen Handelns politischer Akteure zu verstehen, das gerade in der Erwartung erfolgt ist, die Schaffung eines europäischen Terrains der Migrationspolitik werde andere Politikergebnisse hervorbringen als im einzelstaatlichen Kontext.[60] Das ist auch juristisch plausibel: Das Einfügen eines neuen Politikbereichs in eine bestehende Rechtsordnung mit etablierten Rechtsinstituten und Maßstäben hat Auswirkungen auf die Entscheidungen – es mögen nicht immer diejenigen sein, die sich die strategisch handelnden Akteure erwartet haben.[61]

Auf der heutigen vertraglichen Grundlage ist jedoch keine *verfassungsrechtliche* Determinierung einer bestimmten Ausrichtung der EU-Migrationspolitik nachweisbar: Weder ist ein Primat einer Sicherheitsperspektive (*securitization)* in die rechtliche Grundordnung eingelassen noch eine Perfektionierung von Zugangsverhinderungspolitiken *(externalization*). Die EU-Verträge verwenden mit den Grundsätzen Freizügigkeit, Solidarität und Fairness offene, konkretisierungsbedürftige Konzepte, die die zu entwickelnde Migrationspolitik der EU inhaltlich nur schwach bestimmen. Was als eine

60 Hierzu exemplarisch Huysmans, Jef, »The European Union and the Securitization of Migration«, *Journal of Common Market Studies*, Bd. 38 (2000), S. 751–777.

61 Lavenex, Sandra, »Shifting Up and Out: the Foreign Policy of European Immigration Control«, *West European Politics*, Bd. 29 (2006), S. 329–350, S. 337 f.

faire Behandlung der Migrantinnen und Migranten anzusehen ist und welche Mittel bei der Zurückdrängung unerwünschter Migrationsformen zweckmäßig und vertretbar sind, ist im politischen Prozess auszuhandeln.[62] Die Suche nach einem fixierten »Einwanderungskonzept der EU«[63] verfehlt diese strukturelle Offenheit für legislative Gestaltung und tendiert dazu, politische Leitlinien des Europäischen Rates und die aktuellen Artikulationen des europäischen Gesetzgebers verfassungsrechtlich zu überhöhen.

Für den Regelungsgegenstand illegale Migration ist diese Aussage insofern zu qualifizieren, als die EU keine allgemeine Kompetenz zur Regelung der Rechtsstellung von Personen ohne Aufenthaltsrecht besitzt. Sie besitzt insbesondere keine Befugnis zur grundrechtskonkretisierenden Gesetzgebung, um Zugänge zu Bildungs- und Gesundheitsleistungen für diese Personen zu sichern. Der kompetenzeröffnende Zugriff der Union erfolgt primär aus der Perspektive der Bekämpfung illegaler Migration, mit der Folge eines Bias zugunsten von Ausschlusspolitiken in Gestalt von Einreiseverhinderungen und abschiebungsbezogenen Kooperationen mit Drittländern.

Die bisherige EU-Gesetzgebung zum Rechtsregime des illegalen Aufenthalts erweist sich in dieser Hinsicht als ambivalent. Sie formuliert einerseits eine Absage an das US-amerikanische Modell einer permissiven Haltung gegenüber illegaler Migration und damit an eine stillschweigend praktizierte Migrationssteuerung »außerhalb« des Rechts. Andererseits hebt sich die EU-Gesetzgebung von der rigideren Praxis zahlreicher Staaten deutlich ab und lässt einen vergleichsweise liberalen Grundton der EU-Migrationspolitik hervortreten. Insbesondere die Rückführungs-Richtlinie dürfte sich mit Hilfe der Rechtsprechung des EuGH zu einem Schlüsselinstrument individualrechtlicher Garantien für Drittstaatsangehörige ohne Aufenthaltsrecht entwickeln. Ein zukünftiger Beitrag des EU-Gesetzgebers könnte in der Schaffung eines Rechtsrahmen für die »Einwanderung von innen« durch periodische Legalisierungsprogramme zugunsten von Personen in der aufenthaltsrechtlichen Illegalität bestehen. Der verfassungsrechtliche Möglichkeitsraum, den die EU-Verträge eröffnen, ist größer, als es die gegenwärtig in ihm ausgehandelten Politikergebnisse vermuten lassen.

62 Zum RFSR als »inhaltsloses« Konzept siehe Müller-Graff, Peter-Christian, »Der Raum der Freiheit, der Sicherheit und des Rechts in der Lissabonner Reform«, *EuR Beiheft* 1 (2009), S. 105–126, 109 ff.

63 Vgl. ter Steeg, Marcus, *Das Einwanderungskonzept der EU*, Baden-Baden 2006.

Die illegale Beschäftigung im deutschen Arbeits- und Sozialrecht unter Berücksichtigung von Fragen der sozialen Sicherung

*Ibrahim Kanalan**

I. Einleitung

In Deutschland leben nach Schätzungen einige hunderttausend Menschen ohne einen gültigen Aufenthaltstitel. Sie befinden sich zwar inmitten der Gesellschaft, sind dennoch vom gesellschaftlichen Miteinander ausgeschlossen. Sind sie aber völlig rechtlos?

Menschen ohne rechtmäßigen Aufenthaltstitel haben gleichwohl Rechte und das ist kein logischer Widerspruch, stellt H. Bielefeldt fest. Er fügt aber hinzu: »Es reicht nicht aus, wenn Menschen ohne regulären Aufenthaltstitel in der Theorie Rechte haben, die sie faktisch aber nicht in Anspruch nehmen können, [...]«[1]

Welche Rechte haben aber »Menschen ohne Papiere« tatsächlich und was sind die Hürden, die diese Rechte ins Leere laufen lassen können? Der vorliegende Beitrag skizziert zunächst die sich aus dem Arbeits- und Sozialrecht ergebenden Rechte und Ansprüche und stellt anschließend Forderungen zur Stärkung der Rechte der »papierlosen Menschen« auf, damit die bestehenden Rechte nicht nur theoretischer Natur sind, sondern auch faktisch wirken können.

Untersuchungsgegenstand sind die Rechte der Menschen, die sich ohne den erforderlichen Aufenthaltstitel in Deutschland aufhalten und deshalb ausreisepflichtig sind, vgl. §§ 4, 50 AufenthG.[2]

---

* Der Verfasser dankt Constanze Janda, Lena Kreck und Kıvılcım Şimşek für wertvolle Hinweise und konstruktive Kritik.

1 Bielefeldt, Heiner, »Menschenrechte ›irregulärer‹ Migrantinnen und Migranten«, in: Jörg Alt/Michael Bommes (Hg.), *Illegalität: Grenzen und Möglichkeiten einer Migrationspolitik*, Wiesbaden 2006, S. 81–93, S. 81/92.

2 Ausführlicher zum Personenkreis: Bommes, Michael/Wilmes, Maren, *Menschen ohne Papiere in Köln*, Universität Osnabrück 2007, S. 9 f.

II. Rechte der statuslosen Menschen

1. Arbeitsrechtliche Fragen

»Menschen ohne Papiere« können unabhängig von ihrem Aufenthaltsstatus am zivilrechtlichen Rechtsverkehr teilnehmen, insbesondere gilt der Grundsatz der Vertragsfreiheit. Ihre Rechtsposition kann jedoch wegen fehlender Arbeitserlaubnis eingeschränkt sein.

1.1 Wirksamkeit des Vertrages

Ansprüche aus einem Arbeitsverhältnis setzen in der Regel die Wirksamkeit des Arbeitsvertrages voraus. Ein Arbeitsvertrag kommt durch zwei übereinstimmende, wirksame Willenserklärungen, Angebot und Annahme zustande (§§ 145 f. BGB). Besondere Formvorschriften sind für den Arbeitsvertrag nicht vorgeschrieben, so dass der Vertragsschluss mündlich oder auch stillschweigend erfolgen kann.[3] Eine Ausnahme stellt die Schriftform nach § 14 TzBfG dar, falls das Arbeitsverhältnis befristet sein soll. Einer mündlichen Vereinbarung stehen auch die Vorschriften des NachwG nicht entgegen, da die Vorgabe der schriftlichen Fixierung der Transparenz dient und keine Wirksamkeitserfordernisse mit sich bringt.[4]

Die Wirksamkeit des Vertrages wird weder durch den fehlenden Aufenthaltstitel noch durch die fehlende Arbeitserlaubnis berührt. Denn Zuwiderhandlungen gegen § 4 Abs. 3 AufenthG bedeuten keinen Verstoß gegen ein gesetzliches Verbot (§ 134 BGB) und haben folglich nicht die Nichtigkeit des Rechtsgeschäfts zur Folge. Diese Rechtsfolge wird nun mit der Umsetzung der Sanktionsrichtlinie[5] durch die Regelung des § 98 a Abs. 1 AufenthG klargestellt.[6]

Bereits vor der gesetzlichen Regelung wurde sowohl von der Rechtsprechung als auch von der Literatur vertreten, dass die fehlende Arbeitserlaubnis nicht die Nichtigkeit des Arbeitsvertrages nach sich zieht. Das BAG stellte klar, dass die Wirksamkeit des Arbeitsvertrages nicht vom Vorliegen einer Arbeitserlaubnis abhängig ist, weil sich aus dem Sinn und Zweck des Geset-

3 Palandt, *Bürgerliches Gesetzbuch*, München 2009, § 611 Rn. 2.

4 Palandt, *Bürgerliches Gesetzbuch* [wie Anm. 3], § 611 Rn. 3.

5 Richtlinie 2009/52/EG vom 18. 06. 2009 über »Mindeststandards für Sanktionen und Maßnahmen gegen Arbeitgeber, die Drittstaatsangehörige ohne rechtmäßigen Aufenthalt beschäftigen«.

6 BT-Drs. 17/5470, S. 28.

zes (damals § 19 AFG) keine Nichtigkeit ergebe.[7] Das Gesetz wolle die Ausübung der Beschäftigung ohne Erlaubnis verbieten und nicht schon den Abschluss des Arbeitsvertrages. Diese Grundsätze wurden auch in Bezug auf § 4 Abs. 3, Abs. 4 AufenthG und § 284 SGB III vertreten, weil die einschlägigen Vorschriften nur die »Ausübung« der Tätigkeit untersagen und nicht schon den Abschluss des Vertrages.[8] Das Fehlen der Arbeitserlaubnis führt zur Suspendierung des Vertrages, nicht aber zu seiner Nichtigkeit.[9] Die Suspendierung führt nach herrschender Meinung zu einem Vollzugsverbot,[10] so dass der Erfüllung des Arbeitsvertrages ein gesetzliches Verbot entgegensteht.[11]

Wie bereits von der Rechtsprechung und Teilen der Literatur zutreffend angenommen,[12] gilt diese Rechtsfolge nach der Regelung des § 98 a Abs. 1 AufenthG nunmehr auch unstreitig im Falle erbrachter Leistungen.[13]

Zusammenfassend ist festzuhalten, dass trotz der fehlenden Arbeitserlaubnis der Arbeitsvertrag zwar wirksam ist, aber die fehlende Erlaubnis zur Suspendierung des Arbeitsverhältnisses führt. Weiterhin führt die Erbringung der Leistung nicht zur Nichtigkeit des Vertrages. Aufgrund des Vollzugsverbots bestehen keine wechselseitigen Rechte und Pflichten der Parteien

7 BAGE 29, S. 1–6; BAG, 07.02.1990, 2 AZR 359/89, juris.

8 Münchener Handbuch, Arbeitsrecht Bd. I, München 2009, § 30 Rn. 86.

9 BAG [wie Anm. 7]; Hanau, Peter, »Das Verhältnis von Arbeitsvertrag, Arbeitserlaubnis und Aufenthaltserlaubnis ausländischer Arbeitnehmer«, in: Franz Gamillscheg u.a. (Hg.), *Festschrift 25 Jahre Bundesarbeitsgericht*, München 1979, S. 169–199, S. 170 f.; Wollenschläger, Michael, »Die Gast- und Wanderarbeiter im deutschen Arbeitsrecht«, *RdA*, H. 4 (1994), S. 193–209, S. 205; Rießelmann, Beate, *Die Rechtsfolgen eines Verstoßes gegen § 19 I AFG für das Arbeitsverhältnis*, Münster 1994, S. 59; Alt, Jörg/Fodor, Ralf, *Rechtlos? Menschen ohne Papiere*, Karlsruhe 2001, S. 137. Eine Unwirksamkeit ergibt sich auch nicht aus der Unmöglichkeit der Leistung, vgl. § 311 a Abs. 1 BGB.

10 Verhoek, Corinna, *Das fehlerhafte Arbeitsverhältnis*, Frankfurt am Main 2005, S. 151.

11 Wollenschläger, »Gast- und Wanderarbeiter« [wie Anm. 9], S. 105; Eichenhofer, Eberhard, »Arbeitsrechtliche Folgen der Arbeit ohne Erlaubnis«, *NZA*, H. 21 (1987), S. 732–735, S. 732; McHardy, Neil G., »Das Recht der Illegalen«, *RdA*, H. 2 (1994), S. 93–104, S. 98.

12 BAG [wie Anm. 7]; BAG NJW 1977, 1608; BGH NJW-RR 2002, 557; BGHZ 1989, S. 369–376, S. 373. Vgl. auch OLG Düsseldorf NJW-RR 2005, S. 852–854, S. 854; LArbG Berlin MDR 2003, S. 514 f.; Eichenhofer, Eberhard, »Arbeits-, aufenthalts- und sozialrechtlicher Schutz illegaler Einwanderer«, *InfAuslR*, H. 6 (2007), S. 229–233, S. 230; Verhoek, *Das fehlerhafte Arbeitsverhältnis* [wie Anm. 10], S. 151; andere Ansicht McHardy, »Das Recht der Illegalen« [wie Anm. 11], S. 98; Münchener Kommentar (MüKo), Bürgerliches Gesetzbuch Bd. I, München 2006, § 134 Rn. 79.

13 BT-Drs. 17/5470, S. 28.

im Hinblick auf eine Beschäftigung, so dass ein Anspruch der Arbeitnehmerinnen und Arbeitnehmer auf eine Beschäftigung nicht besteht.[14]

1.1.1 Lohnanspruch

Trotz der fehlenden Arbeitserlaubnis steht Arbeitnehmer_innen bei erbrachter Leistung der Lohnanspruch zu. Dies wird nunmehr durch § 98 a Abs. 1 AufenthG ausdrücklich geregelt.[15] Zuvor war streitig, ob sich der Anspruch aus dem Vertrag ergibt[16] oder durch die Heranziehung der Grundsätze des faktischen Arbeitsverhältnisses ein (quasivertraglicher) Lohnanspruch besteht.[17] Dieser Streit dürfte mit der neuen Regelung geklärt sein.

Problematisch ist der Lohnanspruch, wenn die Leistung nicht tatsächlich erbracht worden ist. Nach § 615 BGB besteht der Lohnanspruch abweichend von dem Grundsatz »ohne Arbeit kein Lohn«, wenn ein Annahmeverzug vorliegt. Der Verzug setzt jedoch voraus, dass die Arbeit aus rechtlichen oder tatsächlichen Gründen nicht ausgeschlossen sein darf, so dass bei einem Beschäftigungsverbot die Voraussetzungen nicht vorliegen.[18] Nichtsdestotrotz hat das LArbG Berlin in einem Fall trotz fehlender Arbeitserlaubnis die Voraussetzungen eines Verzuges angenommen und somit den Lohnanspruch auch bei unterbliebener Leistung bejaht.[19] Folgt man dem LArbG Berlin, so kann der Lohnanspruch auch ohne Leistung bestehen, wobei die Auffassung des LArbG Berlin vor dem Hintergrund des allgemeinen Vollzugsverbots kaum überzeugt.

---

14 Eichenhofer, »Arbeits-, aufenthalts- und sozialrechtlicher Schutz« [wie Anm. 12], S. 733; Bartz, Ralf, in: Bernd Mutschler/Ralf Bartz/Reimund Schmidt-De Caluwe (Hg.), *SGB III-Kommentar*, Baden-Baden 2008, § 284 Rn. 125.

15 Zuvor war der Anspruch auch ohne die ausdrückliche Regelung anerkannt, Eichenhofer, »Arbeits-, aufenthalts- und sozialrechtlicher Schutz« [wie Anm. 12], S. 230; Wollenschläger, »Gast- und Wanderarbeiter« [wie Anm. 9], S. 205; McHardy, »Das Recht der Illegalen« [wie Anm. 11], S. 99; weitere Nachweise bei Verhoek, *Das fehlerhafte Arbeitsverhältnis* [wie Anm. 10], S. 151; Will, Annegret, *Ausländer ohne Aufenthaltsrecht*, Baden-Baden 2008, Rn. 555.

16 Verhoek, *Das fehlerhafte Arbeitsverhältnis* [wie Anm. 10], S. 151/154.

17 Hanau, »Das Verhältnis von Arbeitsvertrag« [wie Anm. 9], S. 184; Eichenhofer, »Arbeits-, aufenthalts- und sozialrechtlicher Schutz« [wie Anm. 12], S. 733; McHardy, »Das Recht der Illegalen« [wie Anm. 11], S. 99.

18 Palandt, *Bürgerliches Gesetzbuch* [wie Anm. 3], § 615 Rn. 7; Schaub, Günter, u.a. (Hg.), *Arbeitsrechts-Handbuch*, München 2009, § 95 Rn. 43.

19 LArbG Berlin [wie Anm. 12] = LAGE § 134 BGB Nr. 9a.

1.1.2 Urlaubsanspruch

Nach § 1 BUrlG haben alle Arbeitnehmer_innen einen Anspruch auf bezahlten Urlaub. Das Gesetz verlangt für das Entstehen des Urlaubsanspruchs lediglich, dass ein Arbeitsverhältnis besteht und eine Wartezeit von sechs Monaten (§ 4 BUrlG) zurückgelegt sein muss.[20] Da es auf die erbrachte tatsächliche Leistung nicht ankommt,[21] ist auch ein suspendierter Vertrag ausreichend. Die Heranziehung eines faktischen Arbeitsverhältnisses[22] ist nicht mehr erforderlich, weil durch § 98 a Abs. 1 AufenthG die Wirksamkeit des Arbeitsvertrages klargestellt wird. Die Wartezeit, die an die Dauer des Arbeitsverhältnisses anknüpft, bezieht sich auf die Zeit der tatsächlich geleisteten Arbeit[23] und wird beim Urlaubsanspruch berücksichtigt.[24] Die Suspendierung des Arbeitsverhältnisses hat keine Auswirkung auf das Entstehen oder Entfallen des Urlaubsanspruchs und stellt ebenso keine Erfüllung des Urlaubsanspruchs dar.[25] Ferner ist der Urlaubsanspruch unabdingbar und unverzichtbar, so dass eine etwaige Abrede und ein Ausschluss keine Wirksamkeit entfalten.[26]

1.1.3 Lohnanspruch bei Krankheit

Der Anspruch auf Entgeltfortzahlung nach § 3 EFZG setzt unter anderem voraus, dass die Arbeitsunfähigkeit die Folge einer Krankheit ist. Darüber hinaus muss die Krankheit alleinige Ursache der Arbeitsunfähigkeit sein.[27] Im Umkehrschluss bedeutet das, dass die fehlende Arbeitserlaubnis keine

---

20 Gallner, Inken, in: Rudi Müller-Glöge/Ulrich Preis/Ingrid Schmidt (Hg.), *Erfurter Kommentar zum Arbeitsrecht*, München 2012, § 1 BurlG, Rn. 14 f.; Schinz, Reinhard, in: Martin Henssler/Heinz Josef Willemsen/Heinz-Jürgen Kalb (Hg.), *Arbeitsrecht Kommentar*, Köln 2010, § 1 BUrlG, Rn. 13.

21 Schinz, *Arbeitsrecht Kommentar* [wie Anm. 20], § 1 BUrlG, Rn. 13; Gallner, *Erfurter Kommentar* [wie Anm. 20], § 1 BUrlG, Rn. 14, wobei teilweise vertreten wird, dass bei der Durchsetzung des Anspruchs ohne Arbeitsleistung der Einwand des Rechtsmissbrauchs den Anspruch hindern soll: Gallner, *Erfurter Kommentar* [wie Anm. 20], § 1 BurlG, Rn. 14/20.

22 Will, *Ausländer ohne Aufenthaltsrecht* [wie Anm. 15], Rn. 557.

23 Hanau, »Das Verhältnis von Arbeitsvertrag« [wie Anm. 9], S. 185.

24 Wollenschläger, »Gast- und Wanderarbeiter« [wie Anm. 9], S. 205.

25 Schinz, *Arbeitsrecht Kommentar* [wie Anm. 20], § 1 BUrlG, Rn. 10.

26 Gallner, *Erfurter Kommentar* [wie Anm. 20], § 1 BUrlG, Rn. 13.

27 Schaub, *Arbeitsrechts-Handbuch* [wie Anm. 18], § 98 Rn. 21 f.; Dörner, Hans-Jürgen, *Erfurter Kommentar* [wie Anm. 20], § 3 EFZG, Rn. 14.

Rolle spielt, soweit ein tatsächlicher Wille zur Leistungserbringung[28] und zumindest ein faktisches Arbeitsverhältnis vorliegt.[29] Auch die Suspendierung des Vertrages steht dem Anspruch nicht entgegen.[30]

Teilweise wird aber die Kausalität der Krankheit für die Arbeitsunfähigkeit abgelehnt. Da eine Verpflichtung zur Erbringung der Leistung nicht bestehe,[31] entfalle daher auch der Entgeltfortzahlungsanspruch.[32] Andere differenzieren danach, ob die Arbeitsleistung in der Vergangenheit trotz der Kenntnis der fehlenden »Beschäftigungspflicht« bzw. fehlenden Arbeitserlaubnis erbracht und nach der Krankheit fortgesetzt wurde. Der Anspruch soll ausgeschlossen sein, wenn die Arbeitgeber_in erweislich die Arbeitnehmer_in wegen der fehlenden Arbeitserlaubnis nicht beschäftigen würde, auch wenn sie gesund gewesen wäre, oder nicht beschäftigt hat.[33] Wird die Beschäftigung hingegen fortgesetzt, dann soll ein Anspruch bestehen.[34] Weiterhin soll der Anspruch auf Entgelt im Krankheitsfall auch bei fehlender Arbeitserlaubnis unberührt bleiben, wenn das Arbeitsverhältnis aus Anlass der Arbeitsunfähigkeit beendet wurde. Das gilt auch bei Beendigung eines unwirksamen Arbeitsvertrages, wenn die Beschäftigung tatsächlich ausgeübt wurde.[35]

1.1.4 Mutterschutz

Die Rechte von Müttern oder werdenden Müttern werden durch das MuSchG geregelt. Das Gesetz bietet Schutz vor Gefahren für Leib und Gesundheit, aber auch vor Kündigung und regelt den Verdienstausfall. Das Gesetz kommt zur Geltung, wenn ein Arbeitsverhältnis besteht. Auf die Wirksam-

28 Verhoek, Das *fehlerhafte Arbeitsverhältnis* [wie Anm. 10], S. 154.

29 Münchener Handbuch [wie Anm. 8], § 73 Rn. 7; Wollenschläger, Michael, *Arbeitsrecht*, Köln 2010, Rn. 278/131. Eines Rückgriffs auf Grundsätze des faktischen Vertrages bedarf es wegen der Klarstellung der Wirksamkeit des Arbeitsvertrages nicht mehr. So schon vor der gesetzlichen Regelung Verhoek, *Das fehlerhafte Arbeitsverhältnis* [wie Anm. 10], S. 154–155. Bei der Annahme der Nichtigkeit des Vertrages jedoch wurde der Anspruch verneint, vgl. McHardy, »Das Recht der Illegalen« [wie Anm. 11], S. 99; Münchener Handbuch [wie Anm. 8], § 73 Rn. 7.

30 Hanau, »Das Verhältnis von Arbeitsvertrag« [wie Anm. 9], S. 186.

31 Münchener Handbuch [wie Anm. 8], § 73 Rn. 26.

32 Nach Hanau kommt es aber auf die Suspendierung nicht an [wie Anm. 30].

33 Dörner, *Erfurter Kommentar* [wie Anm. 20], § 3 EFZG, Rn. 18; Schaub, *Arbeitsrechts-Handbuch* [wie Anm. 18], § 73 Rn. 38.

34 McHardy, »Das Recht der Illegalen« [wie Anm. 11], S. 100.

35 Hanau, »Das Verhältnis von Arbeitsvertrag« [wie Anm. 9], S. 186; Will, *Ausländer ohne Aufenthaltsrecht* [wie Anm. 15], Rn. 562.

keit des Arbeitsverhältnisses kommt es hingegen nicht an; auch ein faktisches Arbeitsverhältnis genügt.[36] Folglich gilt das Beschäftigungsverbot nach § 3 Abs. 2 und § 6 Abs. 1 MuSchG auch für Arbeitnehmer_innen ohne Arbeitserlaubnis.

Überwiegend wird auch die Anwendbarkeit der Kündigungsschutz nach § 9 Abs. 1 S. 1 MuSchG bejaht. Denn Voraussetzung ist lediglich die Wirksamkeit des Arbeitsvertrages.[37] Das liegt bei einem Arbeitsverhältnis ohne Arbeitserlaubnis vor,[38] so dass Kündigungsschutz besteht.[39]

Für die Zeiten des Beschäftigungsverbotes besteht nach § 11 Abs. 1 bzw. § 13 Abs. 2 MuSchG in Verbindung mit § 200 RVO Anspruch auf einen Mutterschutzlohn. Der Bezug des Mutterschaftsgeldes setzt zwar die Mitgliedschaft in der gesetzlichen Krankenversicherung voraus, es wird aber im Falle des Nichtvorliegens in analoger Anwendung der RVO gewährt.[40]

Der Lohnersatzanspruch nach § 11 MuSchG setzt aber weiter einen Kausalzusammenhang voraus, so dass der Anspruch nur dann besteht, wenn allein das mutterschutzrechtliche Beschäftigungsverbot zur Aussetzung der Arbeit führt.[41] In Anlehnung an die Grundsätze zur Entgeltfortzahlung bei Krankheit wird auch hier, trotz fehlender Arbeitserlaubnis, ein Anspruch bejaht, vor allem wenn Kenntnis von der fehlenden Arbeitserlaubnis gegeben war.[42]

---

36 BAG, NJW 1967, S. 1102 f.; Schlachter, *Erfurter Kommentar* [wie Anm. 20], § 1 MuSchG, Rn. 3; Schaub, *Arbeitsrechts-Handbuch* [wie Anm. 18], § 166 Rn. 7.

37 Buchner, Herbert/Becker, Ulrich, *Mutterschutzgesetz und Bundeselterngeld- und Elternzeitgesetz, Kommentar*, München 2008, § 9 MuSchG, Rn. 2; Schaub, *Arbeitsrechts-Handbuch* [wie Anm. 18] § 169 Rn. 3; Schlachter, *Erfurter Kommentar* [wie Anm. 20], § 9 MuSchG, Rn. 2.

38 BT-Drs. 17/5470, S. 28. Anders wurde die Rechtslage bei der Annahme der Nichtigkeit des Arbeitsvertrages beurteilt: vgl. Schlachter, *Erfurter Kommentar* [wie Anm. 20], § 9 MuSchG, Rn. 2; Schaub, *Arbeitsrechts-Handbuch* [wie Anm. 18], § 166, Rn. 7/§ 169 Rn. 3, 28; Rancke, Friedbert, *Handkommentar MuSchG*, Baden-Baden 2007, § 1 Rn. 52; BAG [wie Anm. 36]; Buchner/Becker, *Mutterschutzgesetz* [wie Anm. 37], § 1 MuSchG, Rn. 22.

39 Buchner/Becker, *Mutterschutzgesetz* [wie Anm. 37], § 9 MuSchG, Rn. 40/42; differenzierter Meisel, Peter G./Sowka, Hans-Harald, *Mutterschutz und Erziehungsurlaub-Kommentar*, München 1999, § 9 MuSchG, Rn. 20 f.; andere Ansicht: Hessischer LAG, DB 1967, S. 212.

40 Schaub, *Arbeitsrechts-Handbuch* [wie Anm. 18], § 170, Rn. 3 f.

41 Schlachter, *Erfurter Kommentar* [wie Anm. 20], § 11 MuSchG, Rn. 5; Schaub, *Arbeitsrechts-Handbuch* [wie Anm. 18], § 170 Rn. 7.

42 Will, *Ausländer ohne Aufenthaltsrecht* [wie Anm 15], Rn. 569; andere Ansicht: Buchner/Becker, *Mutterschutzgesetz* [wie Anm. 37], § 11 MuSchG, Rn. 53.

1.1.5 *Kündigung des Arbeitsverhältnisses*

Die Beendigung des Arbeitsverhältnisses ist wie bei jedem Schuldverhältnis nach allgemeinen Beendigungsgründen möglich. Aufgrund der Besonderheit des Arbeitsverhältnisses als Dauerschuldverhältnis kommt der Kündigung die größte Bedeutung zu.

Die Anwendung der allgemeinen Kündigungsschutzvorschriften setzt ein wirksames Schuldverhältnis voraus.[43] Ein wirksamer[44] (auch suspendierter) Arbeitsvertrag bedarf somit grundsätzlich einer Kündigung.[45] Die fehlende Arbeitserlaubnis kann einen Grund für die Kündigung darstellen, wobei es keinen Grundsatz gibt, nach dem das Fehlen der Arbeitserlaubnis stets die ordentliche Kündigung rechtfertigt.[46] Eine außerordentliche Kündigung wegen der fehlenden Erlaubnis soll ebenfalls nur in Ausnahmefällen möglich[47] bzw. in der Regel unzulässig sein.[48]

Die Kündigung ist aber dennoch nicht von großer Relevanz, weil mit der Berufung auf den Suspensionseffekt die Beschäftigungs- und Entgeltpflicht entfallen[49] und daher ein Bedürfnis an der sofortigen Beendigung des Arbeitsverhältnisses kaum besteht.[50]

1.1.6 *Anfechtung des Arbeitsverhältnisses*

Ferner kommt die sofortige Beendigung des Arbeitsverhältnisses durch eine Anfechtung, anders als in § 142 BGB geregelt jedoch mit Wirkung für die Zukunft, in Betracht. Die fehlende Arbeitserlaubnis kann den Tatbestand des § 119 Abs. 2 BGB erfüllen, soweit die Arbeitserlaubnis als eine verkehrswesentliche Eigenschaft der Arbeitnehmer_innen angesehen wird. Haben

---

43 Anders nur wenn von der Nichtigkeit des Vertrages ausgegangen wird. In diesem Fall bestehe kein Bedürfnis für die Kündigung. Hier soll die Berufung auf die Nichtigkeit ausreichen, vgl. McHardy, »Das Recht der Illegalen« [wie Anm. 11], S. 100.

44 Die rechtliche Unmöglichkeit nach § 275 BGB berührt die Wirksamkeit des Arbeitsvertrages nicht.

45 BAG [wie Anm. 7]; BAG [wie Anm. 12]; BGH [wie Anm. 12]; Wollenschläger, »Gast- und Wanderarbeiter« [wie Anm. 9], S. 205; Hanau, »Das Verhältnis von Arbeitsvertrag« [wie Anm. 9], S. 188 ff.; andere Ansicht Eichenhofer, »Arbeitsrechtliche Folgen« [wie Anm. 11], S. 735; differenzierend: McHardy, »Das Recht der Illegalen« [wie Anm. 11], S. 100 f.

46 Hanau, »Das Verhältnis von Arbeitsvertrag« [wie Anm. 9], S. 189.

47 Wollenschläger, »Gast- und Wanderarbeiter« [wie Anm. 9],S. 205.

48 Hanau, »Das Verhältnis von Arbeitsvertrag« [wie Anm. 9], S. 190.

49 Meisel/Sowka, *Mutterschutz und Erziehungsurlaub* [wie Anm. 39], § 9 MuSchG, Rn. 22 a/221.

50 Hanau, »Das Verhältnis von Arbeitsvertrag« [wie Anm. 9], S. 190.

die Arbeitnehmer_innen über ihre rechtliche Möglichkeit zu arbeiten getäuscht, könnte der Tatbestand des § 123 Abs. 2 BGB erfüllt sein.

Ob ein Arbeitsvertrag wegen der fehlenden Arbeitserlaubnis anfechtbar ist, wird unterschiedlich beurteilt. Nach einer Ansicht soll es sich bei der Erlaubnis um eine verkehrswesentliche Eigenschaft handeln. Wenn eine (nachträgliche) Erteilung einer Arbeitserlaubnis nicht in Betracht kommt, soll diese Eigenschaft auch nicht von vorübergehender Dauer sein,[51] so dass die Anfechtung möglich ist. Nach anderer Ansicht soll es sich bei der fehlenden Erlaubnis nur um eine Eigenschaft von vorübergehender Dauer handeln. Dies schließt folglich auch die Anfechtung nach § 119 Abs. 2 BGB aus.[52]

Für die arglistige Täuschung ist erforderlich, dass Arbeitnehmer_innen bewusst über das Fehlen der Arbeitserlaubnis getäuscht haben, wobei hier die Erkundigungspflicht der Arbeitgeber_innen über die Notwendigkeit der Erlaubnis (§ 4 Abs. 4 AufenthG) und die Hinweispflicht der Arbeitnehmer_innen konkurrieren.[53] Die Arbeitnehmer_innen müssen die Notwendigkeit der Arbeitserlaubnis gekannt und das Fehlen der Erlaubnis bewusst verschwiegen haben.[54] Da aber Arbeitgeber_innen eine Erkundigungspflicht haben, müssen sie nachweisen, dass sie bei Kenntnis über die fehlende Erlaubnis den Vertrag nicht geschlossen hätten.

1.2 Wirksamkeit des Arbeitsvertrages bei beidseitigem Kenntnis vom Verstoß

Die oben ausgeführten Rechtsfolgen gelten für Arbeitsverhältnisse bei denen nur einem Teil der Verstoß vorgeworfen wird. Bei beidseitigem Verstoß wurde die Rechtslage bislang unterschiedlich bewertet.[55]

51 Will, *Ausländer ohne Aufenthaltsrecht* [wie Anm. 15], Rn. 578.

52 Hanau, »Das Verhältnis von Arbeitsvertrag« [wie Anm. 9], 183.

53 Will, *Ausländer ohne Aufenthaltsrecht* [wie Anm. 15], Rn. 578.

54 Hanau, »Das Verhältnis von Arbeitsvertrag« [wie Anm. 9], S. 182.

55 Hanau, »Das Verhältnis von Arbeitsvertrag« [wie Anm. 9], S. 169/171; Verhoek, *Das fehlerhafte Arbeitsverhältnis* [wie Anm. 10], S. 152 f.; Wollenschläger, »Gast- und Wanderarbeiter« [wie Anm. 9], S. 204; Alt/Fodor, *Rechtlos? Menschen ohne Papiere* [wie Anm. 9], S. 137; McHardy, »Das Recht der Illegalen« [wie Anm. 11], S. 98; Will, *Ausländer ohne Aufenthaltsrecht* [wie Anm. 15], Rn. 580.

1.2.1 Nichtigkeit des Arbeitsvertrages oder faktisches Arbeitsverhältnis?

Die Rechtsprechung hat die Frage der Nichtigkeit in diesen Fällen bislang offen gelassen.[56] Überwiegend hat die Literatur bei beidseitigem Verstoß die Anwendung der Grundsätze des faktischen Arbeitsverhältnisses angenommen und Arbeitnehmer_innen quasivertragliche Ansprüche zugesprochen.[57] Aber auch bei der Annahme der Nichtigkeit gelangte man zu vergleichbaren Ergebnissen.[58]

Für die Wirksamkeit des Vertrages wurde auf generalpräventive Gründe und den Normzweck verwiesen, der ein Verbot nicht erfordere.[59] Unter anderem wurde angeführt, die Nichtigkeit des Vertrages sei kein geeignetes Instrument zur Durchsetzung des gesetzlichen Verbots. Die Sanktionierung des Verhaltens durch die Nichtigkeit des Vertrages würde auch nicht dem Zweck des Verbotsgesetzes entsprechen, sondern im Gegenteil einen zusätzlichen Anreiz zur Missachtung des Beschäftigungsverbots anbieten.[60] Außerdem sei die Schutzbedürftigkeit der Arbeitnehmer_innen zu berücksichtigen, weil sie vor allem aus Not und wegen der Zwangslage, ihren Lebensunterhalt (und den ihrer Familie) sichern zu müssen, die Beschäftigung aufnehmen.[61] Insgesamt ist die herrschende Meinung von der Wirksamkeit des Arbeitsvertrages, verbunden mit dem Verbot der Beschäftigung, ausgegangen.[62]

Bei der Annahme der Unwirksamkeit des Arbeitsvertrages wurde teilweise auch die Anwendung der Grundsätze des faktischen Arbeitsvertrages ausgeschlossen. Das wurde bei Vorliegen besonderer Gründe, zum Beispiel schwerer Verstoß oder Sittenwidrigkeit des Arbeitsvertragsinhalts, vertreten,[63]

56 Will, *Ausländer ohne Aufenthaltsrecht* [wie Anm. 15], Rn. 580; Verhoek, *Das fehlerhafte Arbeitsverhältnis* [wie Anm. 10], S. 152.

57 Hanau, »Das Verhältnis von Arbeitsvertrag« [wie Anm. 9], S. 178/184; Eichenhofer, »Arbeits-, aufenthalts- und sozialrechtlicher Schutz« [wie Anm. 12], S. 230; Bartz [wie Anm. 14], Rn. 124 f., andere Ansicht: Rießelmann, *Die Rechtsfolgen eines Verstoßes* [wie Anm. 9], S. 66, 189 ff.

58 Hanau, »Das Verhältnis von Arbeitsvertrag« [wie Anm. 9], S. 178; McHardy, »Das Recht der Illegalen« [wie Anm. 11], S. 99; Will, *Ausländer ohne Aufenthaltsrecht* [wie Anm. 15], Rn. 581; weitere Nachweise bei Verhoek, *Das fehlerhafte Arbeitsverhältnis* [wie Anm. 10], S. 152.

59 Will, *Ausländer ohne Aufenthaltsrecht* [wie Anm. 15], Rn. 584; Hanau, »Das Verhältnis von Arbeitsvertrag« [wie Anm. 9], S. 178.

60 Verhoek, *Das fehlerhafte Arbeitsverhältnis* [wie Anm. 10], S. 153; ausführlich Will, *Ausländer ohne Aufenthaltsrecht* [wie Anm. 15], Rn. 586 f.

61 Hanau, »Das Verhältnis von Arbeitsvertrag« [wie Anm. 9], S. 178.

62 Verhoek, *Das fehlerhafte Arbeitsverhältnis* [wie Anm. 10], S. 153.

63 Ausführlich Will, *Ausländer ohne Aufenthaltsrecht* [wie Anm. 15], Rn. 593 f.; vgl. auch Schaub, *Arbeitsrechts-Handbuch* [wie Anm. 18], § 35 Rn. 41.

was bei fehlender Arbeitserlaubnis in der Regel nicht angenommen wurde.[64] Auch der Aspekt der Interessengerechtigkeit spricht gegen den Ausschluss der Anwendung der Grundsätze des faktischen Arbeitsvertrages, weil das Bereicherungsrecht den Interessen der Arbeitnehmer_innen und dem Gesetzeszweck nicht besser Rechnung trägt. Der Ausschluss würde ferner einseitig Arbeitgeber_innen begünstigen und zusätzliche Anreize zu »illegaler« Beschäftigung schaffen,[65] was der Gesetzgeber durch die Umsetzung der Sanktionsrichtlinie massiv bekämpfen will. Berücksichtigt man zusätzlich die prekäre aufenthaltsrechtliche Situation statusloser Arbeitnehmer_innen und die Tatsache, dass die Möglichkeit einer »rechtmäßigen« Beschäftigung nicht besteht, dann muss erst recht ausreichender Schutz gewährleistet sein.

Nach der Regelung des § 98 a Abs. 1 AufenthG dürfte sich die Rechtslage geklärt haben. Das Gesetz unterscheidet nicht zwischen einseitigem und beidseitigem Verstoß und erkennt allgemein einen Lohnanspruch bei dem Verstoß gegen arbeitserlaubnisrechtliche Bestimmungen. Auch die Sanktionierung der »illegalen Beschäftigung« wird überwiegend in Bezug auf das Verhalten von Arbeitgeber_innen ausgesprochen, § 98 b und c AufenthG, Art. 5, 7 f. Sanktionsrichtlinie. Während das Verhalten von Arbeitgeber_innen sanktioniert wird, werden zum Schutze von »illegal« Beschäftigten Regelungen vorgesehen, damit sie ihren Lohnspruch geltend machen können. Einerseits geht es um verfahrensrechtliche Erleichterungen, § 98 a Abs. 6 AufenthG, andererseits um die tatsächliche Möglichkeit der Durchsetzung der Ansprüche, mit der Möglichkeit der Verlängerung der Aufenthaltserlaubnis, § 25 Abs. 4 b AufenthG. Eine Differenzierung erfolgt durch den Gesetzgeber im Ergebnis nicht. Eine unterschiedliche Behandlung ist vor diesem Hintergrund kaum überzeugend.

Hält man trotz § 98 a Abs. 1 AufenthG an der Anwendung der Grundsätze des faktischen Arbeitsverhältnisses fest, bleibt die Rechtsstellung statusloser Arbeitnehmer_innen in Bezug auf Lohn-, Urlaubs- bzw. Urlaubsabgeltungsanspruch und Anspruch auf Entgeltfortzahlung bei Krankheit unverändert.

Besonderheiten können sich bei Beendigung des Arbeitsverhältnisses und beim Mutterschutz ergeben. Wie teilweise beim suspendierten Vertrag wird auch hier angenommen, dass für die Zukunft keine vertragliche Bin-

---

64 Will, *Ausländer ohne Aufenthaltsrecht* [wie Anm. 15], Rn. 594 f.; Rießelmann, Die Rechtsfolgen eines Verstoßes [wie Anm. 9], S, 199.

65 Wollenschläger, »Gast- und Wanderarbeiter« [wie Anm. 9], S. 205; Hanau, »Das Verhältnis von Arbeitsvertrag« [wie Anm. 9], S. 174; Rießelmann, *Die Rechtsfolgen eines Verstoßes* [wie Anm. 9], S. 57 f.

dung besteht und das faktische Arbeitsverhältnis jederzeit mit sofortiger Wirkung ohne weitere Voraussetzungen beendet werden kann, da es weder einer Kündigung bedarf, noch ein Kündigungsschutz besteht.[66] Aus ähnlichen Gründen wird auch der Kündigungsschutz nach § 9 MuSchG abgelehnt, so dass der Vertrag ohne Kündigung beendet werden kann.

1.2.2 Rückabwicklung über Bereicherungsrecht

Bis zu der Regelung des § 98 a Abs. 1 AufenthG wurde bei der Ablehnung der Anwendbarkeit der Grundsätze des faktischen Arbeitsverhältnisses vertreten, die Rückabwicklung über das Bereicherungsrecht vorzunehmen,[67] mit der Besonderheit, dass nur die erbrachte Leistung rückabgewickelt werden sollte.[68] Die Regelung des § 98 a Abs. 1 AufenthG geht aber von der Wirksamkeit des Arbeitsvertrages aus, so dass die Anwendung des Bereicherungsrechts nunmehr eindeutig ausscheidet.

2. Soziale Sicherung

2.1 Sozialversicherung

Die Sozialversicherung umfasst im Rahmen der Kranken-, Pflege-, Unfall- und Rentenversicherung »die notwendigen Maßnahmen zum Schutz, zur Erhaltung, zur Besserung und zur Wiederherstellung der Gesundheit und der Leistungsfähigkeit und wirtschaftliche Sicherung bei Krankheit, Mutterschaft, Minderung der Erwerbsfähigkeit und Alter« (§ 4 SGB I).[69] Zwar knüpft die Geltung der Sozialgesetzbücher gemäß § 30 SGB I am gewöhnlichen Aufenthalt des Berechtigten in der Bundesrepublik an. Ansprüche auf Leistungen der Sozialversicherung sind jedoch an die Mitgliedschaft in ei-

66 Will, *Ausländer ohne Aufenthaltsrecht* [wie Anm. 15], Rn. 604.

67 Alt/Fodor, *Rechtlos? Menschen ohne Papiere* [wie Anm. 9], S. 141 f.; Hofherr, Karin, *Die illegale Beschäftigung ausländischer Arbeitnehmer und ihre arbeitsvertragsrechtliche Folgen,* Frankfurt am Main 1999, S. 159; Schaub, *Arbeitsrechts-Handbuch* [wie Anm. 18], § 35 III 7; differenzierend Will, *Ausländer ohne Aufenthaltsrecht* [wie Anm. 15], Rn. 583 ff.

68 Hofherr, *Die illegale Beschäftigung* [wie Anm. 67], S. 63; BAG, DB 1987, S. 1045–1047, 1047; danach finden die Regelungen über Erholungsurlaub, Entgeltfortzahlung usw. keine Anwendung.

69 Die Arbeitslosenversicherung rechnet der Gesetzgeber der Arbeitsförderung zu, vgl. Muckel, Stefan, *Sozialrecht*, München 2009, § 7 Rn. 2.

nem Zweig der Sozialversicherung geknüpft, vgl. § 2 SGB IV.[70] Die Sozialversicherungspflicht wird bei Beschäftigten durch das Bestehen eines Beschäftigungsverhältnisses in der Bundesrepublik begründet, vgl. § 3, 7 SGB IV.[71] Nur wenn ausnahmsweise eine versicherungspflichtige Beschäftigung nicht gefordert ist, kommt nach § 3 Nr. 2 SGB IV der Rückgriff auf den Aufenthalt in Betracht.

Der gewöhnliche Aufenthalt bzw. die Arbeitserlaubnis ist also grundsätzlich ohne Relevanz.[72] Im Sozialversicherungsrecht ist, anders als im Arbeitsrecht, die tatsächliche Erbringung der Leistung entscheidend[73] mit der Folge, dass das faktische Arbeitsverhältnis ebenfalls die Zugehörigkeit zur Sozialversicherung begründet.[74] Das Versicherungsverhältnis besteht auch unabhängig davon, ob die Arbeitgeber_innen ihren Meldepflichten nach § 28 ff. SGB IV nachkommen oder nicht.[75] Auch wenn, wie in der Praxis bei Arbeitnehmer_innen ohne Papiere üblich, keine Sozialversicherungsbeiträge abgeführt werden, bleibt dies grundsätzlich ohne Auswirkung auf das Bestehen des Versicherungsverhältnisses, weil die Sozialleistungsträger die Nachentrichtung der nicht gezahlten Beiträge von den Arbeitgeber_innen verlangen können.[76]

Der Leistungsanspruch entsteht bei Eintritt des Versicherungsfalles, der seinerseits an das Bestehen des Beschäftigungsverhältnisses anknüpft, § 186 Abs. 1 SGB V.[77]

70 Muckel, *Sozialrecht* [wie Anm. 69], § 7 Rn. 26.

71 Muckel, *Sozialrecht* [wie Anm. 69], § 7 Rn. 29–30; Eichenhofer, »Die sozialrechtliche Stellung von Ausländern aus Nicht-EWR- und Nicht-Abkommensstaaten«, *ZAR*, H. 16 (1996), S. 62–70, S. 64.

72 Seewald, Otfried, in: Stephan Leitherer (Hg.), *Kasseler Kommentar – Sozialversicherungsrecht*, München 2011, § 30 SGB I, Rn. 4; Hänlein, Andreas, in: Ralf Kreikebohm/Wolfgang Spellbrink/Raimund Waltermann (Hg.), *Kommentar zum Sozialrecht*, München 2011, § 30 SGB I, Rn. 7–8; Eichenhofer, »Arbeits-, aufenthalts- und sozialrechtlicher Schutz« [wie Anm. 12], S. 231; Eichenhofer, »Die sozialrechtliche Stellung« [wie Anm. 71], S. 64; Wollenschläger, »Gast- und Wanderarbeiter« [wie Anm. 9], S. 205; Will, *Ausländer ohne Aufenthaltsrecht* [wie Anm. 15], Rn. 727.

73 Muckel, *Sozialrecht* [wie Anm. 69], § 7 Rn. 31; Will, *Ausländer ohne Aufenthaltsrecht* [wie Anm. 15], Rn. 727.

74 Muckel, *Sozialrecht* [wie Anm. 69], Rn. 31; Seewald, *Kasseler Kommentar* [wie Anm. 72], § 7 SGB IV, Rn. 129/139; Eichenhofer, »Arbeits-, aufenthalts- und sozialrechtlicher Schutz« [wie Anm. 12], S. 231; weitere Nachweise bei Will, *Ausländer ohne Aufenthaltsrecht* [wie Anm. 15], Fn. 340.

75 Eichenhofer, »Arbeits-, aufenthalts- und sozialrechtlicher Schutz« [wie Anm. 12], S. 231.

76 Siehe auch die Sanktionsrichtlinie Art. 6 Abs. 1 Ziff. b, der die Mitgliedstaaten dazu sogar verpflichtet, die Beiträge nachträglich zu verlangen.

77 Muckel, *Sozialrecht* [wie Anm. 69], § 7 Rn. 28.

Es handelt sich im Einzelnen um folgende Leistungen:

2.1.1 Kranken- und Pflegeversicherung

Arbeitnehmer_innen und Angestellte (Beschäftigte) sind gem. § 5 Abs. 1 Nr. 1 SGB V in der gesetzlichen Krankenversicherung pflichtversichert, wenn sie gegen Arbeitsentgelt beschäftigt sind. Nach § 186 Abs. 1 SGB V beginnt das Versicherungsverhältnis mit dem Tag des Eintritts in das Beschäftigungsverhältnis. Der Versicherungsschutz beginnt also mit der tatsächlichen Aufnahme der Beschäftigung.[78] Die Entrichtung von Beiträgen ist ebenso nicht entscheidend wie die unterbliebene Anmeldung bei einer Krankenkasse.[79]

Der Versicherungsschutz endet wie üblich mit der Beendigung der Mitgliedschaft, mithin mit der tatsächlichen Beendigung der Beschäftigung, § 19 Abs. 1 SGB V. Besonderheiten für Art und Umfang der Versicherung ergeben sich aufgrund der fehlenden Aufenthalts- oder Arbeitserlaubnis nicht. Wie gewöhnlich erstreckt sich der Krankenversicherungsschutz auf Familienangehörige, soweit sie selbst nicht versichert sind, § 10 Abs. 1 SGB V. Erforderlich ist aber, dass die Familienangehörigen einen gewöhnlichen Aufenthalt oder Wohnsitz im Inland haben, § 10 Abs. 1 Nr. 1 SGB V. Unter welchen Voraussetzungen von einem gewöhnlichen Aufenthalt auszugehen ist, ist aber nicht eindeutig.[80] Die tatsächliche Verweildauer kann unter Umständen ausreichend sein.[81] So hat das BSG ausgeführt, dass tatsächliche Verhältnisse ausschlaggebend sind, machte aber die Einschränkung, dass rechtliche Verhältnisse nicht ganz außer Acht zu lassen seien.[82] Das BSG modifizierte in einer jüngsten Entscheidung die Voraussetzungen für Ansprüche nach SGB IX dahingehend, dass »besonders und eigenständig verlangt« wird, dass der Wohnsitz oder der gewöhnliche Aufenthalt »rechtmäßig« sein müssen. In diesem Zusammenhang geht das Gericht davon aus, dass bei einem »illegalen« Aufenthalt die Rechtmäßigkeit nicht vorliegt.[83]

78 Eichenhofer, »Die sozialrechtliche Stellung« [wie Anm. 71], S. 64; McHardy, »Das Recht der Illegalen« [wie Anm. 11], S. 104.

79 Eichenhofer, »Arbeits-, aufenthalts- und sozialrechtlicher Schutz« [wie Anm. 12], S. 231; Muckel, *Sozialrecht* [wie Anm. 69], § 8 Rn. 14; Will, *Ausländer ohne Aufenthaltsrecht* [wie Anm. 15], Rn. 734.

80 Seewald, *Kasseler Kommentar* [wie Anm. 72], § 30 SGB I, Rn. 19 ff.

81 Seewald, *Kasseler Kommentar* [wie Anm. 72], § 30 SGB I, Rn. 20. Das BSG hat die Frage der Beständigkeit bislang offen gelassen, vgl. BSGE 80, S. 209–215.

82 BSGE 57, S. 93–96.

83 BSG, 29.04.2010, B 9 SB 2/09 R, juris.

In Anlehnung an die Grundsätze der Rechtsprechung des BSG kommt die Aufnahme der Familienmitglieder durchaus in Betracht, weil aufgrund der tatsächlichen Umstände von einer unabsehbaren Aufenthaltsdauer auszugehen ist.[84] Zum einen haben die Betroffenen den Willen, sich über einen längeren Zeitraum im Inland aufzuhalten, und haben auch faktisch einen über mehrere Jahre andauernden Aufenthalt. Zum anderen besteht auch die Möglichkeit der »Legalisierung« des Aufenthalts zum Beispiel über die »Härtefallaufenthaltserlaubnis« (§ 23 a AufenthG), durch der Erteilung einer Aufenthaltserlaubnis nach § 25 Abs. 4 b AufenthG oder einer Duldung, weil aus rechtlichen oder tatsächlichen Gründen, insbesondere im Hinblick auf Art. 8 EMRK, die Abschiebung nicht möglich ist. Darüber hinaus erweist es sich als sachgerecht, in Umkehrschluss zur Entscheidung des BSG – die Rechtmäßigkeit sei für die Ansprüche nach SGB IX »besonders und eigenständig« erforderlich und die Voraussetzungen des Wohnsitzes und gewöhnlichen Aufenthalts seien nicht starr –, die Rechtmäßigkeit des Aufenthalts nicht vorauszusetzen, weil es beim anspruchsvermittelnden Familienangehörigen ebenfalls hierauf nicht ankommt. Spielt die Rechtmäßigkeit beim anspruchsvermittelnden Familienangehörigen keine Rolle, so ist nicht ersichtlich, weshalb dieser Umstand dem Anspruch der Familienmitglieder entgegengehalten werden soll. Darüber hinaus geht es vorliegend, im Gegensatz zu anderen Fällen der Sozialhilfe, um einen abgeleiteten Anspruch aufgrund der Erwerbstätigkeit. Entscheidend ist also, dass die Familienmitglieder im Inland ihren gewöhnlichen Aufenthalt oder Wohnsitz haben, ohne dass dieser rechtmäßig zu sein braucht.

Bei einem Aufenthalt im Ausland – auch wenn dieser nur von vorübergehender Natur ist – ruhen die Leistungsansprüche aus der Krankenversicherung, § 16 Abs. 1 Nr. 1 SGB V. Das Krankengeld kann aber auch im Ausland ausgezahlt werden, wenn sich der Betroffene mit Zustimmung der Krankenkasse im Ausland aufhält, § 16 Abs. 4 SGB V.

Die *Pflegeversicherung* besteht gem. § 20 SGB XI bei allen Mitgliedern der Krankenversicherung. Die Mitgliedschaft richtet sich nach der Mitgliedschaft in der Krankenversicherung, so dass hinsichtlich des Bestehens und der Dauer der Pflegeversicherung auf die oben dargestellten Ausführungen verwiesen werden kann. Auch hier werden Familienangehörige mit erfasst, soweit von einem gewöhnlichen Aufenthalt bzw. Wohnsitz auszugehen ist.

---

84 Andere Ansicht: Will, *Ausländer ohne Aufenthaltsrecht* [wie Anm. 15], Rn. 747.

2.1.2 Unfallversicherung

Beschäftigte sind kraft Gesetzes gem. § 2 Abs. 1 Nr. 1 SGB VII in der Unfallversicherung versichert. Dies gilt auch für statuslose Beschäftigte.[85] Die Versicherungspflicht beginnt mit der tatsächlichen Aufnahme der Erwerbstätigkeit. Auch hier ist demnach nicht entscheidend, ob Beiträge geleistet werden oder nicht.[86] Mit der Zugehörigkeit statusloser Arbeitnehmer_innen zu der Unfallversicherung erwachsen ihnen alle Ansprüche, die gesetzlich vorgesehen sind, vgl. § 26 ff. SGB VII.[87] Das sind unter anderem Heilbehandlungskosten, Leistungen zur Teilhabe am Arbeitsleben, Leistungen zur Teilhabe am Leben in der Gemeinschaft, ergänzende Leistungen, Fahrt- und Reisekosten und Wohnhilfe. Der Anspruch richtet sich gegen die Träger der Unfallversicherung und muss bei diesen geltend gemacht werden. Da in der Regel die Arbeitsaufnahme nicht an die Träger angezeigt und die Beiträge nicht abgeführt sein dürften, könnte in der Praxis der Nachweis der Voraussetzungen Schwierigkeiten bereiten.[88] Darüber hinaus bedeutet die Geltendmachung des Anspruchs Preisgabe von Daten, unter Umständen die Aufdeckung des Aufenthaltsstatus und damit die Gefahr der Abschiebung. Dies relativiert folglich die Rechtspositionen der Betroffenen.

2.1.3 Rentenversicherung

Die Versicherung für die Absicherung im Alter ist im SGB VI geregelt. Nach § 1 Nr. 1 SGB VI sind unter anderem Personen versicherungspflichtig, die gegen Arbeitsentgelt oder zu ihrer Ausbildung beschäftigt sind. Das Versicherungsverhältnis entsteht auch hier mit der tatsächlichen Aufnahme der Arbeit und richtet sich im Übrigen nach den gleichen Voraussetzungen der Sozialversicherung. Somit entsteht bei einer tatsächlich ausgeübten Tätigkeit

85 Wie bereits oben ausgeführt, wird auch die Beschäftigung von statuslosen Arbeitnehmer_innen vom § 7 SGB IV erfasst. Dies gilt auch für die Unfallversicherung. Vgl. auch McHardy, »Das Recht der Illegalen« [wie Anm. 11], S. 104.

86 Muckel, *Sozialrecht* [wie Anm. 69], § 8 Rn. 14.

87 McHardy, »Das Recht der Illegalen« [wie Anm. 11], S. 104.

88 Die Beweisprobleme könnten sich durch die Umsetzung von Art. 6 Abs. 3 Sanktionsrichtlinie lösen, weil dann bei einer Beschäftigung ohne Arbeitserlaubnis ein Beschäftigungsverhältnis von mindestens dreimonatiger Dauer vermutet wird, vgl. auch »Entwurf eines Vierten Gesetzes zur Änderung des Vierten Buches Sozialgesetzbuch und anderer Gesetze«, BT-Drs. 17/6764, S. 7.

auch für statuslose Arbeitnehmer_innen die Versicherungspflicht (die Mitgliedschaft in der Rentenversicherung).[89]

Anders als beispielsweise im Krankenversicherungsrecht besteht hier die Besonderheit, dass es bei dem Leistungsanspruch einerseits auf eine Mindestversicherungsdauer (»Wartezeit«) und andererseits gemäß § 50, 51, 55 SGB VI auf die tatsächliche Einzahlung der Beiträge ankommt, so dass das Bestehen des Arbeitsverhältnisses allein nicht ausreicht.[90]

Die versicherungspflichtigen Zeiten werden in der Regel nur dann auf die Wartezeit angerechnet, wenn die Rentenversicherungsbeiträge tatsächlich geleistet worden sind. Daran fehlt es zum einen bei der Überschreitung des 65. Lebensjahres, zum anderen bei geringfügigen Beschäftigungen, § 5 Abs. 2 SGB VI. Von besonderer Bedeutung ist die Anrechnung rentenrechtlicher Zeiten ohne Erwerbstätigkeit. Hierzu gehören beispielsweise Kindererziehungszeiten. Diese werden aber nur angerechnet, wenn das anspruchsberechtigte Elternteil und das Kind einen gewöhnlichen Aufenthalt in Deutschland haben, § 56 Abs. 3 SGB VI.

In der Regel ist davon auszugehen, dass die Beiträge der Rentenversicherung nicht geleistet werden. Deshalb können statuslose Arbeitnehmer_innen aufgrund einer Tätigkeit keine Ansprüche aus der Rentenversicherung erwerben, auch wenn ein Rentenversicherungsverhältnis grundsätzlich möglich ist.

Falls dennoch ein Anspruch bestehen sollte, können die Leistungen der Rentenversicherung auch im Ausland ausgezahlt werden, soweit dies mit der Art der Leistung vereinbar ist, vgl. § 110 Abs. 2 SGB VI.

2.1.4 Arbeitslosenversicherung

Das Arbeitslosengeld setzt gem. § 118 SGB III unter anderem die Arbeitslosigkeit voraus. Arbeitslos ist, wer beschäftigungslos ist und dem Arbeitsmarkt zur Verfügung steht, § 119 Abs. 1 SGB III.[91]

---

89 Wollenschläger, »Gast- und Wanderarbeiter« [wie Anm. 9], S. 205; McHardy, »Das Recht der Illegalen« [wie Anm. 11], S. 104.

90 Muckel, *Sozialrecht* [wie Anm. 69], § 11 Rn. 36; Rossbach, Gundula, in: Kreikebohm/Spellbrink/Waltermann, *Kommentar zum Sozialrecht*, München 2009, § 35 SGB VI, Rn. 2; Will, *Ausländer ohne Aufenthaltsrecht* [wie Anm. 15], Rn. 805.

91 Mutschler, Bernd, in: Kreikebohm/Spellbrink/Waltermann (Hg.), *Kommentar zum Sozialrecht*, München 2009, § 119 SGB III, Rn. 16, 35 ff.; Wollenschläger »Gast- und Wanderarbeiter« [wie Anm. 9], S. 206; McHardy, »Das Recht der Illegalen« [wie Anm. 11], S. 101.

Die Verfügbarkeit setzt voraus, dass die Arbeitssuchenden sowohl tatsächlich, als auch rechtlich in der Lage sind eine versicherungspflichtige Arbeit aufzunehmen, vgl. § 119 Abs. 5 SGB III.[92] Die fehlende Arbeitserlaubnis ist nicht per se ein Ausschlussgrund.[93] Denn die Arbeitserlaubnis ist zwar für die Arbeitsaufnahme, nicht jedoch für die Arbeitssuche erforderlich.[94] Entscheidend ist, ob die Erteilung einer Arbeitserlaubnis erwartet werden kann.[95] Erfüllen die Arbeitnehmer_innen die weiteren Voraussetzungen, ist der Anspruch auf Arbeitslosengeld nicht generell ausgeschlossen, wenn eine Aussicht auf die »Legalisierung« des Aufenthalts und folglich die Möglichkeit der Erlangung einer Arbeitserlaubnis besteht.[96] Ferner werden auch Leistungen zur Integration in den Arbeitsmarkt und teilweise lohnersetzende Leistungen wegen des Erfordernisses eines wirksamen Arbeitsverhältnisses verweigert.[97]

2.2 *Sozialhilfe*

Nach § 1 Abs. 1 Nr. 5, 6 AsylbLG haben vollziehbar ausreisepflichtige Menschen und ihre Familienangehörige einen Anspruch auf Leistungen der Sozialhilfe nach dem AsylbLG. Statuslose Menschen sind aufgrund ihrer Ausreisepflicht von der Vorschrift erfasst und haben dem Grunde nach einen Anspruch auf Sozialhilfe.[98] Der Leistungsumfang beschränkt sich auf Grun-

92 Niesel, Klaus/Brand, Jürgen, *SGB III Kommentar*, München 2010, § 119 Rn. 66/71.

93 Anders McHardy, »Das Recht der Illegalen« [wie Anm. 11], S. 101: danach habe der statuslose »qua definitionem keine Arbeitserlaubnis« und stehe deshalb dem Arbeitsmarkt nicht zur Verfügung.

94 SG Aachen, 14.02.2003, S 15 AL 89/01, juris; Wollenschläger, »Gast- und Wanderarbeiter« [wie Anm. 9], S. 206.

95 Mutschler [wie Anm. 91], § 119 SGB III, Rn. 44 ; BSG, 26.03.1998, B 11 AL 75/97 R, juris.

96 Andere Ansicht Will, Ausländer ohne Aufenthaltsrecht [wie Anm. 15], Rn. 816; mit Bedenken: McHardy, »Das Recht der Illegalen« [wie Anm. 11], S. 104, Fn. 124.

97 Will, *Ausländer ohne Aufenthaltsrecht* [wie Anm. 15], Rn. 820 f. Nach Klarstellung der Wirksamkeit des Arbeitsvertrages durch § 98 a Abs. 1 AufenthG dürfte die Ablehnung der Leistungen allein mit der Begründung des fehlenden wirksamen Arbeitsvertrages kaum überzeugen. Statuslosen Arbeitnehmer_innen, die sich in einer Beschäftigung befinden, wird hingegen ein Anspruch auf Insolvenzgeld schon bei Vorliegen eines faktisches Arbeitsverhältnis zuerkannt, vgl. Will, *Ausländer ohne Aufenthaltsrecht* [wie Anm. 15], Rn. 828; McHardy, »Das Recht der Illegalen« [wie Anm. 11], S. 102.

98 Ursula Fasselt, in: Fichtner/Wenzel (Hg.), *SGB XII – Sozialhilfe mit AsylbLG*, München 2009, § 1 AsylbLG, Rn. 10; Eichenhofer, »Arbeits-, aufenthalts- und sozialrechtlicher Schutz« [wie Anm. 12], S. 232; Will, *Ausländer ohne Aufenthaltsrecht* [wie Anm. 15], Rn. 646.

leistungen zur Deckung des notwendigen Bedarfs (§ 3 AsylbLG), auf Leistungen bei Krankheit, Schwangerschaft und Geburt (§ 4 AsylbLG) und sonstige Leistungen (§ 6 AsylbLG).[99]

Diese an sich sehr knapp bemessenen Leistungen können aber auf das unabweisbar Gebotene beschränkt werden, wenn die Voraussetzungen des § 1a AsylbLG vorliegen.[100] Das ist dann der Fall, wenn sich die Anspruchsberechtigten in die Bundesrepublik begeben haben, um Sozialleistungen zu erhalten oder wenn aus von ihnen zu vertretenden Gründen aufenthaltsbeendende Maßnahmen nicht vollzogen werden können.[101] Der Tatbestand des § 1 a Nr. 1 AsylbLG ist dann erfüllt, wenn ein finaler Zusammenhang zwischen Einreiseentschluss und der Inanspruchnahme von Sozialleistungen besteht, wobei bei mehreren Motiven die Absicht, Sozialleistungen in Anspruch nehmen zu wollen, für den Einreiseentschluss prägend sein muss.[102] Bei aufenthaltsbeendenden Maßnahmen ist, über die Weigerung die Bundesrepublik freiwillig verlassen zu wollen hinaus, ein aktives Verhalten der Betroffenen erforderlich, was beispielsweise im Falle des Untertauchens angenommen wird.[103]

Auch wenn die Leistungen nach § 1 a AsylbLG eingeschränkt werden können, haben »Menschen ohne Papiere« grundsätzlich Anspruch auf Sozialhilfe nach AsylbLG. Dieser Anspruch scheitert aber in der Praxis in der Regel an der Übermittlungspflicht der Sozialbehörden nach § 87, 88 AufenthG (dazu weiter unten).

2.3 Sonstige Sozialleistungen

Als Leistungen der sozialen Sicherung kommen auch Ansprüche aus dem Opferentschädigungsgesetz in Betracht. Bei Leistungen nach dem Opferentschädigungsgesetz ist zu differenzieren. Liegt eine Gegenseitigkeit durch zwischenstaatliche Vereinbarung vor (§ 1 Abs. 4 Nr. 3 OEG), so werden auch

99 Ausführlich Will, *Ausländer ohne Aufenthaltsrecht* [wie Anm. 15], Rn. 647 ff.; Classen, Georg, *Sozialleistungen für MigrantInnen und Flüchtlinge*, Karlsruhe 2008, S. 106 ff.

100 Diese Vorschrift ist verfassungsrechtlich sehr bedenklich, vgl. Röseler, Sybille/Schulte, Bernd, *Gutachten zum Entwurf eines Zweiten Gesetzes zur Änderung des AsylbLG*, BAGFW 1998, 30.11.2011, *www.fluechtlingsinfo-berlin.de/fr/gesetzgebung/BAGFW_Roeseler_Schulte.pdf.*

101 Fasselt [wie Anm. 98], § 1 a AsylbLG, Rn. 6 f.; Eichenhofer, »Arbeits-, aufenthalts- und sozialrechtlicher Schutz« [wie Anm. 12], S. 232; Classen, *Sozialleistungen für MigrantInnen* [wie Anm. 99], S. 85 f.

102 Fasselt [wie Anm. 98], § 1 a AsylbLG, Rn. 6.

103 Fasselt [wie Anm. 98], § 1 a AsylbLG, Rn. 11–13.

statuslose Menschen vom Anwendungsbereich erfasst.[104] Kommt es hingegen auf den Aufenthaltsstatus an, so sollen sie von dem Anwendungsbereich ausgeschlossen sein, mit der Folge, dass auch keine Leistungen in Anspruch genommen werden können.[105]

III. Rechtspolitische Desiderate

Die oben ausgeführte Darstellung zeigt, dass »Menschen ohne Papiere« nicht per se rechtlos sind. Auch wenn sie mit Einschränkungen rechnen müssen, haben sie gleichwohl beachtliche arbeits- und sozialrechtliche Ansprüche.

Das darf dennoch nicht über die fehlende Gleichstellung und bestehende Diskriminierung hinwegtäuschen. Der fehlende Aufenthaltstitel führt zum teilweisen Ausschluss von arbeits- und sozialrechtlichen Ansprüchen, so dass die Frage berechtigt ist, ob der Aufenthaltstitel ein so entscheidendes Kriterium ist, dass sein Fehlen diesen Ausschluss rechtfertigen kann. Noch entscheidender ist die Geltendmachung und Durchsetzung der Ansprüche. Denn wer seinen Anspruch auf erworbene Anwartschaften oder Rechte erstreiten will, setzt sich in der Regel der Gefahr der Aufdeckung des »illegalen« Aufenthalts und einer Abschiebung aus, § 58 AufenthG. Die Übermittlungspflicht aus § 87, 88 AufenthG verhindert in der Praxis die Inanspruchnahme der entstandenen Ansprüche und Rechte und sorgt für faktische Rechtlosigkeit.

Änderungsbedarf zeigt sich vorliegend auf zwei Ebenen: Einerseits richten sich die Forderungen an die Exekutive und Judikative (Anwendungsebene), andererseits an die Legislative (Gesetzgebungsebene).

Im arbeitsrechtlichen Bereich wurde durch § 98 a Abs. 1 AufenthG klargestellt, dass die fehlende Genehmigung oder Berechtigung zur Erwerbstätigkeit den Lohnanspruch nicht beeinflusst. Trotz des Verstoßes gegen § 4 Abs. 3 bzw. § 284 Abs. 1 SGB III ist der Arbeitsvertrag wirksam und es besteht der Anspruch auf Lohn. Dadurch wird dem Schutz irregulär Beschäftigter teilweise entsprochen. Diese Vorgabe muss nun geradlinig durchgesetzt und unter anderem die Kündigungsschutzvorschriften nicht eingeschränkt werden. Bei der erbrachten Arbeit sollte allein auf tatsächliche Verhältnisse abgestellt und die Rechtsfolgen danach beurteilt werden. Einzig

104 McHardy, »Das Recht der Illegalen« [wie Anm. 11], S. 103.
105 Will, *Ausländer ohne Aufenthaltsrecht* [wie Anm. 15], Rn. 834.

auf diese Weise kann den Interessen der Arbeitnehmer_innen angemessen Rechnung getragen werden. Dieser Vorschlag ist auch realistisch und durchsetzbar. Das verdeutlicht in Ansätzen sowohl die Regelung in § 98 a Abs. 1 AufenthG als auch der Umgang im Sozialrecht mit fehlerhaften Arbeitsverhältnissen, indem allein auf die tatsächlichen Verhältnisse abgestellt wird.[106] Es bedarf also einer Entkopplung des Arbeitsrechts vom Aufenthaltsrecht samt Arbeitserlaubnisrecht, nicht nur für den Lohnanspruch, sondern für alle möglichen Ansprüche. Beide Bereiche verfolgen verschiedene Ziele; der eine die einwanderungs- und arbeitsmarktpolitische, der andere angemessenen Schutz der Vertragspartner, aber insbesondere den Schutz der Arbeitnehmer_innen. Im Ergebnis darf bei der Begründung der Rechte und Ansprüche weder unmittelbar noch mittelbar auf die Rechtmäßigkeit des Aufenthalts abgestellt werden.[107]

Diese Entkopplung muss auch im Bereich der Sozialversicherung konsequent durchgeführt und die Familienmitglieder in das System des Krankenschutzes aufgenommen werden. Dabei muss allein der tatsächliche Aufenthalt der Familienmitglieder maßgeblich sein. Dies gilt insbesondere deswegen, weil hier ein grundrechtlich geschützter Bereich betroffen ist.[108]

Ferner erfordern ökonomische Gesichtspunkte die Einbeziehung der Familienmitglieder. Denn werden sie nicht einbezogen, so sind sie gezwungen, öffentliche Leistungen (nach AsylbLG) in Anspruch zu nehmen.

Das ist aber nur eine Seite der Medaille. Die andere Seite ist die Durchsetzung der Ansprüche und Rechte. Ob es um gerichtlichen Rechtsschutz bei arbeitsrechtlichen Ansprüchen geht[109] oder um die Inanspruchnahme der Leistungen der sozialen Sicherung, ist die Durchsetzung der Ansprüche mit erheblichen Schwierigkeiten verbunden. Denn nach §§ 87, 88 AufenthG besteht in der Regel eine Übermittlungspflicht der öffentlichen Stel-

106 Vgl. oben II.2.

107 Von besonderer Bedeutung ist die UN-Konvention zum Schutz von Wanderarbeitnehmer_innen und ihren Familienangehörigen. Diese Konvention stellt im Gegensatz zu anderen internationalen Abkommen nicht auf die Rechtmäßigkeit des Aufenthalts ab und bietet einen Mindestschutz auch für statuslose Beschäftigte. Deutschland hat aber die Konvention bislang nicht ratifiziert. Dazu eingehend, Spieß, Katharina, »Der Schutz irregulärer Migrantinnen und Migranten in ihren Rechten in der Arbeit durch die UN-Menschenrechtskonventionen. Ein Überblick«, in diesem Band, S. 114.

108 Neuerdings wird das Recht auf Gesundheit auch im Rahmen des Gemeinschaftsrechts unter Schutz gestellt, Art. 35 Charta der Grundrechte der EU.

109 Ausführlich dazu Lewek, Christian, »Arbeitsrechte für Menschen ohne Papiere in Deutschland«, in diesem Band, S. 181; vgl. auch Alt/Fodor, *Rechtlos? Menschen ohne Papiere* [wie Anm. 9], S. 145 f.

len bezüglich des »illegalen« Aufenthalts an die Ausländerbehörden.[110] Das hat zur Folge, dass die Betroffenen der Gefahr einer Abschiebung ausgesetzt sind und deshalb von ihren Rechten kein Gebrauch machen können.[111] Die §§ 87, 88 AufenthG konterkarieren aber nicht allein die einfachgesetzlichen Rechte, sondern grundlegende Menschenrechte[112] aus der Verfassung, dem Völker- und Gemeinschaftsrecht, beispielsweise Art. 1 Abs. 1 und 19 Abs. 4 GG, Art. 12 UN-Sozialpakt und Art. 35 Charta der EU.[113] Eine effektive Durchsetzung und Inanspruchnahme sozialer (Menschen- und Grund-) Rechte macht die Abschaffung der menschenrechtlich bedenklichen Mitteilungspflicht unumgänglich.[114] Diese Vorschrift führt zwangsläufig zur faktischen Bedeutungslosigkeit der bestehenden Rechte. Neben den vorliegend behandelten Bereichen des Arbeits- und Sozialrechts ist auch das Recht auf Bildung[115] von der Übermittlungspflicht betroffen. An Forderungen, diese Regelung abzuschaffen oder zu modifizieren, mangelt es nicht. Allein der Gesetzgeber stellt sich bislang quer. Die Regierungsparteien CDU/CSU und FDP haben – wie im Koalitionsvertrag vorgenommen – die Übermittlungspflicht zwar geändert, jedoch nur, um den Schulbesuch für Kinder zu ermöglichen.[116] Aus der Opposition liegen zwar Änderungsvorschläge vor,

---

110 Die Übermittlungspflicht der Gerichte ist im Einzelnen umstritten, vgl. Spieß, Katharina, *Die Wanderarbeitnehmerkonvention der Vereinten Nationen*, Deutsches Institut für Menschenrechte 2007, S. 52; Alt/Fodor, *Rechtlos? Menschen ohne Papiere* [wie Anm. 9], S. 149 ff.; Lewek, »Arbeitsrechte für Menschen ohne Papiere« [wie Anm. 109].

111 In dieser Hinsicht stellt sich Deutschland als eines der restriktivsten Länder in Europa dar, vgl. Vogel, Dita/Cyrus, Norbert, *Irreguläre Migration in Europa – Zweifel an der Wirksamkeit der Bekämpfungsstrategien*, focus Migration, Kurzdossier März 2008, S. 3 f.; Mitrovic, Emilija, »Qualitative Befunde zur Lebenssituation von Menschen ohne gültige Aufenthaltspapiere in Hamburg: Bildungszugang – Arbeit – Gesundheit«, in: Diakonie Hamburg (Hg.), *Leben ohne Papiere*, Hamburg 2009, S. 166–242, S. 214 f.; Spieß, *Die Wanderarbeitnehmerkonvention* [wie Anm. 110].

112 Eingehend Bielefeldt, »Menschenrechte ›irregulärer‹ Migrantinnen und Migranten« [wie Anm. 1].

113 Vgl. dazu Tohidipur, Timo, »Grund- und Menschenrechte illegalisierter Migrantinnen und Migranten«, in diesem Band, S. 41.

114 Alt, Jörg, »Problemkomplex illegale Migration«, *ZAR* 2003, S. 406–411, S. 411; Forum Menschenrechte, Menschenrechte für Menschen ohne Papiere realisieren!, Berlin 2008, S. 9, 30.11.2011, *http://forum-menschenrechte.de/cms/upload/PDF/ab_05–2008/FMR_menschenrechte_fuer_menschen-ohne-papiere.pdf.*

115 Hierzu vgl. Fischer-Lescano, Andreas/Löhr, Tillmann, »Menschenrecht auf Bildung. Mitteilungsverbote von Schulen in aufenthaltsrechtlichen Angelegenheiten«, *InfAuslR* 2008, S. 54–59.

116 Koalitionsvertrag zwischen CDU, CSU und FDP, S. 79; § 87 AufenthG wurde mit dem »Gesetz zur Umsetzung aufenthaltsrechtlicher Richtlinien der Europäischen Union und

bislang aber ohne Erfolg.[117] Hoffnung schien sich aus Europa zu schöpfen, zumindest für das Arbeitsrecht. Die Sanktionsrichtlinie schreibt den Mitgliedstaaten nicht nur vor, sicherzustellen, dass die ausstehende Vergütung im Falle einer irregulären Beschäftigung geleistet wird, sondern auch die dafür erforderlichen Verfahren und Mechanismen einzurichten, Art. 6 Abs. 2. Der Gesetzgeber hat aber nur die Pflicht, die vereinbarte Vergütung zu zahlen (Art. 6 Abs. 1 Sanktionsrichtlinie) umgesetzt, nicht jedoch die Sicherstellung der Wirksamkeit des Verfahrens (Art. 6 Abs. 2 Sanktionsrichtlinie) zur Durchsetzung der Ansprüche. Erforderlich und richtliniengemäß ist es, §§ 87, 88 AufenthG auch in Bezug auf Durchsetzung arbeitsrechtlicher Ansprüche zu ändern. Die Klarstellung des bestehenden Anspruchs bringt im Ergebnis wenig, wenn mit der Durchsetzung nach wie vor die Gefahr besteht, der Abschiebung ausgesetzt zu sein.

Die vorbehaltlose Ratifizierung und Umsetzung der UN-Konvention zum Schutz der Wanderarbeitnehmer_innen und ihrer Familienangehörigen würde die Rechte der Betroffenen stärken und sie vor ausbeuterischen Arbeitsverhältnissen schützen, wenn der Gesetzgeber dem tatsächlich nachkommen würde. Die Konvention beinhaltet die Gewährung fundamentaler Rechte, ohne sie vom Vorliegen eines Aufenthaltstitels abhängig zu machen, vergleiche insbesondere Art. 25 Nr. 3.[118]

Insgesamt können rechtspolitische Forderungen[119] nicht nur die Gewährung von Gesundheitsfürsorge, Schulbesuch von Kindern und Durchsetzung der arbeitsrechtlichen Ansprüche sein,[120] auch wenn sie die ersten Schritte in die richtige Richtung sind. Vielmehr muss die zentrale Forderung ein bedingungsloses Bleiberecht sein, damit die Betroffenen ohne Angst in Sicherheit und Würde leben können.

---

zur Anpassung nationaler Rechtsvorschriften an den EU-Visakodex« vom 22. November 2011 geändert.

117 Antrag der SPD-Fraktion, BT-Drs. 17/56; Antrag der Fraktion Die Linke, BT-Drs. 16/1202.

118 Vgl. ausführlich Spieß, »Der Schutz irregulärer Migrantinnen und Migranten« [wie Anm. 107]; Spieß, *Die Wanderarbeitnehmerkonvention* [wie Anm. 110], S. 47 ff.

119 Eingehend Pelzer, Marei, »Regularisierung des Aufenthalts von Menschen ohne Papiere: Bausteine einer liberalen Migrationspolitik?«, in diesem Band, S. 143.

120 Alt, »Problemkomplex illegale Migration« [wie Anm. 114], S. 411; ausführlich Alt/Fodor, *Rechtlos? Menschen ohne Papiere* [wie Anm. 9], S. 94 ff.

Der Schutz irregulärer MigrantInnen und Migranten in ihren Rechten in der Arbeit durch die UN-Wanderarbeitnehmerkonvention – ein Überblick

Katharina Spieß[*]

Irreguläre Migrantinnen und Migranten gehören weltweit zu den Gruppen, die besonders vulnerabel sind. Wegen ihres klandestinen Aufenthalts sind sie häufig betroffen von Ausbeutung und Missbrauch und bedürfen deswegen des besonderen Schutzes des Staates. Die völkerrechtlichen Instrumente zum Schutz der Menschenrechte erkennen die besondere Schutzbedürftigkeit irregulärer Migrantinnen und Migranten an. Insbesondere die UN-Konvention zum Schutz der Wanderarbeitnehmer und ihrer Familien (UN-Wanderarbeitnehmerkonvention) definiert umfassend ihre und trägt ihrer besonderen Situation Rechnung. Dennoch hat Deutschland die UN-Wanderarbeitnehmerkonvention nicht ratifiziert und plant dies auch nicht.

Im Folgenden wird zunächst ein kurzer Überblick über die Situation von irregulären Migrantinnen und Migranten in Deutschland gegeben.[1] Daran schließt sich ein Überblick über ihre Rechte, die in internationalen Menschenrechtsverträgen normiert sind, an. Danach wird die UN-Wanderarbeitnehmerkonvention vorgestellt. Abschließend wird die Position der Bundesregierung zur Ratifizierung der Konvention dargestellt.

* Die Autorin dankt Anne Klär für ihre Unterstützung.

1 Umfassend dazu Kanalan, Ibrahim, »Die illegale Beschäftigung im deutschen Arbeits- und Sozialrecht unter Berücksichtigung von Fragen der sozialen Sicherung«, in diesem Band, S. 91, und Lewek, Christian, »Arbeitsrechte für Menschen ohne Papiere«, in diesem Band, S. 181.

I. Irreguläre Migrantinnen und Migranten in Deutschland

In Deutschland leben zwischen 140.000 und 330.000 Menschen ohne Aufenthaltstitel.[2] In der Regel halten sie sich hier auf, um zu arbeiten, insbesondere in der Bauindustrie, in der häuslichen Pflege oder Kinderbetreuung oder auch in der Sexindustrie.[3]

Nach deutschem Recht ist jede Tätigkeit, die sie ausüben, Schwarzarbeit, denn Voraussetzung für die legale Beschäftigung ist immer die Rechtmäßigkeit des Aufenthalts.[4] Dies macht ihre Situation besonders prekär, denn die Illegalität sowohl der Arbeit als auch des Aufenthalts können von Arbeitgebern und Auftraggebern für ausbeuterische Arbeitsverhältnisse ausgenutzt werden.

Dies ist zum Beispiel häufig in der Baubranche zu beobachten. Obwohl gerade dieser Bereich intensiven staatlichen Kontrollen ausgesetzt ist, werden hier viele irreguläre Migrantinnen und Migranten oder aber Migrantinnen und Migranten ohne Arbeitserlaubnis eingesetzt. Aufgrund der Internationalisierung und Verflechtung der Vertragsverhältnisse ist es weder für die kontrollierenden Behörden noch für den betroffenen Arbeitnehmerinnen und Arbeitnehmer einfach nachvollziehbar, wer Arbeitgeber ist.[5] In dieser Situation ist es für die Arbeitgeberseite einfach, die betroffenen Arbeitnehmerinnen und Arbeitnehmer um ihren Lohn zu prellen oder ihnen nur ein Bruchteil dessen auszuzahlen, was zuvor vereinbart wurde. Teilweise glauben die betroffenen Personen auch, dass sie legal als Werkvertragsnehmer beschäftigt seien, werden aber von ihrem Arbeitgeber nicht angemeldet und

2 Zu einer Übersicht der verschiedenen Schätzungen über die Zahl der in Deutschland lebenden Migranten ohne Aufenthaltstitel siehe Vogel, Dita/Gelbrich, Stephanie, *Update report Germany: Estimate on irregular migration for Germany in 2009*, Hamburg Institute of International Economics. Database on Irregular Migration, December 2010, 30.11.2011, *http://irregular-migration.hwwi.net/*. Diese Zahlen zeigen, dass die Zahl irregulärer Migranten in den letzten Jahren stetig abgenommen hat. Im Jahr 2005 lagen die Schätzungen noch bei maximal 675.000 irregulären Migranten in Deutschland. Siehe dazu auch Vogel, Dita, »Rechte von Menschen ohne Aufenthaltsstatus in der Erwerbsarbeit – eine sozialwissenschaftliche Einführung«, in diesem Band, S. 13.

3 Siehe dazu Schönwälder, Karen/Vogel, Dita/ Sciortino, Giuseppe, *Migration und Illegalität in Deutschland*. AKI-Forschungsbilanz I, Berlin 2004, S. 28 f.

4 § 4 Abs. 3 S. 1 AufenthG.

5 Dazu z. B. Unterrichtung durch die Bundesregierung, 11. Bericht der BReg über die Auswirkungen des Gesetzes zur Bekämpfung der illegalen Beschäftigung, BT.-Drs. 16/13768, S. 22.

sind so Manövriermasse.[6] Bei staatlichen Kontrollen geben sie, von Arbeitgeberseite zuvor entsprechend instruiert, zum Teil selbst an, den gesetzlich vorgeschriebenen Lohn zu erhalten und keine Überstunden zu machen, tatsächlich arbeiten sie aber ein Vielfaches mehr für den Bruchteil des Lohnes.[7]

Insbesondere Opfer von Menschenhandel müssen häufig Zwangsarbeit leisten. Dies gilt vor allem für Frauen, die gezwungen werden, in der Sexindustrie zu arbeiten.[8] Eine Studie der Gesellschaft für technische Zusammenarbeit (gtz) über Opfer von Menschenhandel aus Rumänien berichtet, dass 22 Prozent der befragten Opfer keinen Lohn für ihre Arbeit erhalten haben.[9]

Sowohl Opfer von Zwangsarbeit als auch Opfer von Arbeitsausbeutung sind nach deutschem Recht geschützt. Insbesondere haben sie Anspruch auf Zahlung von angemessenem Lohn für bereits geleistete Arbeit.[10] Bei einer Verletzung ihrer Rechte in der Arbeit können sie sich, ebenso wie andere Arbeitnehmerinnen und Arbeitnehmer auch, an die staatlichen Arbeitsschutzbehörden wenden. Darüber hinaus können sie ihre Ansprüche gegen den Arbeitgeber auch gerichtlich geltend machen.[11] Auch aus dem Ausland können diese Klagen geführt werden, wenn sich die Klägerin oder der Kläger von einer in Deutschland niedergelassenen Rechtsanwältin oder einem Rechtsanwalt vertreten lässt.

Sowohl der Kontakt mit den staatlichen Arbeitsschutzbehörden als auch die Klageerhebung sind für die Betroffenen, die sich noch in Deutschland aufhalten, immer mit der Gefahr verbunden, dass die Ausländerbehörde ihren Aufenthalt in Deutschland erfährt und die Abschiebung einleitet, denn auch Gerichte sind unter Umständen verpflichtet, Kenntnisse über den Aufenthaltsstatus einer Ausländerin oder eines Ausländers, die sie in Erfüllung ihrer Aufgaben erlangen, an die Ausländerbehörden oder an die Polizeibe-

6 Siehe Anderson, Philipp/Alt, Jörg, *»Dass Sie uns nicht vergessen …« – Menschen in der Illegalität in München*, München 2003, S. 46.

7 Andersen/Alt, *»Dass Sie uns nicht vergessen …«* [wie Anm. 6], S. 46; ebenso die telefonische Aussage eines Mitarbeiters der Abteilung Finanzkontrolle Schwarzarbeit (FKS) bei der Oberfinanzdirektion Köln am 17.03.2006.

8 Umfassend hat dies Norbert Cyrus in einer Studie für die ILO dargestellt: Cyrus, Norbert, *Menschenhandel und Arbeitsausbeutung in Deutschland*, Bonn 2005.

9 GTZ/United Nations Interregional Crime and Justice Research Institute, *Trafficking of Women from Romania into Germany*, o.O., 2005, S. 45.

10 Siehe dazu auch Lewek, »Arbeitsrechte für Menschen ohne Papiere« [wie Anm. 1], S. 181.

11 Gem. § 2 des Arbeitsgerichtsgesetzes (AGG) sind die Arbeitsgerichte dafür zuständig.

hörden zu melden.[12] Dies ist nicht nur in § 87 Abs. 2 Aufenthaltsgesetz (AufenthG) festgeschrieben, sondern auch in § 13 Abs. 2 des Schwarzarbeitsbekämpfungsgesetzes (SchwarzArbG) und § 405 Abs. 6 des dritten Sozialgesetzbuches (SGB III). Während die letztgenannten Vorschriften Ausnahmen von der Übermittlungspflicht zulassen, wenn schutzwürdige Interessen des Betroffenen dem entgegenstehen, besteht diese Ausnahme bei § 87 Abs. 2 AufenthG nicht. Hier haben die staatliche Arbeitsschutzbehörde oder das Arbeitsgericht die Ausländerbehörde über eine Ausländerin oder einen Ausländer ohne Aufenthaltstitel zu informieren, wenn es davon in Erfüllung seiner Aufgaben Kenntnis erlangt hat.

In der Praxis besteht wegen dieser Regelungen erhebliche Unsicherheit darüber, ob eine Meldepflicht der Gerichte besteht.[13] Diese Unsicherheit führt in der Praxis dazu, dass viele Opfer von Arbeitsausbeutung vor der klageweisen Durchsetzung berechtigter Ansprüche zurückschrecken.[14] Dennoch hat es in der Vergangenheit erfolgreiche Klagen von Arbeitsmigranten und Arbeitsmigrantinnen gegeben. So hat ein serbischer Bauarbeiter Lohnrückstände in Höhe von insgesamt 25.5000 Euro vor dem Arbeitsgericht Celle erstritten.[15] Ihm gelang dies aber nur mit der Unterstützung einer Beratungsstelle der Gewerkschaft Verdi, die auf die Beratung von irregulären Migrantinnen und Migranten spezialisiert war.[16]

Hier zeigt sich ein weiteres Problem: Die betroffenen Personen kennen oftmals ihre Rechte nicht. Vielfach werden sie von Arbeitgebern in die Irre geführt. Ihre vermeintliche Rechtlosigkeit ist in diesen Fällen ein Mittel, den Druck auf die betroffene Person zu erhöhen. Immer wieder drohen Arbeitgeber damit, dass sie die Behörden über den illegalen Aufenthalt informieren.[17] Dies ermöglicht es ihnen auch, die Arbeitsbedingungen kontinuierlich

---

12 Siehe Nr. 87.2.03 der Verwaltungsvorschriften zum Aufenthaltsgesetz. Umfassend dazu Lewek, »Arbeitsrechte für Menschen ohne Papiere« [wie Anm. 1], S. 181.

13 Siehe Lewek [wie Anm. 1], S. 181.

14 So im Ergebnis auch: Akin, Semiha, *Rechte aus dem Arbeitsverhältnis*, Schriftenreihe Migration & Arbeitswelt, Bd. 11, 2002, S. 14.

15 Beispiel aus: Ludwig, Michaela, »Kollege, nicht Konkurrent«, *Mitbestimmung*, H. 12 (2009), S. 39.

16 Die Gewerkschaft ver.di unterhält seit 2009 in mehreren großen Städten Beratungsstellen für irreguläre Migrantinnen und Migranten. Auch das Deutsche Institut für Menschenrechte hat sich in einem Projekt »Zwangsarbeit heute« auf die Stärkung von Beratungsstellen für Opfer von Menschenhandel konzentriert. Siehe dazu die Informationen: 30.11–2011, *www.institut-fuer-menschenrechte.de/projekt-zwangsarbeit-heute.html.*

17 Zum Beispiel Alscher, Stefan/Münz, Rainer/Özcan, Veysel, *Illegal anwesende und illegal beschäftigte Ausländerinnen und Ausländer in Berlin*, Berlin 2001, S. 26; Cyrus, *Menschen-*

zu verschlechtern. So berichtete eine rumänische Frau, die als Altenpflegerin in Berlin arbeitete, dass ihre Arbeitgeberin den Lohn von anfänglich sieben Euro pro Stunde auf vier Euro pro Stunde gesenkt hatte und ihr in einer Auseinandersetzung vorhielt, dass sie »doch eh illegal hier« sei.[18]

Bereits vor der Einreise spielt der Mangel an Informationen eine Rolle, nach Deutschland auch ohne Aufenthaltstitel zu migrieren. So gaben in einer Studie der Europäischen Kommission 64 Prozent der befragten Frauen, die Opfer von Frauenhandel geworden waren, an, dass sie von den Arbeitsvermittlern über die Arbeitsmöglichkeiten und -bedingungen getäuscht wurden.[19] Die Versprechungen der Arbeitsvermittler waren ausschlaggebend dafür, dass sich diese Frauen für eine Einreise in die EU entschieden. Informationen über ihre Rechte erhalten Migrantinnen und Migranten nur durch Nichtregierungsorganisationen und seit einigen Jahren auch von Gewerkschaften.[20] Staatliche Einrichtungen informieren die Migrantinnen und Migranten dagegen in der Regel nicht über ihre Rechte. Insbesondere die Zollbehörden, deren Aufgabe die Bekämpfung der Schwarzarbeit ist, sehen es nicht als ihre Aufgabe an, die entdeckten schwarzarbeitenden Migrantinnen und Migranten über ihre Rechte zu informieren.[21]

So berichtete ein Vertreter des Zollfahndungsdienstes des Zollkriminalamtes (ZKA) von einem Fall, in dem bei der Durchsuchung eines Restaurants ein Chinese festgenommen wurde, der umgerechnet 1,54 Euro Stundenlohn verdient hatte und bis zu 18 Stunden täglich gearbeitet hatte. Unmittelbar nach der Einreise nach Deutschland hatte der Arbeitgeber den Pass, der ein gültiges Visum enthielt, zerrissen. Die Zollfahnder nahmen den Chinesen fest und er kam in die Abschiebungshaft.[22] Über bestehende An-

---

handel und Arbeitsausbeutung [wie Anm. 8], S. 53ff.; United Nations Interregional Crime and Justice Research Institute, *Trafficking in Women from Romania into Germany*, Comprehensive Report 2005, S. 12.

18 Evangelisches Missionswerk (Hg.), *Bloß nicht auffallen! Illegale in Deutschland*, Hamburg 2004, S. 8.

19 Commission of the European Communities DG Justice & Home Affairs, *Research based on case studies of victims of trafficking in human beings in 3 EU Member States*, o.O., o. J, S. 24.

20 Siehe z. B. die Beratungsstellen der Gewerkschaft ver.di in verschiedenen großen Städten. Weitere Informationen dazu: 30.11.2011, *http://migration.verdi.de/copy_of_menschen_ohne_papiere.*

21 So auch die telefonische Auskunft eines Vertreters der Zentralstelle des Zollfahndungsdienstes bei der Oberfinanzdirektion Köln vom 17.03.2006.

22 Beispiel berichtet von einem Vertreter der Zollfahndungskommission Berlin des ZKA auf einer Tagung des DGB am 30.11.2005 zum Umgang mit illegalen Ausländerinnen und Ausländern in Deutschland in Berlin.

sprüche gegen seine Arbeitgeber informierte der Zollfahndungsdienst den Mann nicht.

Dieses Beispiel ist exemplarisch für die Arbeit insbesondere der Polizei- und Ordnungsbehörden. Während der Kontrollen von Arbeitsplätzen sind sie ausschließlich auf die Verfolgung von Schwarzarbeit und anderer Straftatbestände konzentriert. Ausländerinnen und Ausländer, die sie dort ohne Aufenthaltstitel antreffen, werden als Straftäterinnen oder Straftäter wahrgenommen. Dabei übersehen die Polizei- und Ordnungsbehörden, dass diese Personen auch Opfer von Straftaten sein könnten, die ihre Rechte nicht kennen.

Zu diesen Rechten gehören neben dem Lohnanspruch gegen die Arbeitgeberseite auch die sozialversicherungsrechtlichen Anwartschaften, insbesondere die Rentenanwartschaften, die Migrantinnen und Migranten durch ihre Arbeit erworben haben.[23] Die Behörden fordern beim Bestehen eines rechtswidrigen Arbeitsverhältnisses auch die entgangenen sozialrechtlichen Beiträge von der Arbeitgeberseite ein.[24] Die Bundesregierung hat in einem Bericht im Juli 2009 darüber informiert, dass im Jahr 2009 in 194.524 Fällen Nachforderungen der Sozialversicherungen in Höhe von 204.838.620,26 Euro gestellt wurden.[25] Teile dieser Nachforderungen resultieren auch aus der Schwarzarbeit von illegalen Migrantinnen und Migranten. Von ihren erarbeiteten Ansprüchen profitieren also die Sozialversicherungen, nicht aber die Betroffenen selbst.

Auch im Falle von Krankheit, Unfall oder aber Schwangerschaft sind illegale Migrantinnen und Migranten besonders schutzbedürftig, da in all diesen Fällen das Netz, das sie für ihren Aufenthalt in Deutschland geknüpft haben, in der Regel nicht ausreicht.[26] In diesen existentiellen Krisen sind sie auf staatliche Hilfe angewiesen. Staatliche soziale Leistungen stehen zwar

23 Opfer von Menschenhandel haben darüber hinaus neben der strafrechtlichen Möglichkeit, als Nebenkläger aufzutreten, auch zivilrechtliche Schadensersatzansprüche gegen ihre Arbeitgeber.

24 Anknüpfungspunkt für die Pflicht, Sozialabgaben zu leisten, ist das Bestehen eines Arbeitsverhältnisses. In diesem Moment hat der Arbeitgeber gem. § 28a SGB IV eine Meldepflicht an die Behörden und muss Sozialabgaben abführen. Das Unterlassen der Meldung stellt eine Ordnungswidrigkeit dar, § 111 SGB VI. Verknüpft damit ist die Nachzahlung der Sozialabgaben für den Zeitraum, in dem das Arbeitsverhältnis bestand.

25 Elfter Bericht der Bundesregierung über die Auswirkungen des Gesetzes zur Bekämpfung der illegalen Beschäftigung – BillBG –, 3.07.2009, BT-Drs. 16/13768, S. 17.

26 Siehe für exemplarische Darstellung, Huschke, Susann, »Fragiles Netz – Krankheitsrefahrungen undokumentierter Latinas in Berlin«, in: Christiane Falge/Andreas Fischer-Lescano/Klaus Sieveking (Hg.), *Gesundheit in der Illegalität*, Baden-Baden 2009, S. 45 ff.

auch Menschen zur Verfügung, die ohne Aufenthaltstitel in Deutschland leben. So erhalten sie mindestens den gleichen Zugang zum Gesundheitssystem wie Asylbewerberinnen und Asylbewerber.[27] Dieser ist zwar eingeschränkt, aber gewährleistet jedenfalls die Versorgung im Falle einer akuten Krankheit.[28] Aber auch hier besteht die Gefahr, dass der Ausländerbehörde der Aufenthalt der betroffenen Person bekannt wird und deswegen die Abschiebung einleitet wird.

Dazu kommt ein weiteres: Das deutsche Recht wertet sowohl den illegalen Aufenthalt eines einer Ausländerin oder eines Ausländers als auch ihre Erwerbstätigkeit als Straftat. Gem. § 95 AufenthG wird der Aufenthalt in Deutschland ohne Aufenthaltstitel mit Freiheitsstrafe bis zu einem Jahr oder mit Geldstrafe geahndet. Das gleiche gilt für die Schwarzarbeit (§ 95 Abs. 2 in Verbindung mit § 95 Abs. 1 AufenthG). [29]

Der Preis für die Inanspruchnahme staatlicher Hilfe ist für Hilfesuchende also hoch, da dadurch auch in vielen Fällen die Ausländerbehörde Kenntnis vom Aufenthalt der betroffenen Person erhält. Das führt in der Regel zur Einleitung einer Abschiebung sowie zu strafrechtliche Ermittlungen wegen Schwarzarbeit und wegen des illegalen Aufenthalts in Deutschland. Neben der Abschiebung müssen Migrantinnen und Migranten auch mit einem Wiedereinreiseverbot rechnen.[30] Zudem ist die betroffene Person erheblich finanziell belastet, da ihr die Kosten der Abschiebung gem. § 66 Abs. 1 AufenthG in Rechnung gestellt werden. Hinzu kommt regelmäßig eine Geldstrafe wegen der illegalen Beschäftigung und des illegalen Aufenthalts.[31]

Auch wenn also Migrantinnen und Migranten im deutschen Recht in ihren Rechten in der Arbeit geschützt sind, so bestehen also dennoch erhebliche Probleme bei der Durchsetzung dieser Rechte.

---

27 Siehe umfassend zur Gesundheitsversorgung: Gerdsmeier, Katrin, »Gesundheitsversorgung statusloser Ausländer«, in: Barwig/Beichel-Benedetti/Brinkmann, *Hohenheimer Tage zum Ausländerrecht 2010*, Baden-Baden 2011, S. 163ff.

28 Zur Kritik am Asylbewerberleistungsgesetz siehe z. B. Amnesty International, Stellungnahme an das Bundesverfassungsgericht vom 14.12.2010, 30.11.2011, *http://www.amnesty.de/asylpolitik/2010/12/gewaehrleistung-eines-menschenwuerdigen-existenzminimums-als-menschenrecht-fuer-?.*

29 Zum Problem der zunehmenden Kriminalisierung siehe auch den UN-Sonderberichterstatter für das Recht von Migrantinnen und Migranten: Bustamante, Jose, Bericht vom 3. 8. 2010 an den UN-Menschenrechtsrat, UN-GA Dokument A/65/222, S. 6 ff.

30 § 11 Abs. 1 AufenthG.

31 Im Jahr 2009 wurden insgesamt 7.389 Personen wegen eines Verstoßes gegen das AufenthaltsG verurteilt, in 6.527 Fällen wurde eine Geldstrafe verhängt (Statistisches Bundesamt, *Fachserie 10, Reihe 3, Rechtspflege 2009*, S. 492).

II. Die menschenrechtlichen Verpflichtungen Deutschlands gegenüber irregulären Migrantinnen und Migranten

Deutschland hat sich mit der Ratifizierung zahlreicher internationaler Menschenrechtsverträge verpflichtet, die Menschenrechte aller auf seinem Staatsgebiet lebenden Menschen zu achten, zu schützen und zu gewährleisten.[32] Dabei kommt es auf den Aufenthaltsstatus der Person, die sich in Deutschland aufhält, nicht an.[33] Zu den Kernpflichten gehört es, das Verbot der Diskriminierung zu achten und sicherzustellen, dass Menschenrechte nicht nur de- jure, sondern auch de facto geschützt werden. Diese Pflicht ist in allen Menschenrechtsverträgen enthalten, zum Beispiel Art. 2 Abs. 2 UN-Sozialpakt und Art. 2 Abs. 1 UN-Zivilpakt.

Was das Diskriminierungsverbot beinhaltet, haben die Ausschüsse, die durch die jeweiligen menschenrechtlichen Verträge eingesetzt wurden, um die Einhaltung der Verträge zu überwachen, [34] in so genannten allgemeinen Bemerkungen[35] näher ausgeführt. Auch wenn die allgemeinen Bemerkungen selbst nicht rechtlich verbindlich sind, so sind sie dennoch von den Staaten bei der Auslegung ihrer Verpflichtungen aus den Menschenrechtsverträgen zu berücksichtigen, da es sich um Auslegung von den Gremien handelt, die bereits im Vertrag selbst dazu bestimmt wurden, die Einhaltung der in

32 Insbesondere hat Deutschland die Kernmenschenrechtsverträge der Vereinten Nationen ratifiziert: internationale Pakt für bürgerliche und politische Rechte (Zivilpakt: BGBl. 1973 II 1553, für Deutschland seit 1976 in Kraft), internationale Pakt für wirtschaftliche, soziale und kulturelle Rechte (Sozialpakt: BGBl. 1973 II 1569, für Deutschland seit 1976 in Kraft), das internationale Übereinkommen gegen Rassismus (Antirassismuskonvention: BGBl. 1969 II 961, für Deutschland seit 1969 in Kraft), Übereinkommen gegen Folter und andere grausame, unmenschliche oder erniedrigende Behandlung oder Strafe (Antifolterkonvention: BGBl. 1990 II, 246, für Deutschland seit 1990 in Kraft), Übereinkommen zur Beseitigung jeder Form von Diskriminierung der Frau (CEDAW: BGBl. 1995 II 648, für Deutschland seit 1995 in Kraft), Übereinkommen über die Rechte des Kindes (Kinderrechtskonvention: BGBl. 1992 II 315, für Deutschland seit 1992 in Kraft).

33 Lediglich einige Rechte sind ausdrücklich Bürgerrechte, so z. B. Art. 25 des UN-Zivilpakts, der auf Staatsbürger abstellt.

34 Siehe z. B. Art. 28 UN-Zivilpakt, der die Einsetzung eines Ausschusses für Menschenrechte vorsieht, der aus 18 unabhängigen Expertinnen und Experten besteht.

35 Die Möglichkeit, allgemeine Bemerkungen zu veröffentlichen, ist in einigen der UN-Menschenrechtsverträge direkt vorgesehen, z. B. Art. 9 Abs. 2 ICERD. Zu den allgemeinen Bemerkungen der UN-Menschenrechtsausschüsse siehe Klein, Eckart, »Die Allgemeinen Bemerkungen und Empfehlungen der VN-Vertragsorgane«, in: Deutsches Institut für Menschenrechte (Hg.), *Die General Comments zu den VN-Menschenrechtsverträgen*, Baden-Baden 2006, S. 19 ff.

den Verträgen enthaltenen Rechte zu überwachen.[36] 2005 hat der UN-Ausschuss zur Bekämpfung des Rassismus[37] in einer allgemeinen Bemerkung hervorgehoben, dass auch eine Ungleichbehandlung wegen der Staatsangehörigkeit eine Diskriminierung darstellen kann.[38]

»Article 5 of the Convention incorporates the obligations of States parties to prohibit and eliminate racial discrimination in the enjoyment of civil, political, economic, social and cultural rights. Although some of these rights, such as the right to participate in elections, to vote and to stand for election, may be confined to citizens, human rights are, in principle, to be enjoyed by all persons. States parties are under an obligation to guarantee equality between citizens and non-citizens in the enjoyment of these rights to the extent recognized under international law.«[39]

Der Ausschuss betont insbesondere die Verpflichtung der Staaten, die Ausübung der wirtschaftlichen, sozialen und kulturellen Rechte zu gewährleisten. Unter anderem obliegen dem Vertragsstaat folgende Verpflichtungen:

»remove obstacles that prevent the enjoyment of economic, social and cultural rights by non-citizens, notably in the area of education, housing, employment and health; ensure that public educational institutions are open to non-citizens and children of undocumented immigrants residing in the territory of a State party; recognize that, while States parties may refuse to offer jobs to non-citizens without a work permit, all individuals are entitled to the enjoyment of labour and employment rights, including the freedom of assembly and association, once an employment relationship has been initiated until it is terminated [...].«[40]

36 Zur Bedeutung der Allgemeinen Bemerkungen für die Auslegung internationaler Normen z. B. Fischer-Lescano, Andreas/Horst, Johan, »Das Pönalisierungsverbot aus Art. 31 GFK«, *ZAR*, H. 3 (2011), S. 81/85.

37 Dieser Ausschuss wurde gem. Art. 8 ICERD eingerichtet und besteht aus 18 unabhängigen Experten und Expertinnen.

38 Siehe General Recommendation 30 on Discrimination Against Non-Citizens, HRI/GEN/1/Rev.7/Add.1. vom 04.05.2005.

39 »Art. 5 der Konvention beinhaltet die Pflichten der Staaten, rassistische Diskriminierung bei der Ausübung der bürgerlichen, politischen, wirtschaftlichen, sozialen und kulturellen Rechte zu verbieten und zu beenden. Auch wenn einige dieser Rechte, wie das Recht, an Wahlen teilzunehmen, zu wählen und sich wählen zu lassen, auf Staatsbürger begrenzt sein können, so gelten doch Menschenrechte im Grundsatz für alle Menschen. Vertragsstaaten haben die Pflicht, die Gleichzeit zwischen Staatsangehörigen und Nicht-Staatsangehörigen in der Ausübung dieser Rechte sicherzustellen, soweit sie im internationalen Recht anerkannt sind.« (Übersetzung der Autorin).

40 General Recommendation 30 on Discrimination Against Non-Citizens, a.a.O., Rn 30, 35, 36. »Die Beseitigung von Hindernissen, die Nicht-Staatsangehörige in der Wahrnehmung ihrer wirtschaftlichen, sozialen und kulturellen Rechte behindern, insbesondere in dem Bereich der Bildung, der Wohnung, der Beschäftigung und der Gesundheit; Sicherstellung, dass öffentliche Bildungseinrichtungen zugänglich sind für Nicht-Staatsangehö-

Diese Auslegung ist auch von anderen Ausschüssen, welche die Einhaltung der Menschenrechtspakte überwachen, unterstrichen worden. Beispielhaft ist hier der Menschenrechtsausschuss[41], der im Jahr 2004 erneut hervorhob:

»Wie bereits in der Allgemeinen Bemerkung Nr. 15 auf der 27. Sitzung (1986) erwähnt, beschränkt sich der Genuss der Paktrechte nicht nur auf Staatsbürger und Staatsbürgerinnen, sondern erstreckt sich auf jedermann, unabhängig von Staatsangehörigkeit oder Staatenlosigkeit, wie zum Beispiel Asylsuchende, Flüchtlinge, Migrantinnen und Migranten oder jede andere Person, die sich auf dem Staatsgebiet oder innerhalb der Staatsgewalt eines Vertragsstaates befindet.«[42]

Diese Auslegung bestätigt die Auffassung des Sozialausschusses, die dieser in einer allgemeinen Bemerkung zum Recht auf Gesundheit dargelegt hat. Darin betont er den gleichberechtigten Zugang zu Gesundheitsleistungen, namentlich auch für Menschen ohne Aufenthaltstitel.[43]

Deutschland hat neben dem Diskriminierungsverbot die Pflicht, den Zugang zu Menschenrechten nicht nur de-jure, sondern auch de-facto zu gewähren. Das bedeutet, dass die gesetzlich verankerten Rechte auch tatsächlich wahrgenommen werden können. So müssen tatsächlich bestehende Zugangsschwellen gesenkt werden, um sicherzustellen, dass alle Bevölkerungsgruppen, insbesondere schwächere Personengruppen, ihre Menschenrechte wahrnehmen können.[44]

In den von Deutschland ratifizierten internationalen Menschenrechtsverträgen sind die Rechte in der Arbeit umfassend geschützt. So schützen zum Beispiel Art. 7 und 8 des UN-Sozialpakts die Rechte in der Arbeit, Art. 8 des UN-Zivilpakts verbietet die Sklaverei und Zwangsarbeit, Art. 11 der

---

rige und Kinder von irregulären Migranten, die im Staatsgebiet wohnen; Anerkennung, dass Vertragsstaaten zwar das Anbieten von Stellen an Nicht-Staatsangehörige ohne Arbeitserlaubnis verweigern können, dass aber jeder Mensch die Arbeits- und Beschäftigungsrechte, einschließlich der Versammlungs- und Vereinigungsfreiheit, dann in Anspruch nehmen darf, wenn ein Arbeitsverhältnis begonnen hat, bis es endet […]«. (Übersetzung der Autorin).

41 Dieser wurde gem. Art. 28 UN-Zivilpakt eingesetzt [wie Anm. 34].

42 Menschenrechtsausschuss, allg. Bemerkung Nr. 31 zu Art. 2 (2004), CCPR/C/21/Rev.1/Add. 13, vom 26.05.2004, RN. 10, in der Übersetzung des Deutschen Instituts für Menschenrechte (Hg.), *Die General Comments zu den VN-Menschenrechtsverträgen*, Baden-Baden 2004, S. 156.

43 Ausschuss für soziale, wirtschaftliche und kulturelle Rechte, allg. Bemerkung Nr. 14 zu Art. 12, CESCR E/C.12/2000/4 vom 11.08. 2004.

44 Siehe dazu die allgemeine Bemerkung Nr. 31 des Menschenrechtsausschusses.

UN-Frauenrechtskonvention verbietet die Diskriminierung der Frau in der Arbeit.

Eine herausragende Rolle bei der Definition der für die Arbeit maßgeblichen Standards spielt die ILO. Zentral sind die Kernarbeitsnormen, die 1998 in einer tripartiten Erklärung von der ILO angenommen wurden.[45] Darüber hinaus hat die ILO in zahlreichen Konventionen die Mindestarbeitsbedingungen ausgestaltet. So verpflichtet das ILO-Übereinkommen über Leistungen bei Invalidität und Alter und an Hinterbliebene (ILO-Konvention Nr. 128) die Vertragsstaaten, Leistungen für Invalidität und Alter für alle Bewohner der Vertragsstaaten zu gewähren.[46] Das ILO-Übereinkommen über ärztliche Betreuung und Krankengeld (ILO-Übereinkommen Nr.130[47]) etabliert für denselben Personenkreis eine Verpflichtung des Staates, die Krankenversorgung dieser Personen zu gewährleisten. Das ILO-Übereinkommen über den bezahlten Jahresurlaub (ILO-Konvention Nr. 132) sieht einen Anspruch auf mindestens drei Wochen Jahresurlaub für alle Arbeitnehmer und Arbeitnehmerinnen vor, die im Vertragsstaat ihren gewöhnlichen Aufenthalt haben.[48] Auch für spezifische Berufsgruppen wie Personen, die in der Baubranche arbeiten, hat die ILO in Konventionen die Pflichten des Vertragsstaates geregelt.[49]

Bereits heute sind also irreguläre Migrantinnen und Migranten in ihren grundlegenden Rechten in der Arbeit durch internationale Menschenrechtsverträge umfassend geschützt.[50]

---

45 Erklärung der IAO über grundlegende Prinzipien und Rechte bei der Arbeit und ihre Folgemaßnahmen, angenommen von der Internationalen Arbeitskonferenz auf ihrer 86. Tagung, Genf, 18. Juni 1998.

46 Deutschland hat diese Konvention am 15.01.1971 ratifiziert.

47 Von Deutschland am 08.08.1974 ratifiziert.

48 Deutschland hat diese Konvention am 30.04.1975 ratifiziert. Es hat den Mindesturlaub bei Ratifizierung auf 18 Tage festgelegt. Die Konvention ist vom Bundesarbeitsgericht immer wieder herangezogen worden, zum Beispiel BAG vom 28.11.1990, NZA 91, 423.

49 So zum Beispiel im ILO-Übereinkommen über den Arbeitschutz im Bauwesen (ILO-Konvention Nr. 167), die von Deutschland am 18.11.1993 ratifiziert wurde.

50 Die ILO unterstreicht, dass die Kernarbeitsnormen unabhängig von der Ratifizierung der jeweiligen Konvention der ILO in allen Mitgliedstaaten der ILO verbindlich sind, siehe Erklärung über Kernarbeitsnormen [wie Anm. 45], unter 2.

III. Das Internationale Übereinkommen zum Schutz der Rechte aller Wanderarbeitnehmer und ihrer Familienangehörigen (UN-Wanderarbeitnehmerkonvention)

Die UN-Wanderarbeitnehmerkonvention konkretisiert die Menschenrechte für die spezifische Situation von Migrantinnen und Migranten. Von großer Bedeutung für die Stärkung der Situation von irregulären Migrantinnen und Migranten sind die ausführlichen Informationsrechte, die sie normiert, ebenso wie die Pflicht der Vertragsstaaten zur internationalen Kooperation.

1. Entstehungsgeschichte

Die Anfänge der UN-Wanderarbeitnehmerkonvention gehen in die 1970er Jahre zurück, als Massenausweisungen in einigen Staaten international zu der Diskussion führten, wie Migrantinnen und Migranten besser geschützt werden könnten.[51] Weil kein internationales Instrument existierte, das direkt auf den Schutz der Menschenrechte von Ausländerinnen und Ausländern gerichtet war, beauftragte die UN-Generalversammlung im Jahr 1979 eine Arbeitsgruppe mit der Erarbeitung einer Konvention zum Schutz von Migrantinnen und Migranten.[52]

Deutschland stand diesem Vorhaben, ebenso wie andere Industriestaaten, schon damals skeptisch gegenüber und enthielt sich sowohl im ECOSOC als auch in der Generalversammlung bei der Abstimmung über die Erarbeitung einer Wanderarbeitnehmerkonvention.[53] In der von der Generalversammlung beauftragten Arbeitsgruppe unterstrich Deutschland wiederholt seine Vorbehalte gegenüber einer Menschenrechtskonvention, die

51 Auch in anderen internationalen Gremien wurde die Frage, wie Wanderarbeitnehmerinnen und Wanderarbeitnehmer besser geschützt werden könnten, diskutiert: In der ILO wurde deswegen das Übereinkommen über Missbräuche bei Wanderungen und die Förderung der Chancengleichheit und der Gleichbehandlung der Wanderarbeitnehmer von 1975 (Konvention Nr. 143) angenommen. Der Europarat entwickelte in den 1970er Jahren das Europäische Übereinkommen über den rechtlichen Status von Wanderarbeitern.

52 UN Doc. E/CN.4/Sub.2/392/Rev. 1 (1980). Siehe zur Entstehungsgeschichte auch Hildner, Guido, »Die Vereinten Nationen und die Rechte der Ausländer«, *Vereinte Nationen*, Nr. 2 (1990), S. 47–51, S. 49.

53 ECOSOC, Res. 1979/13, GA Res. 34/172, beides in U.N. Yearbook 1979, S. 874 ff.

alle Migrantinnen und Migranten berücksichtigen sollte.[54] Die Bundesrepublik befürchtete, dass eine solche Konvention den Anreiz für Migrantinnen und Migranten erhöhen würde, irregulär einzureisen.

1990 nahm die Generalversammlung schließlich die Wanderarbeitnehmerkonvention an und empfahl allen Staaten, sie zu ratifizieren. Dieser Empfehlung folgten zunächst nur sehr wenige Staaten. Erst nachdem seit 1999 Nichtregierungsorganisationen gemeinsam mit der UN und der Internationalen Organisation for Migration (IOM) eine groß angelegte Ratifizierungskampagne zugunsten der UN-Wanderarbeitnehmerkonvention durchführten, kamen bis 2003 die 20 Ratifizierungen, die für das Inkrafttreten der Wanderarbeitnehmerkonvention notwendig waren, zusammen.[55] Heute ist die Konvention von 44 Staaten ratifiziert worden.[56] Mitgliedstaaten der Europäischen Union haben die Konvention bisher weder unterzeichnet noch ratifiziert.

2. Anwendungsbereich der Wanderarbeitnehmerkonvention

Art. 2 definiert den Kreis der durch die Konvention geschützten Personen. »Wanderarbeiternehmer« ist gemäß Art. 2 Abs. 1 jede Person, die in einem Staat, dessen Staatsangehörigkeit sie nicht hat, eine Tätigkeit gegen Entgelt ausüben wird, ausübt oder ausgeübt hat. Dabei ist der Begriff »Wanderarbeitnehmer« in zweierlei Hinsicht irreführend; zum einen werden durch die Konvention nicht nur angestellte Arbeitnehmerinnen und Arbeitnehmer geschützt, sondern auch Selbständige. Zum anderen ist auch eine Person geschützt, die nie migriert ist, sondern immer in einem Staat gelebt hat, aber nicht die Staatsangehörigkeit dieses Staates besitzt. Über diese allgemeine Definition des Wanderarbeitnehmers hinaus bestimmt die Konvention in Art. 2 Abs. 2 spezifische Gruppen von Migrantinnen und Migranten, die in den Schutzbereich der Konvention fallen, zum Beispiel Grenzgängerinnen

54 Hildern, »Die Vereinten Nationen« [wie Anm. 52], S. 47 zu der Arbeitsgruppe.

55 Global Campaign for the Ratification of the 1990 United Nations Convention on the Protection of the Rights of all Migrant Workers and Members of Their Families.

56 Albanien, Algerien, Argentinien, Aserbaidjan, Belize, Bolivien, Bosnien und Herzegovina, Burkina Faso, Kap Verde, Chile, Kolumbien, Ecuador, Ägypten, El Salvador, Ghana, Guatemala, Guinea, Guyana, Honduras, Jamaika, Kirgistan, Lesotho, Libyen, Mali, Mauretanien, Mexiko, Marokko, Nicaragua, Niger, Nigeria, Paraguay, Peru, Philippinen, Ruanda, Senegal, Seychellen, Sri Lanka, St. Vicent and the Grenadines, Syrien, Tadschikistan, Timor-Leste, Türkei, Uganda, Uruguay.

und Grenzgänger ebenso Saisonarbeitnehmer und Saisonarbeitnehmerinnen. Nicht anwendbar ist die Konvention auf Flüchtlinge und Asylsuchende. Diese sind von der Genfer Flüchtlingskonvention in ihren Rechten geschützt. Auch Staatenlose sind nicht von der Konvention umfasst.[57]

Die Konvention gilt also für alle Migrantinnen und Migranten, unabhängig davon, ob sie mit einem Aufenthaltstitel in einem Land leben oder irregulär. Zudem soll die Konvention gem. Art. 1 für alle Wanderarbeiter und ihre Familienangehörigen während des gesamten Migrationsprozesses gelten. Dazu gehören sowohl die Vorbereitung der Ausreise als auch die Rückkehr in den Herkunftsstaat. Der Schutz der Wanderarbeitnehmerkonvention erstreckt sich mit anderen Worten auch schon auf den Zeitraum vor der tatsächlichen Migration und umfasst auch die Zeit nach der Rückkehr in den Herkunftsstaat. So gibt die Konvention den geschützten Personen bereits vor der Ausreise ein Recht auf Information gegenüber dem zukünftigen Beschäftigungsstaat, über die Zulassung im Beschäftigungsstaat und die Voraussetzungen für die Arbeitsaufnahme, Art. 37. Nach Beendigung der Tätigkeit und Rückkehr in den Heimatstaat sollen die Vertragsstaaten die Wanderarbeitnehmer von Einfuhr- und Ausführzöllen und –abgaben für ihre persönliche Habe und ihr Haushaltsgut befreien.

3. Geschützte Rechte

Im Schutzumfang unterscheidet die Konvention zwischen Rechten, die für alle Migrantinnen und Migranten gelten, unabhängig davon, ob sie einen Aufenthaltstitel oder eine Arbeitserlaubnis haben und darüber hinausgehende Rechte für Migrantinnen und Migranten, die legal, das heißt mit Aufenthaltserlaubnis und Arbeitserlaubnis, im Land leben.

Die Rechte aller Migrantinnen und Migranten sind in Teil drei der Konvention aufgenommen. Gegen das Votum einiger Staaten, darunter Deutschland, sollte damit unterstrichen werden, dass die Menschenrechte universell und deswegen auch für Menschen gelten, die ohne Aufenthaltsstatus in einem Land leben. Ein weiterer Grund für die explizite Nennung der Rechte von Menschen ohne Aufenthaltserlaubnis wird in der Präambel hervorgeho-

57 Staatenlose sind international durch das Übereinkommen über die Rechtsstellung der Staatenlosen geschützt. Übereinkommen über die Rechtsstellung der Staatenlosen vom 28.09.1954, BGBl. 1976 II, S. 473. In Deutschland sind sie durch das Gesetz über die Rechtstellung heimatloser Ausländer (HeimatlAuslG) geschützt.

ben: einer »Beschäftigung von Wanderarbeitnehmern, deren Status nicht geregelt ist, auch dadurch entgegengewirkt [...], dass die grundlegenden Menschenrechte aller Wanderarbeitnehmer eine weitergehende Anerkennung finden [...].«

Bei den grundlegenden bürgerlichen und politischen Menschenrechten, die für alle Migrantinnen und Migranten gelten, handelt es sich insbesondere um eine Bekräftigung der Rechte, die bereits im internationalen Übereinkommen über bürgerliche und politische Rechte (UN-Zivilpakt) enthalten sind.[58] Darüber hinaus werden diese Rechte für die spezifische Situation von Migrantinnen und Migranten konkretisiert. So behandelt Art. 16 das Recht auf persönliche Sicherheit und Freiheit und legt dabei unter anderem in Absatz 7 auch fest, dass Migrantinnen und Migranten das Recht zur Kontaktaufnahme mit ihrem Herkunftsstaat haben, wenn sie in Haft sind.[59] Artikel 17 beinhaltet die habeas-corpus-Rechte, das heißt die Rechte, die einer Person bei ihrer Verhaftung zustehen, und legt dabei in Absatz 3 auch fest, dass Personen, die wegen eines Verstoßes gegen ausländerrechtliche Vorschriften in Haft sitzen, soweit möglich getrennt von Strafverurteilten oder Untersuchungshäftlingen unterzubringen sind.[60] Art. 22 regelt den Schutz vor Ausweisungen. Danach muss u.a. jede Ausweisung einzeln geprüft werden. Migrantinnen und Migranten dürfen nur aufgrund einer gesetzlichen Entscheidung ausgewiesen werden. Die Entscheidung ist ihnen in einer ihnen verständlichen Sprache mitzuteilen.

Bezüglich der wirtschaftlichen und sozialen Rechte ist die Wanderarbeitnehmerkonvention zurückhaltender, soweit sie diese Rechte für alle Migrantinnen und Migranten verbürgt. Dennoch sind die Rechte in der Arbeit umfassend geregelt. Dabei sind die Rechte in der Arbeit vom Recht auf Arbeit zu unterscheiden. Während letzteres dem Staat die Pflicht auferlegt, dass jeder freien Zugang zum Arbeitsmarkt hat[61], schützen die Rechte in der Arbeit eine Person in einem schon bestehenden Arbeitsverhältnis. Sie treffen keine Aussage darüber, unter welchen Voraussetzungen eine Person Zugang zum Arbeitsmarkt erhält. Dabei ist aber im Auge zu behalten, dass der Zugang zum Arbeitsmarkt eng mit den Beschäftigungskonditionen und den Rechten

58 Vergleiche Art. 6–19 des UN-Zivilpakts.

59 Siehe auch Art. 36 der Wiener Konsularrechtskonvention (WKRK).

60 Deutschland hat bereits in den Verhandlungen zur UN-Wanderarbeitnehmerkonvention dagegen gestimmt.

61 Der UN-Sozialausschuss hat sich in der allgemeinen Bemerkung Nr. 18 vom 24.11. 2005 umfassend mit dem Recht auf Arbeit befasst. Siehe umfassend zu diesem Recht: Körner, Marita, *Das internationale Menschenrecht auf Arbeit*, Berlin 2004.

in der Arbeit verknüpft ist.[62] So unterstreicht der UN-Sozialausschuss, dass das Recht auf Arbeit ein Recht auf *angemessene* Arbeit ist.

Während der Sozialpakt in Art. 6 explizit das Recht auf Arbeit normiert und in Art. 7 und 8 die damit zusammenhängenden Rechte in der Arbeit benennt, enthält die Wanderarbeitnehmerkonvention lediglich Ausführungen zu den Rechten in der Arbeit, soweit sie alle Migrantinnen und Migranten betreffen, das heißt irreguläre wie reguläre. In Art. 25 wird geregelt, dass Migrantinnen und Migranten bezüglich des Arbeitsentgelts und der Arbeitsbedingungen, das heißt Überstunden, Arbeitszeit, wöchentliche Ruhezeiten, bezahlter Jahresurlaub, Arbeitsschutz, Gesundheitsschutz und Beendigung des Beschäftigungsverhältnisses mit den Staatsbürgern des Beschäftigungsstaates gleichbehandelt werden müssen. Art. 26 behandelt das Recht aller Migrantinnen und Migranten, an Tätigkeiten und Veranstaltungen von Gewerkschaften teilzunehmen, einer Gewerkschaft frei beizutreten und Gewerkschaften um Hilfe zu bitten.

Wenn die Voraussetzungen nach nationalem Recht und nach zwei- oder mehrseitigen internationalen Verträgen erfüllt sind, sollen Wanderarbeitnehmer und ihre Familien gemäß Art. 27 mit den Staatsangehörigen des Beschäftigungsstaates bezüglich der sozialen Sicherung gleichbehandelt werden. Unter sozialer Sicherung sind Leistungen im Falle von Krankheit, Invalidität, Arbeitslosigkeit und im Alter zu verstehen.[63]

Besonders hervorzuheben ist, dass die UN-Wanderarbeitnehmerkonvention ausdrückliche Informationsrechte für alle Migrantinnen und Migranten normiert. Damit soll sichergestellt werden, dass die betroffenen Personen über ihre Rechte nach der Konvention und nach den Rechtsvorschriften und Gepflogenheiten im Herkunfts-, Transit- und Empfangsstaat umfassend informiert sind.[64] All diese Auskünfte sollen kostenlos und in einer für den Migranten verständlichen Sprache zur Verfügung gestellt werden.

Das Recht auf Information ist Bestandteil aller Menschenrechte. Nur wenn eine Person ihre Rechte kennt, kann sie diese einfordern und wahrneh-

62 So auch der UN-Ausschuss für wirtschaftliche, soziale und kulturelle Rechte, Allgemeine Bemerkung 18, Rn. 9, CESCR E/C.12/GC/18 vom 6.02.2005, ausführliche Darstellung: Körner, *Das internationale Menschenrecht* [wie Anm. 61], S. 12 ff.

63 ILO-Konvention Nr. 118 über die Gleichbehandlung bezüglich der sozialen Sicherheit nennt folgende Leistungen: ärztliche Betreuung, Krankengeld, Leistungen bei Mutterschaft, Leistungen bei Invalidität, Leistungen bei Alter, Leistungen an Hinterbliebene, Leistungen bei Arbeitsunfällen und Berufskrankheiten, Leistungen bei Arbeitslosigkeit, Familienleistungen.

64 Siehe insbesondere Art. 33 der Konvention.

men. In älteren Menschenrechtsübereinkommen, wie dem UN-Zivil- und dem UN-Sozialpakt, sind diese Informationsrechte nicht ausdrücklich benannt, sondern werden vorausgesetzt. Nachdem sich gezeigt hat, dass dies nicht ausreicht, sind in neueren Menschenrechtsverträgen, wie zum Beispiel in der Kinderrechtskonvention,[65] Informationsrechte ausdrücklich enthalten. Für Migrantinnen und Migranten spielen Informationsrechte auch deswegen eine wichtige Rolle, weil sie Schutz vor Ausbeutung bieten können. Eine Person, die ihre Rechte im Beschäftigungsstaat kennt, kann nicht aufgrund von falschen Informationen ausgebeutet werden.[66]

Gemäß Art. 83 der Konvention sind die Vertragsstaaten verpflichtet, allen Personen, die eine Verletzung ihrer Rechte aus der Wanderarbeitnehmerkonvention geltend machen, Zugang zu den nationalen Gerichten zu ermöglichen. Damit soll sichergestellt werden, dass Migrantinnen und Migranten ihre Rechte aus der Konvention auch durchsetzen können. Außerdem sind die Vertragsstaaten gemäß Art. 84 verpflichtet, die in der Wanderarbeitnehmerkonvention enthaltenen Rechte in innerstaatliches Recht umzusetzen.

4. Pflicht zur internationalen Kooperation

Die Wanderarbeitnehmerkonvention will Menschen in allen Phasen der Migration schützen. Deswegen verlangt die Konvention von den Staaten die Wahrnehmung ihrer Pflichten gleichermaßen als Entsende-, Transit- oder Empfängerstaaten. Damit geht einher, dass die Konvention die Vertragsstaaten an verschiedenen Stellen zur Kooperation auffordert. So werden die Vertragsstaaten verpflichtet »vernünftige, gerechte, humane und rechtmäßige Bedingungen« für die internationale Migration zu schaffen.[67] Beispielhaft für eine Verpflichtung, die unterschiedliche Staaten treffen kann, ist auch Art. 29. Danach haben alle Kinder das Recht auf einen Namen, auf Registrierung ihrer Geburt und auf eine Staatsangehörigkeit. Damit schafft Art. 29 zum einen die Verpflichtung des Aufnahmestaates, das Kind zu registrieren.

65 Art. 42 der UN-Kinderrechtskonvention.

66 Das Übereinkommen des Europarates zur Bekämpfung des Menschenhandels vom 16.05.2005 erkennt dies ausdrücklich an, insbesondere in Art. 5 des Übereinkommens. Deutschland hat dieses Übereinkommen gezeichnet, bisher aber noch nicht ratifiziert.

67 Zum Beispiel Art. 64 (Konsultationen zur Schaffung von gerechten Wanderungsbewegungen), Art. 67 (Rückkehr der Wanderarbeitnehmer in den Heimatstaat), Art. 68 (Bekämpfung der illegalen Migration).

Gleichzeitig wird damit regelmäßig die Verpflichtung des Herkunftsstaates der Eltern begründet, dem Kind die Staatsbürgerschaft der Eltern zu verleihen.[68] Ein weiteres Beispiel dafür, dass die Konvention mehr als nur einen Staat verpflichtet, ist Art. 23. In diesem wird der konsularische Schutz für Migrantinnen und Migranten in Bezug auf die Rechte der Konvention postuliert: Während der Aufnahmestaat verpflichtet ist, diesen konsularischen Schutz zu ermöglichen, muss der Herkunftsstaat auf die Einhaltung der Rechte aus der Wanderarbeitnehmerkonvention im Empfängerstaat achten. Selbstverständlich kann diese Verpflichtung, soweit sie auf die Rechte der Wanderarbeitnehmerkonvention beschränkt ist, nur für solche Staaten gelten, die die Wanderarbeitnehmerkonvention ratifiziert haben.[69]

IV. Bedenken der Bundesregierung gegen eine Ratifizierung

Deutschland hat von Anfang an Bedenken gegen die Konvention geäußert. Diese Bedenken sind bis jetzt von der Bundesregierung aufrechterhalten worden. Zuletzt hat sie diese Bedenken 2010 bestätigt.[70]

Im Wesentlichen nennt die Bundesregierung drei Gründe, warum sie das Übereinkommen nicht ratifiziert.

Erstens seien die grundlegenden Menschenrechte bereits im Zivilpakt und im Sozialpakt verankert. Diese Rechte gelten ohne Ausnahme auch für Wanderarbeitnehmer und Wanderarbeitnehmerinnen.

Zweitens sei der Begriff des »Wanderarbeitnehmers« zu wenig differenziert und schließe auch Personen ein, die sich unerlaubt aufhalten und unerlaubt einer Beschäftigung nachgehen. Die Position der Wanderarbeitnehmer und Wanderarbeitnehmerinnen, die sich illegal aufhalten, werde hierdurch in einer Weise geschützt, die weit über das unbestrittene Erfordernis hinausgeht, ihre Menschenrechte zu gewährleisten. Die Regelungen der UN-Wanderarbeitnehmerkonvention seien deswegen geeignet, den Anreiz zu verstär-

68 Vorausgesetzt, dass diese Staaten das so genannte *Ius sanguinis* zur Bestimmung der Staatsbürgerschaft zugrunde legen. Dies ist bei fast allen Staaten der Welt der Fall.

69 In allen anderen Fällen kann sich der Betroffene auf Art. 36 der Wiener Konsularrechtskonvention berufen, der auch ein Individualrecht auf konsularischen Schutz beinhaltet. Siehe zur Auslegung: IGH, LaGrand Case (Germany v United States of America), Judgement, I.C.J. Reports, S. 466.

70 Siehe Antwort des Staatssekretärs Hoofe auf die schriftliche Frage des Abgeordneten Sevim Dagdalen vom 8. April 2010, BT-Drs. 17/1342, S. 22.

ken, ohne entsprechenden Aufenthaltstitel in Deutschland einer Beschäftigung nachzugehen. Schließlich stehe die Harmonisierung des Migrationsrechts auf europäischer Ebene der Ratifizierung entgegen. Ein einseitiges Vorgehen würde Deutschland in dieser Frage isolieren.[71]

All diese Gründe halten einer näheren Betrachtung nicht stand. Auch wenn es richtig ist, dass Migrantinnen und Migranten bereits durch den UN-Sozialpakt und den UN-Zivilpakt geschützt sind. Gleichzeitig konkretisieren jüngere Menschenrechtsverträge die dort normierten Rechte für bestimmte, besonders schutzbedürftige Gruppen. Zuletzt ist dies der Fall bei dem Übereinkommen über die Menschenrechte von Menschen mit Behinderungen (UN-Behindertenkonvention) gewesen, die von der UN-Generalversammlung im Jahr 2006 angenommen wurde. Die Bundesregierung hat die Verhandlungen zu dieser Konvention aktiv unterstützt und dieses Übereinkommen bereits ratifiziert.[72] Hier hat die Bundesregierung immer wieder unterstrichen, wie wichtig es sei, die Menschenrechte für die spezifische Situation von Menschen mit Behinderungen zu definieren.[73]

Die UN-Wanderarbeitnehmerkonvention ist ähnlich wie die UN-Behindertenkonvention zu beurteilen: auch sie konkretisiert die Menschenrechte für die spezifische Situation von Migrantinnen und Migranten, die zum Teil besonders von Menschenrechtsverletzungen betroffen und deswegen besonders schutzbedürftig sind.

Die Konvention schafft auch keinen Anreiz zur irregulären Zuwanderung. Vielmehr unterscheidet sie sehr genau zwischen den Rechten aller Migrantinnen und Migranten, zu denen auch diejenigen ohne Aufenthaltstitel gehören, und denjenigen, die einen Aufenthaltstitel haben. Die Rechte der ersten Gruppe definiert die UN-Wanderarbeitnehmerkonvention sehr eng. So ist der Schutzumfang zum Beispiel beim Recht auf Gesundheit enger als dies zum Beispiel im UN-Sozialpakt der Fall ist. Im Übrigen versteht sich die

71 Ausführlich Spieß, Katharina, *Die Wanderarbeitnehmerkonvention der Vereinten Nationen*, Berlin 2007, S. 66 ff.

72 Deutschland hat die UN-Behindertenkonvention am 19.12.2008 ratifiziert, Gesetz vom 21.12.2008, BGBl. II 2008, Nr. 35, 31.12.2008, S. 1419.

73 Siehe zum Beispiel den Entwurf eines Gesetzes zu dem Übereinkommen der Vereinten Nationen vom 13. Dezember 2006 über die Rechte von Menschen mit Behinderungen sowie zu dem Fakultativprotokoll vom 13. Dezember 2006 zum Übereinkommen der Vereinten Nationen über die Rechte von Menschen mit Behinderungen, BT-Drs. 16/10808, S. 1: »Das Übereinkommen basiert auf den zentralen Menschenrechtsabkommen der Vereinten Nationen und konkretisiert die dort verankerten Menschenrechte für die Lebenssituation von Menschen mit Behinderungen.« Das Übereinkommen ist zum 1.1. 2009 für Deutschland in Kraft getreten, BGBl II 2008. S. 1419ff.

Konvention selbst als Instrument zur Bekämpfung der irregulären Migration.[74] Als Mittel wählt sie die Stärkung der irregulären Migrantinnen und Migranten. Dahinter steht der Gedanke, dass die Arbeitgeber von irregulären Migranten das Interesse an deren Beschäftigung verlieren, wenn diese ihre Rechte und Ansprüche kennen und auch die Möglichkeit haben, diese durchzusetzen. Nur dann kann sich ein Mensch, der ohne Aufenthaltstitel in Deutschland lebt, gegen Ausbeutung wehren. Arbeitgeber müssen in diesen Fällen mit dem Risiko leben, dass die bei ihnen beschäftigte Person die ihr zustehenden Ansprüche geltend macht. Dies verteuert die Arbeit des Beschäftigten und macht die Anstellung irregulärer Migrantinnen und Migranten weniger attraktiv.

Darüber hinaus ist die Bundesregierung schon jetzt verpflichtet, die Menschenrechte von irregulären Migrantinnen und Migranten zu achten und zu schützen. Die Wanderarbeitnehmerkonvention unterstreicht dies lediglich.

Schließlich spricht auch die Harmonisierung auf europäischer Ebene einer Ratifizierung nicht entgegen, da weder das europäische Primärrecht noch das Sekundärrecht eine Ratifizierung entgegenstehen. Art. 63 des Vertrages über Europäische Union unterstreicht vielmehr, dass keine der Maßnahmen, die vom Rat zur Harmonisierung der Migrationspolitik beschlossen werden, die Mitgliedstaaten daran hindert, in den betreffenden Bereichen innerstaatliche Bestimmungen beizuhalten oder einzuführen, die mit diesem Vertrag und mit internationalen Übereinkommen vereinbar sind. Auch die bis heute angenommenen Rechtsakte des Sekundärrechts[75] stehen einer Ratifizierung

74 Siehe die Präambel der Konvention, in der es unter anderem heißt, dass durch die Konvention »einer Beschäftigung von Wanderarbeitnehmern, deren Status nicht geregelt ist, auch dadurch entgegengewirkt wird, dass die grundlegenden Menschenrechte aller Wanderarbeitnehmer eine weitergehende Anerkennung finden und dass außerdem durch die Gewährung bestimmter zusätzlicher Rechte an diejenigen Wanderarbeitnehmer und ihre Familienangehörigen, deren Status geregelt ist, alle Wanderarbeitnehmer und alle Arbeitgeber ermutigt werden, die Gesetze und Verfahren des betreffenden Staates zu beachten und sich danach zu richten«.

75 Insbesondere die Richtlinie 2000/43/EG des Rates vom 29.96.200, Abl. 2000 L 280/22, Verordnung (EG) Nr. 859/2003 des Rates vom 14.05.2003 zur Ausdehnung der Bestimmungen der Verordnung (EWG) Nr. 1408/71 und der Verordnung (EWG) Nr. 574/72 auf Drittstaatsangehörige, die ausschließlich aufgrund ihrer Staatsangehörigkeit nicht bereits unter diese Bestimmungen fallen, Richtlinie 2003/86/EG des Rates vom 22. September 2003, Richtlinie 2008/115/EG des europäischen Parlaments und des Rates vom 16. Dezember 2008 über gemeinsame Normen und Verfahren in den Mitgliedstaaten zur Rückführung illegal aufhältiger Drittstaatsangehöriger.

nicht entgegen, da diese Rechtsakte ausdrücklich günstigere Regelungen unangetastet lassen.[76]

V. Fazit

In Deutschland sind irreguläre Migrantinnen und Migranten in ihren Rechten in der Arbeit bereits jetzt umfassend durch das deutsche Recht geschützt. Da viele Menschen, die ohne Aufenthaltstitel in Deutschland leben, aber ihre Rechte nicht kennen und zudem Angst haben, sich an staatliche Behörden zu wenden, weil sie befürchten, dass dadurch ihr Aufenthalt in Deutschland beendet werden könnte, laufen die normierten Rechte vielfach leer. Dies ist aus menschenrechtlicher Sicht bedenklich, denn Deutschland ist bereits heute verpflichtet, sicherzustellen, dass die Menschenrechte, wie sie zum Beispiel im UN-Sozialpakt und im UN-Zivilpakt verbürgt sind, nicht nur de- jure, sondern auch de- facto sicherzustellen.

Die UN-Wanderarbeitnehmerkonvention konkretisiert die bestehenden Menschenrechte für die besondere Situation von Migrantinnen und Migranten. Sie normiert umfassende Informationsrechte, verpflichtet die Vertragsstaaten zur internationalen Kooperation und versteht sich selbst als Instrument zur Bekämpfung der irregulären Migration. Damit schärft sie den Blick für die Probleme von Migrantinnen und Migranten und hat deswegen das Potential, zur Verbesserung der Situation von irregulären Migrantinnen und Migranten in Deutschland beizutragen.

Die Vorbehalte der Bundesregierung gegen die VN-Wanderarbeitnehmerkonvention sind sachlich nicht begründbar. Sie zeigen aber, dass die Bundesregierung in ihrer Migrationspolitik den Menschenrechten der betroffenen Personen nicht die Bedeutung beimisst, die ihnen zukommen muss.

76 Zum Beispiel Art. 4 der Richtlinie 2008/115/EG.

Rechte für Beschäftigte als Sanktionen gegen Arbeitgeber_innen – Eine erste Einschätzung der Neuregelung in § 98 a AufenthG

Eva Kocher & Ghazaleh Nassibi

Im Sommer 2011 setzte Deutschland die »Richtlinie 2009/52/EG des Europäischen Parlaments und des Rates vom 18. Juni 2009 über Mindeststandards für Sanktionen und Maßnahmen gegen Arbeitgeber, die Drittstaatsangehörige ohne rechtmäßigen Aufenthalt beschäftigen«[1] in deutsches Recht um.[2] Ziel der Richtlinie war und ist es, rechtswidrige Einwanderung in die EU zu verringern. »Illegale« Beschäftigung wird in der Richtlinie als wichtiger Anreiz zur rechtswidrigen Einwanderung angesehen.[3] Deshalb richtet sie sich zur Bekämpfung von »illegaler Beschäftigung« auch mit Sanktionen gegen Arbeitgeber_innen, die Drittstaatsangehörige beschäftigen, welche sich unrechtmäßig in der EU aufhalten. Nach den Vorgaben der Richtlinie aber sind die Arbeitgeber_innen nicht nur dazu zu verpflichten, Drittstaatsangehörige vor der Aufnahme der Beschäftigung zu kontrollieren, d.h. die Vorlage einer Aufenthaltserlaubnis oder eines anderen Aufenthaltstitels zu verlangen, Kopien davon aufzubewahren sowie die Beschäftigung von Drittstaatsangehörigen zu melden; als einen weiteren Aspekt schreibt die Richtlinie auch die Nachzahlung ausstehender Vergütungen und Sozialversicherungsbeiträge vor.

In diesem Zusammenhang müssen (Arbeits-)Rechte der Beschäftigten begründet werden. Die Richtlinie geht davon aus, dass Beschäftigten ohnehin Vergütungsansprüche zustehen; dies entspricht der bisherigen Rechtslage in Deutschland.[4] Die deutsche Umsetzung der Richtlinie im neuen § 98 a

1 Arbeitgeber-Sanktionen-Richtlinie ABl.L 168 vom 30.6.2009, S. 24.

2 Gesetz zur Umsetzung aufenthaltsrechtlicher Richtlinien der Europäischen Union und zur Anpassung nationaler Rechtsvorschriften an den EU-Visakodex vom 22. November 2011, BGBl. Teil I, Nr. 59; dazu siehe auch Kanalan, Vogel und Lewek, in diesem Band, S. 13, S. 91, S. 181.

3 Siehe Erwägungsgrund 2 der Sanktionsrichtlinie, ABl. L 168 vom 30.6.2009, S. 24; dazu auch Bast, in diesem Band, S. 71.

4 Ausführlich dazu Kanalan und Lewek, in diesem Band, S. 91, S. 181.

AufenthG stellt dies nun ausdrücklich fest und regelt Einzelheiten der Rechtsdurchsetzung.

Danach müssen Arbeitgeber_innen Beschäftigten unabhängig von ihrem Aufenthaltsstatus die vereinbarte Vergütung zahlen. Dabei vermutet das Gesetz, dass das Beschäftigungsverhältnis drei Monate bestanden hat und die übliche Vergütung vereinbart worden ist (§ 98 a Abs. 1 und 2 AufenthG). Zusätzlich wird die Haftung für die Zahlung der Vergütung auf alle Unternehmen ausgeweitet, die Auftraggeber der Arbeitgeber_innen sind, es sei denn, die Unternehmen weisen nach, dass sie nach sorgfältiger Prüfung davon ausgehen durften, dass ihr Unterauftragnehmer keine »illegale« Beschäftigung einsetzen würde.

Diese Neuerungen sind grundsätzlich zu begrüßen, weil sie zu mehr Rechtssicherheit führen.

Die gesetzliche Verpflichtung zur Zahlung »vereinbarter« Vergütungen bestätigt (zumindest mittelbar), dass der fehlende Aufenthaltstitel die Wirksamkeit des Arbeitsvertrages nicht berührt.[5] Und die Bezugnahme auf die »übliche Vergütung« schafft zumindest begrenzt Sicherheit im Hinblick auf die Vergütungshöhe: Anhaltspunkt ist die übliche Vergütung, die sich in der Regel aus einem Tarifvertrag ergeben wird, der auf die Mehrzahl der Beschäftigten im betreffenden Unternehmen oder in der Branche anwendbar ist. In anderen Fällen wird die übliche Vergütung in Anlehnung an die Durchschnittslöhne zu bestimmen sein.[6] Allerdings: Es handelt sich hier nicht um eine Vorschrift, die geeignet wäre, Menschen ohne Aufenthaltspapiere vor unangemessen niedrigen Entgelten zu schützen. Die übliche Vergütung ist lediglich Auslegungsmaßstab für die Frage, was »vereinbart« worden ist; ein Anspruch auf die »übliche« Vergütung besteht nicht, wenn der/die Arbeitgeber/in mit der/dem Beschäftigten eine geringere oder eine höhere Vergütung vereinbart hat – solange es sich nicht um einen nach § 138 BGB sittenwidrigen »Wucherlohn« handelt. Aber auch die Sittenwidrigkeitsgrenze ist nur begrenzt eine Garantin für angemessene Löhne, da das BAG Löhne nur dann für sittenwidrig hält, wenn diese weniger als 2/3 eines in der jeweiligen Branche und Wirtschaftsregion üblicherweise gezahlten Tariflohns betragen.[7] Je nachdem, wie hoch der jeweilige Tariflohn ist, kann dies zu sehr

5 Ausführlich dazu Kanalan und Lewek, in diesem Band, S. 91, S. 181.

6 BT-Drs. 17/5470, S. 28; siehe auch Erfurter Kommentar zum Arbeitsrecht/Preis, 11. Aufl. 2011, § 612 BGB, Rn. 37 ff.

7 BAG 22.4.2009, NZA (2009), 837–840.

niedrigen Sittenwidrigkeitsgrenzen führen.[8] Zudem hatte die Sanktionenrichtlinie in Art. 6 Abs. 1 c noch ausdrücklich eine Regelung verlangt, dass der/die Arbeitgeber/in auch die Kosten der Überweisung der Vergütung ins Herkunftsland der/des Arbeitnehmers/in zu übernehmen hat, wenn solche anfallen. An einer solchen Klarstellung fehlt es in der deutschen Umsetzung.

Auch die gesetzliche Vermutung des Mindestzeitraums eines Vertragsschlusses führt zu mehr Rechtssicherheit. Da mit Menschen ohne Aufenthaltspapiere meist keine schriftlichen Arbeitsverträge abgeschlossen werden, besteht meist ein Beweisproblem nicht nur hinsichtlich der Höhe der Vergütung, sondern auch hinsichtlich des Zeitraums, in dem ein Beschäftigungsverhältnis bestand. Auch insofern erleichtert § 98 a AufenthG (entsprechend den Vorgaben des Art 6 Abs. 3 der Richtlinie) den Beweis: Im Zweifelsfall ist von mindestens drei Monaten auszugehen; der Nachweis einer längeren oder kürzeren Beschäftigungsdauer ist jedoch möglich.

Zuletzt verhindert die Ausweitung der Haftung auf alle beteiligten Unternehmer, dass die Regelung nicht durch eine Auftragsvergabe an Subunternehmen umgangen werden kann. Sie setzt einen Anreiz, nur mit korrekt handelnden Subunternehmen zusammenzuarbeiten. Eine ähnliche Regelung enthält schon § 14 AEntG für Arbeitnehmer_innen, die vorübergehend (legal) von ihrem/ihrer Arbeitgeber/in aus dem Ausland nach Deutschland entsandt worden sind.[9] Hilfreich für die Rechtsdurchsetzung ist insofern die Klarstellung in § 98 a Abs. 6 AufenthG: Ein/e Ausländer/in, der/die ohne Arbeitserlaubnis beschäftigt worden ist, kann die Klage gegen die Hauptauftraggeber auch vor einem deutschen Arbeitsgericht erheben (die Klage gegen den unmittelbaren Arbeitgeber kann selbstverständlich in der Regel schon nach Art. 19 EuGVO in Deutschland erhoben werden).

Allerdings überrascht die Regelung der arbeitsrechtlichen Materie im Aufenthaltsgesetz. Die angestrebte Transparenz wird dadurch wieder in Frage gestellt.

In der Sache fragt sich, ob diese Regelungen insgesamt ausreichen, das Ziel der Richtlinie zu erreichen, »dass Drittstaatsangehörige ihre Ansprüche geltend machen können, und Mechanismen einzurichten, die gewährleisten, dass die Drittstaatsangehörigen die ihnen zustehende Vergütung erhalten können« (Art. 6 Abs. 2 und Erwägungsgrund 16 der Richtlinie). Das deutsche Umsetzungsrecht hält sich insofern eng an die Mindestvorgaben der

8 Dazu siehe auch: Nassibi, »Das Verbot sittenwidriger Löhne und die Europäische Sozialcharta«, *Kritische Justiz*, H. 2 (2010), S. 194–206.

9 Dazu siehe Erfurter Kommentar/Schlachter [wie Anm. 6], § 14 AEntG, Rn. 1 ff.

Richtlinie. So verlangt die Arbeitgeber-Sanktionen-Richtlinie nach Art. 13 Abs. 1 zur Erleichterung der Durchsetzung wirksame Verfahren, durch die Betroffene unmittelbar oder über Dritte, wie Gewerkschaften oder andere Vereinigungen, Beschwerde einreichen können. Das deutsche Gesetz zur Umsetzung der Richtlinie hingegen verlässt sich nur auf die erste Alternative, also den Individualrechtsschutz, die unmittelbare Beschwerde durch die Betroffenen selbst. Alternative Regelungen lässt es vermissen. Als einzige Hilfe der Rechtsdurchsetzung regelt § 59 Abs. 8 AufenthG (wie von der Richtlinie in Art. 6 Abs. 2 S. 2 vorgeschrieben), dass die Ausländerbehörden Betroffene vor einer Abschiebung über ihr Recht auf Nachzahlung ausstehender Vergütungen unterrichten müssen. Allerdings lässt eine solche Unterrichtung durch die abschiebende Behörde ohne weitere Unterstützungsstrukturen in der Folge nicht zwangsläufig die Geltendmachung der Ansprüche erwarten.[10] Damit Ansprüche wirklich geltend gemacht werden, wäre mehr erforderlich, z.B. dass Behörden den Kontakt zu (gewerkschaftlichen) Beratungsstellen herstellen oder darüber hinaus selbst etwa im Wege der Prozessstandschaft für die Betroffenen Gerichtsverfahren zur Durchsetzung der Ansprüche einleiten können[11]. Letzteres legt Erwägungsgrund 16 der Richtlinie sogar nahe, wonach »die Mitgliedstaaten die Möglichkeit und einen etwaigen Mehrwert prüfen sollten, der sich ergibt, wenn eine zuständige Behörde in die Lage versetzt wird, ein Gerichtsverfahren gegen einen Arbeitgeber mit dem Ziel einzuleiten, ausstehende Vergütungen einzufordern«.

Damit vernachlässigt das deutsche Gesetz, dass die Richtlinie hier nur die Konkretisierung eines allgemeinen unionsrechtlichen Grundsatzes der Effektivität des Rechtsschutzes enthält (siehe auch Art. 6 und 13 EMRK; Art. 47 der Charta der Grundrechte der Europäischen Union).[12] Angesichts der engen Beschränkung der deutschen Rechtsdurchsetzung auf die individuelle Klage ergibt sich für die Gewährleistung effektiven Rechtsschutzes im Vergleich mit anderen Mitgliedstaaten immer ein spezifisches Problem: Klammert sich Deutschland bei der Umsetzung an den Wortlaut der Richtlinienvorschriften, läuft es Gefahr, im Rechtsvergleich hinter jedem der verschiedenen Rechtsdurchsetzungskonzepte in anderen Mitgliedsstaaten zu-

10 Dazu siehe auch Vogel, in diesem Band, S. 13.

11 Siehe dazu das Vorbild einer Klagebefugnis der Länder in § 25 Heimarbeitsgesetz (HAG); siehe dazu auch Pfarr/Kocher, Kollektivverfahren im Arbeitsrecht, NZA (1999), S. 358.

12 Zuletzt EuGH 18.3.2010, Rs C-317–320/08 (Rosalba Alassini), EuZW 2010, 550.

rückzubleiben und Harmonisierungsanliegen in Bezug auf den »Grundsatz der Effektivität« zu unterlaufen.[13]

So ist die geltende Rechtslage trotz § 98 a AufenthG immer noch weit davon entfernt, für alle Beschäftigten unabhängig vom Aufenthaltsstatus die Durchsetzung der Ansprüche wirklich sicherzustellen. Dies ist letztlich auch eine Konsequenz der Tatsache, dass die Regelung eine Richtlinie umsetzt, deren primäres Ziel die Sanktionierung des »illegalen« Aufenthalts ist. Sie verfolgt nicht in erster Linie den Schutz von Beschäftigten. Deshalb stellte die Richtlinie Regelungen nicht in Frage, die eine effektive Rechtsdurchsetzung durch die Betroffenen verhindern, wie z.B. die Meldepflicht öffentlicher Stellen, welche Kenntnis von »illegalem« Aufenthalt erhalten (§ 87 AufenthG[14]).

13 Ausführlich: Kocher, Instrumente einer Europäisierung des Prozessrechts. Zu den Anforderungen an den kollektiven Rechtsschutz im Antidiskriminierungsrecht, *Zeitschrift für Europäisches Privatrecht (ZEuP)* 2/2004, S. 260–275.

14 Dazu siehe Lewek, in diesem Band, S. 181.

Rechtspolitische Handlungsstrategien: Wege aus der Illegalität

Regularisierung des Aufenthalts von Menschen ohne Papiere: Baustein einer liberalen Migrationspolitik?

Marei Pelzer

In der deutschen Migrationspolitik scheinen Regularisierungsmaßnahmen, die die sogenannte Legalisierung von Migrant/innen ohne Aufenthaltspapiere zum Ziel haben, tabuisiert zu sein. Keiner der etablierten politischen Akteure innerhalb oder außerhalb der staatlichen Institutionen erhebt die Forderung nach einer Regularisierungen für Migrant/innen ohne Papiere. Die politische Debatte zum Umgang mit irregulärer Migration fokussiert sich auf grenzpolizeiliche Maßnahmen und die Bekämpfung von »Schleuserkriminalität«. Der Ausbau der EU-Grenzagentur FRONTEX hat für die deutsche Innenpolitik seit Jahren oberste Priorität und wird als zentrale Maßnahme zur Verhinderung von irregulärer Migration in den Vordergrund gestellt. Dagegen werden Regularisierungen, etwa als Maßnahme gegen Ausbeutung oder Bekämpfung des informellen Arbeitsmarktes, nicht diskutiert.

Internationale Studien beschreiben die Ablehnung von Regularisierungen als ideologische Haltung der deutschen Politik.[1] Die Tabuisierung von Regularisierungen als migrationspolitisches Handlungsinstrument lässt sich allerdings bei genauerer Betrachtung der deutschen Migrationspolitik weder politisch noch rechtlich nachvollziehen.

Denn was für Migrant/innen ohne jegliche aufenthaltsrechtliche Papiere kategorisch abgelehnt wird, wird für Migrant/innen mit einer Duldung[2] durchaus praktiziert. Geduldete sind genauso wie Migrant/innen ohne Papiere vollziehbar ausreisepflichtig, allerdings sind sie den Behörden bekannt und der Vollzug der Abschiebung ist vorübergehend ausgesetzt. Die Gemeinsamkeit der beiden Gruppen besteht in aufenthaltsrechtlicher Hinsicht jedoch darin, dass sie kein Aufenthaltsrecht besitzen. Zugunsten von Geduldeten wurden wiederholt so genannte Altfallregelungen beschlossen, wonach ausreisepflichtigen Migrant/innen mit einer Duldung ein Aufenthaltsstatus erteilt wurde. Diese Altfallregelungen stellen nichts anderes als eine Form

1 ICMPD, REGINE, *Regularisations in Europe*, Wien 2009, S. 42.

2 Eine Duldung ist gem. § 60a AufenthG die vorübergehende Aussetzung der Abschiebung.

von Regularisierung dar. Verschiedene europäische Studien stellen sogar ausdrücklich fest, dass Deutschland zu den Ländern gehört, die Regularisierungen durchführen.[3] Damit gemeint sind nicht nur Altfallregelungen, sondern auch weitere Instrumente, mittels derer Migrant/innen aus humanitären Gründen mit einem rechtmäßigen Aufenthaltstitel erhalten. Zuletzt wurden zudem Regularisierungsmaßnahmen für gut integrierte Jugendliche mit nachgewiesenen Bildungs- bzw. Ausbildungserfolgen eingeführt.[4]

Dass derartige Regularisierungen bisher nur für Geduldete – wenn auch nur in einem sehr engen Rahmen – durchsetzbar waren, hat verschiedene Gründe. Geduldete sind als zumeist abgelehnte Asylsuchende stärker im Bewusstsein der deutschen Öffentlichkeit verankert als Migrant/innen ohne Papiere. Und die rigiden Sanktionen, die undokumentierten Migrant/innen drohen, verhindern von vornherein, dass eine öffentliche *Sans-Papier*-Bewegung, wie sie in Frankreich existiert, entsteht. Eine gesellschaftlich relevante Lobby – etwa von Seiten der Gewerkschaften oder Arbeitgeber – sucht man für diese Personengruppe vergebens.

Es sprechen indes viele Argumente für eine Verabschiedung vom vorherrschenden Tabu »Regularisierung von Migrant/innen ohne Papiere«. Dabei kann ein Blick auf die Praxis anderer EU-Mitgliedstaaten hilfreich sein, um Erkenntnisse über mögliche Zielrichtungen und Ausgestaltungen von Regularisierungen zu gewinnen. Für die deutsche Migrationspolitik sollte das Schweigen über dieses Thema durch eine ernsthafte Auseinandersetzung über die möglichen positiven oder auch problematischen Effekte abgelöst werden.

I. Regularisierung: Begriffsklärungen

Bei der Befassung mit der Materie der irregulären Migration stößt man auf unterschiedliche Begrifflichkeiten. So ist schon die Definition der »irregulären« oder »illegalen« Migration nicht eindeutig, weil hierunter verschiedene

3 ICMPD, REGINE, *Regularisations in Europe* [wie Anm. 1]; Kraler, Albert, *Regularisation: A misguided option or part and parcel of a comprehensive policy response to irregular migration?*, IMISCOE Working Paper No. 24, Amsterdam 2009, S. 4.

4 Vgl. § 18a AufenthG und der seit 1.7. 2011 geltende § 25a AufenthG.

Tatbestände gefasst werden.[5] Relevant für die hier diskutierte Frage ist zum einen die Definition des irregulären Aufenthalts und zum anderen die der Regularisierung.

In der politischen Diskussion wird mit den untechnischen Begriffen »irregulärer Aufenthalt« und »illegaler Aufenthalt« dieselbe rechtliche Situation beschrieben. Irregularität ist als Bezeichnung deswegen vorzugswürdig, weil der Begriff der »Illegalität« negativ konnotiert ist und das Verhalten des Migrant/innen in die Nähe eines strafbaren Verhaltens stellt. Ebenso werden die Begriffe Legalisierung, Amnestie und Regularisierung oft synonym verwendet. In den unterschiedlichen Rechtstraditionen von Einwanderungsländern haben sich verschiedene Begrifflichkeiten etabliert. Hier soll dem Begriff der Regularisierung aus den genannten Gründen der Vorzug gegeben werden.

Vom Begriff des irregulären Aufenthalts sind die Kategorien, irreguläre Einreise und irreguläre bzw. informellen Beschäftigung zu unterscheiden.[6] Nicht jede irreguläre Einreise mündet in einen unrechtmäßigen Aufenthalt. Insbesondere Asylsuchende überschreiten die Grenze oftmals ohne Visum oder sonstige Zugangsberechtigung. Allerdings ist ihr Aufenthalt mit Stellung des Asylgesuches gem. § 55 Abs. 1 AsylVfG gestattet. Die unrechtmäßige Einreise darf gem. Art. 31 Abs. 1 Genfer Flüchtlingskonvention nicht sanktioniert werden.[7] Bezogen auf die Kategorie »Beschäftigung« liegt kein Phänomen irregulärerer Migration vor, wenn ein Migrant mit Aufenthaltsrecht im informellen Sektor, also unter Missachtung des Steuerrechts und der Sozialversicherungspflicht beschäftigt wird. Weiterhin ist vom irregulären Aufenthalt der Fall zu unterscheiden, in dem zwar ein rechtmäßiger Aufenthalt vorliegt, der Aufenthaltstitel jedoch nicht zur Aufnahme einer Beschäftigung berechtigt. So dürfen Asylbewerber im ersten Jahr – trotz rechtmäßigen Aufenthalts – nicht erwerbstätig sein, § 61 AsylVfG. Andere Aufenthaltstitel sind nur mit einem nachrangigen Arbeitsmarktzugang ausgestattet, so dass offene Stellen vorrangig mit bevorrechtigte Migrant/innen oder Deutschen zu besetzen sind.[8] Dies kann in Regionen mit einer hohen

---

5 Vgl. Düvell, Franck, »Irreguläre Immigration nach Europa: eine Einführung«, in Christiane Falge/Andreas Fischer-Lescano/Klaus Sieveking (Hg.), *Gesundheit in der Illegalität*, Baden-Baden 2009, S. 23 f.

6 Kraler, *Regularisation* [wie Anm. 3], S. 11.

7 Ausführlich zu dieser Frage: Fischer-Lescano, Andreas/Horst, Johan, »Das Pönalisierungsverbot aus Art. 31 I GFK. Zur Rechtfertigung von Straftaten bei Flüchtlingseinreisen«, *ZAR*, H. 3 (2011), S. 81.

8 Z.B. Aufenthaltserlaubnis gem. §§ 25 Abs. 4 S. 1, 25 Abs. 5 AufenthG.

Arbeitslosigkeit zu einem de facto-Arbeitsverbot für diese Gruppe führen, so dass trotz Besitzes eines Aufenthaltstitels die Erwerbsarbeit nicht erlaubt ist.

Unterschieden werden können also vier Kategorien:

- Rechtmäßigkeit der Einreise
- Rechtmäßigkeit des Aufenthalts
- Die sich aus dem Aufenthaltsstatus ergebene (Nicht-)Berechtigung zur Erwerbsarbeit (irreguläre Beschäftigung)
- Die Einhaltung von arbeits-, sozialversicherungsrechtlicher und steuerrechtlicher Vorschriften bezogen auf die Erwerbsarbeit (informelle Beschäftigung).

Hier sollen im Mittelpunkt der Auseinandersetzung die Rechtmäßigkeit des Aufenthalts und die Möglichkeit stehen, aus einer aufenthaltsrechtlich irregulären Situation in einen rechtmäßigen Aufenthalt zu wechseln. Das Phänomen der irregulären oder informellen Beschäftigung ist nichtsdestotrotz für die möglichen Gründe für Regularisierungen und ihrer Effekte relevant.

Für den rechtmäßigen Aufenthalt wird grundsätzlich die Erfüllung der Passpflicht (§ 3 Abs. 1 AufenthG)[9] und der Besitz eines Aufenthaltstitels – also ein Visum, eine Aufenthaltserlaubnis oder Niederlassungserlaubnis – vorausgesetzt (§ 4 Abs. 1 AufenthG). Werden diese Voraussetzungen nicht erfüllt, ist der Ausländer ausreisepflichtig. Verlässt der Ausländer das Bundesgebiet nicht unverzüglich bzw. nicht nach der ihm gesetzten Ausreisefrist, wird der Aufenthalt unerlaubt (§ 50 Abs. 1 und 2 AufenthG).[10]

Im Gegensatz zum Begriff des irregulären bzw. nicht rechtmäßigen Aufenthalts lässt sich für die Kategorie Regularisierung dem deutschen Migrationsrecht keine rechtliche Definition entnehmen. Der Begriff der Regularisierung ist vielmehr ein Sammelbegriff für verschiedene denkbare Maßnahmen, die eine Überführung aus einem irregulären Aufenthalt in einen regulären Aufenthalt ermöglichen.[11]

---

9 Ausnahmen von der Passpflicht sind möglich, insbesondere bei der Verlängerung des Aufenthaltstitels. Vgl. Dienelt, Klaus, in: Günter Renner, *Ausländerrecht, Kommentar*, 9. Aufl., München 2011, § 3 Rn. 1 ff.

10 BAMF (Hg.), *Illegal aufhältige Drittstaatsangehörige in Deutschland*, Nürnberg 2006, S. 23 f.

11 Kraler, *Regularisation* [wie Anm. 3], S. 8.

Es können zwei unterschiedliche Methoden der Regularisierung unterschieden werden: Regularisierungs-Programm und Regularisierungs-Mechanismus.[12]

- Regularisierungs-Programme: Programme sind zeitlich befristete Verfahren, Ausnahme-Regelungen auf der Grundlage von außergewöhnlicher Gesetzgebung, häufig, aber nicht immer, verbunden mit einer hohen Zahl von Anträgen.
- Regularisierungs-Mechanismen: Mechanismen sind Teil der regulären Migrationspolitikrahmenbedingungen und durchgeführt auf einer dauerhaften Grundlage. Typischerweise sehen Mechanismen individuelle Anträge vor und sind zumeist auf eine kleinere Gruppe von Antragstellern ausgerichtet.[13]

II. Regularisierungen in den EU-Mitgliedstaaten

Verschieden EU-Staaten haben in den zurückliegenden Jahrzehnten wiederholt Regularisierungen in großem Umfang durchgeführt. Zwischen 1973 und 2008 wurden ungefähr 68 Regularisierungsprogramme in den EU-Mitgliedstaaten durchgeführt.[14] Im Rahmen dieser Programme wurden sechs Millionen Anträge auf Regularisierung gestellt, davon wurden mehr als 4,3 Millionen Anträge positiv beschieden.[15] In den letzten Jahren stieg das Interesse an vergleichenden Analysen von Regularisierungen in den verschiedenen EU-Mitgliedstaaten an. In verschiedenen Studien wurden die Regularisierungen der EU-Mitgliedstaaten – teilweise im internationalen Vergleich – untersucht.[16] Der Grund für das gestiegene Interesse wird nicht zuletzt in der Europäisierung der Migrationspolitik auf EU-Ebene durch den Amster-

12 Kraler, *Regularisation* [wie Anm. 3], S. 15; ICMPD, REGINE, *Regularisations in Europe* [wie Anm. 1], S. 8 f.

13 Abella, Manolo I., »Migration and Employment of Undocumented Workers: Do Sanctions and Amnesties Work?«, in Dilek Cinar/Harald Waldrauch (Hg.), *Irregular Migration: Dynamics, Impact, Policy Options*, Eurosocial Reports, Volume 67, Vienna 2000; Kraler, *Regularisation* [wie Anm. 3].

14 Kraler, *Regularisation* [wie Anm. 3], S. 19.

15 Kraler, *Regularisation* [wie Anm. 3], S. 20.

16 Kraler, *Regularisation* [wie Anm. 3].

damer Vertrag[17] gesehen.[18] Aufgrund der Europäisierung des Migrationsrechts wirkt sich die nationale Migrationspolitik auch auf die Zugangsmöglichkeiten zu anderen Mitgliedstaaten aus. So ist mit der Daueraufenthaltsrichtlinie[19] die Möglichkeit geschaffen worden, dass Drittstaatsangehörige ein Recht auf Freizügigkeit innerhalb der EU erhalten. Unter bestimmten Voraussetzungen dürfen sie sich nach fünfjährigem Aufenthalt auch in einem anderen EU-Mitgliedstaat niederlassen als in dem, der ihnen ursprünglich einen Aufenthaltstitel erteilt hat. Die also nicht mehr nur Unionsbürgern gewährte Freizügigkeit führt zu einer zwingenden Anerkennung von Einwanderungsentscheidungen des einen Mitgliedstaats durch andere Mitgliedstaaten.[20] Allerdings sind die Anforderungen an der Rechtsstellung einer langfristigen Aufenthaltsberechtigten-EU hoch. Die Zahl der Migrant/innen, die hiervon Gebrauch gemacht haben, dürfte noch relativ niedrig liegen. Nichtsdestotrotz werden Regularisierungen als Thema der EU insgesamt angesehen. Im Jahr 2006 wurde ein gegenseitiges Informationssystem auf EU-Ebene eingeführt, wonach über geplante Regularisierungen die anderen Mitgliedstaaten zu informieren sind.[21] Für den von Deutschland und Frankreich initiierten Pakt für Migration und Asyl wurde zunächst ein Verzicht auf Legalisierungen vorgeschlagen[22], was jedoch im verabschiedeten Dokument keinen Eingang gefunden hat.[23]

Eine von der EU-Kommission in Auftrag gegebene Studie hat die Praxis der EU-Mitgliedstaaten im Bereich der Regularisierung untersucht.[24] Nach dieser Studie, die auch Erkenntnisse älterer Studien mit einbezieht, können die EU-Mitgliedstaaten in verschiedenen Gruppen zusammengefasst werden und deren Umgang mit Regularisierungen wie folgt typisiert werden.

---

17 Amtsblatt Nr. C 340 vom 10. November 1997.

18 Kraler, *Regularisation* [wie Anm. 3], S. 11.

19 Richtlinie 2003/1 09/EG des Rates vom 25. November 2003 betreffend die Rechtsstellung der langfristig aufenthaltsberechtigten Drittstaatsangehörigen.

20 Bast, Jürgen, »Transnationale Verwaltung des europäischen Migrationsraums«, *Der Staat*, H. 46 (2007), S. 1–32.

21 Entscheidung des Rates vom 5. Oktober 2006 über die Einrichtung eines Mechanismus zur gegenseitigen Information über asyl- und einwanderungspolitische Maßnahmen der Mitgliedstaaten (2006/688/EG), ABl. L 283 vom 14.10.2006, S. 40–43.

22 Deutsch-Französische Initiative für eine neue europäische Migrationspolitik, Oktober 2007, 30.11.2011, *http://www.proasyl.de/fileadmin/proasyl/fm_redakteure/Newsletter_Anhaenge/117/franz_ini.pdf.*

23 *Europäischer Pakt* zu *Einwanderung* und *Asyl*, *Dok.-Nr. 13440/08* vom *24. September 2008.*

24 ICMPD, REGINE, *Regularisations in Europe* [wie Anm.1].

In den südlichen EU-Mitgliedstaaten hat die Mehrheit der Arbeitsmigrant/innen ihren Aufenthaltsstatus aufgrund von Regularisierungsprogrammen erhalten. Regularisierung wird deswegen als Ersatz für eine Einwanderungspolitik angesehen.[25] Statt Arbeitskräfte aus dem Ausland anzuwerben wurden die sich im Inland befindlichen ArbeitsMigrant/innen regularisiert. Anders als in anderen EU-Staaten ist in diesen Ländern der Bedarf an niedrigqualifizierten Arbeiter/innen in den zurückliegenden Jahren stark angestiegen.[26] Andere Möglichkeiten des Übergangs in einen regularisierten Aufenthaltstatus sind in diesen Staaten nur schwach ausgeprägt. In Italien wurden zum Beispiel zur Bekämpfung der Schattenwirtschaft zwischen 1986 und 2001 diverse Regulierungsprogramme durchgeführt. Zuletzt wurde durch ein solches Programm im Jahr 2002 der Aufenthaltsstatus von bis zu 700.000 Menschen legalisiert.[27] Die Migrant/innen mussten dabei ein Beschäftigungsverhältnis nachweisen.[28] In Spanien gab es ab 2005 verschiedene Regularisierungskampagnen, bei denen bis zu 700.000 Menschen einen legalen Aufenthaltsstatus erhielten.

In einer Reihe von EU-Mitgliedstaaten, und zwar Belgien, Dänemark, Finnland, Luxemburg, Niederlande, Schweden, werden Regularisierungen vor allem aus humanitären Gründen vorgenommen. Diese sind sehr eng verknüpft mit dem Asylsystem und anderen Formen des subsidiären und temporären Schutzes.[29] Alle diese Länder (außer Finnland) haben kleine Regularisierungsprogramme durchgeführt. Außer den Niederlanden können alle Regularisierungsmechanismen vorweisen.

Auch in den neueren Mitgliedstaaten der EU (Estland, Ungarn, Irland, Litauen, Polen, Slowakische Republik) wurden in irgendeiner Form Regularisierungen durchgeführt, allerdings nur in kleinem Umfang. Nicht wenige Regularisierungen beruhten auf Gründen des politischen Wandels und der Neuordnung der Staatsgebiete. Nur Irland hat in dieser Gruppe Regularisierungen zur Steuerung von Arbeitsmigration vorgenommen.[30]

Die andere Gruppe »neuerer« Mitgliedstaaten (Bulgarien, Zypern, Tschechische Republik, Latvia, Malta, Rumänien, Slovenien) führten bisher keine Regularisierungen durch. Außer Zypern und Tschechien haben diese Staaten

25 ICMPD, REGINE, *Regularisations in Europe* [wie Anm.1], S. 39.

26 ICMPD, REGINE, *Regularisations in Europe* [wie Anm.1], S. 40.

27 Efionayi-Mäder, Denise/Cattacin, Sandro, *Illegal in der Schweiz, Bericht des Schweizerischen Forums für Migrationsstudien zuhanden des Nationalrates*, Neuchâtel 2001.

28 Le Quyen, Ngo Dinh, »Italien«, *DC* 2006, S. 34.

29 ICMPD, REGINE, *Regularisations in Europe* [wie Anm. 1], S. 40.

30 ICMPD, REGINE, *Regularisations in Europe* [wie Anm. 1], S. 40.

nur einen kleine Anzahl von irregulären Migrant/innen und keine politischen Ansätze, damit umzugehen.

Frankreich und Großbritannien gehören zu den Staaten, die eine zögerliche Haltung gegenüber Regularisierungen einnehmen. Gelegentlich wenden diese Staaten Regularisierungsprogramme an, jedoch mit relativ kleinen Zahlen. Dagegen existieren anspruchsvolle Regularisierungsmechanismen, die häufig genutzt werden, obwohl sie sich durch ein hohes Maß an Intransparenz auszeichnen. Irreguläre Migration wird insbesondere mit dem Asylthema verbunden, obwohl es daneben durchaus irreguläre Migration außerhalb des Asylsystems gibt. Die generelle politische Strategie lässt sich als eine Kombination aus einer massiven Abschiebungspolitik, von Duldungen und Regularisierungen aus humanitären Gründen beschreiben.[31]

In Deutschland und Österreich werden Regularisierungen politisch besonders stark abgelehnt. Dies ist der Fall, obwohl Deutschland Regularisierungsmechanismen insbesondere für Geduldete angewendet hat. Beide Länder nutzen Regularisierungsmechnismen vergleichsweise häufig. Obwohl die Asylbewerberzahlen in Deutschland stark abgenommen haben und aufgrund der EU-Osterweiterung eine Reduzierung der Zahlen von irregulären Migrant/innen anzunehmen ist, ist dennoch von einer relativ hohen Zahl von irregulären Migrant/innen auszugehen. Dies hängt nach Ansicht der Verfasser der Studien mit der bedeutsamen sozialen Ausschlussmechnismen und der Segmentierung des Arbeitsmarktes zusammen.[32]

III. Debattenlage in Deutschland

Die Möglichkeit, durch eine Regularisierung die Situation von Migrant/innen mit irregulärem Aufenthalt zu verbessern, erscheint derzeit politisch kaum durchsetzbar. Schon gegen gesellschaftlich breit geforderte Bleiberechtsregelungen für Geduldete reagiert die Politik äußerst abwehrend. Nur für einen kleinen Teil der Geduldeten wurden Ansprüche auf einen regulären Aufenthaltstitel geschaffen.[33] Ebenso hat die Politik die Abschaffung der Meldepflichten für die meisten Bereiche bislang verhindert. Alle öffentlichen

31 ICMPD, REGINE, *Regularisations in Europe* [wie Anm. 1], S. 42.

32 ICMPD, REGINE, *Regularisations in Europe* [wie Anm. 1], S. 42.

33 Bundesgesetzliche Altfallregelung gem. § 104a/b AufenthG, Bleiberecht für gut integrierte Jugendliche gem. § 25a AufenthG.

Stellen – mit Ausnahme von Schulen sowie Bildungs- und Erziehungseinrichtungen[34] (seit November 2011) – sind zur Meldung an die Ausländerbehörde verpflichtet, wenn sie von dem irregulären Aufenthalt Kenntnis erhalten (§ 87 AufenthG). Hieraus ergibt sich das Problem der faktisch verhinderten Wahrnehmung von Sozialleistungen, der Krankenversicherung[35] und der faktisch schwer einklagbaren Lohnansprüche.

1. »Keine Prämie für rechtswidriges Verhalten«

Gegen die Regularisierung des Aufenthalts von Migrant/innen mit irregulärem Aufenthalt wird vorgebracht, es dürfe keine Belohnung für rechtswidriges Verhalten geben. Eine Rechtsordnung, die sich ernst nimmt, dürfe nicht Prämien auf die Missachtung ihrer selbst setzen. Sie schaffe sonst Anreize zur Rechtsverletzung, diskriminiere rechtstreues Verhalten und untergrabe damit die Voraussetzungen ihrer eigenen Wirksamkeit.[36] Hier wird der irreguläre Aufenthalt in erster Linie als Ausdruck eines rechtsuntreuen Verhaltens gesehen, das nicht durch die Erteilung eines Titels belohnt werden darf. Diejenigen, die die Einreisebestimmungen beachten, würden diskriminiert.

Das Primat der Rechtsdurchsetzung wird in der Migrationsforschung von Michael Bommes als typisch für die deutsche Debattenlage bezeichnet. Im Gegensatz zur politischen Ausgangslage in Italien, Spanien oder Griechenland seien Regularisierungen in Deutschland politisch nicht anschlussfähig.[37] In anderen Staaten sei die Bereitschaft zu Regularisierungen höher als in Deutschland, da dort auch in anderen Rechtsmaterien die Bereitschaft zu Regularisierungen höher sei – etwa die Legalisierungen von illegalen Bauten in Italien.[38] Allerdings benennt Michael Bommes selbst ein Beispiel aus dem deutschen Steuerrecht – nämlich das Gesetz über die strafbefreiende Erklärung – mit dem Besitzer von ins Ausland transferierten Kapitalvermö-

34 Hanschmann, Felix, »Die Bedeutung der Menschenrechte am Beispiel des Schulbesuchs von nicht dokumentierten Kindern und Jugendlichen in Deutschland«, in: Klaus Sieveking (Hg.), *Wechselwirkungen von Migration und Integration im europäischen Mehrebenensystem*, Baden-Baden 2011.

35 Falge, Christiane/Fischer-Lescano, Andreas/Sieveking , Klaus (Hg.), *Gesundheit in der Illegalität*, Baden-Baden 2009.

36 Bundesregierung, Prüfbericht Illegalität, S. 39.

37 Bommes, Michael, »Illegale Migration in der modernen Gesellschaft – Resultat und Problem der Migrationspolitik europäischer Nationalstaaten«, in: Jörg Alt/Michael Bommes, *Illegalität – Grenzen und Möglichkeiten der Migrationspolititk*, Wiesbaden 2006, S. 108.

38 Bommes, »Illegale Migration« [wie Anm. 37], S. 109.

gen dazu motiviert werden sollten, ihr Kapitaleinkommen zu offenbaren und entsprechende Steuern ohne Strafverfolgung nachzuzahlen.[39] Dass Amnestien der deutschen Rechtsordnung so fremd sind, dass die Einführung von Regularisierungen im Migrationsrecht als Systembruch anzusehen wäre, kann also nicht überzeugend angeführt werden. Auch in anderen Teilen der deutschen Rechtsordnung wird rechtswidriges Verhalten nicht immer zwingend sanktioniert. Im Strafrecht besteht die Kronzeugenregelung, die Straftäter von der Strafbarkeit ausnimmt, wenn sie als Kronzeugen auftreten.

Stärker als in anderen Rechtsbereichen geht es bei der Regularisierung des Aufenthalts der betroffenen Migrat/innen um existenzielle Fragen. Es stehen die Realisierung von Grund- und Menschenrechten, die ebenfalls Teil der Rechtsordnung sind, der Missachtung von Einreise- und Aufenthaltsbestimmungen gegenüber. Es ist eine Frage der Güterabwägung, ob auf das ursprüngliche Fehlverhalten der Migrant/innen auf immer und ewig abgestellt wird, oder ob aufgrund anderer, menschenrechtlicher Erwägungen, zugunsten des Betroffenen eine günstige Regelung getroffen wird. Bezogen auf die Kinder von irregulären Migrant/innen ist das Beharren auf das »Fehlverhalten« der Eltern umso weniger überzeugend. Sie haben die Situation nicht verursacht und werden dennoch in Mithaftung genommen und dem Leben in der Irregularität mit ihren dramatischen Folgen ausgesetzt.

Auf der anderen Seite können Regularsierungen auch als Instrument angesehen werden, die die Verbindlichkeit der Rechtsordnung sogar befördert. So wird in einer von der ILO durchgeführten Studie argumentiert, dass die Tolerierung von irregulären Aufenthalten und Beschäftigung es erschweren würde, in anderen Bereichen die Herrschaft der Gesetze durchzusetzen. Deswegen könne statt der Durchsetzung der Ausreisepflicht vielmehr die Regularisierung als eine Maßnahme angesehen werden, die Durchsetzung der Rechtsordnung zu stärken.[40] Regularisierungen können heute nicht mehr als bloßer Indikator fehlender Durchsetzungsfähigkeit von Migrationsrecht angesehen werden. Sie sind vielmehr Bestandteil eines zunehmend komplexen Systems von Migrationspolitik. Sie sind, so sehen es viele Rechtsordnungen, normaler Bestandteil der *toolbox* der Migrationspolitik.[41]

39 Bommes, »Illegale Migration« [wie Anm. 37], S. 109/Fn. 51.

40 Abella, »Migration and Employment of Undocumented Workers« [wie Anm. 13], S. 205–215.

41 Kraler, *Regularisation* [wie Anm. 3], S. 21.

2. Sogeffekte

Weiterhin wird argumentiert, die Regularisierung führe zum sogenannten Sogeffekt.[42] Wenn der irreguläre Aufenthalt mit einem Aufenthaltstitel »belohnt« wird, führe dies zur Anlockung weiterer irregulärer Migrant/innen.

Die These vom Sogeffekt ist in der behaupteten Eindeutigkeit durch wissenschaftliche Studien nicht belegt.[43] Die rechtlichen Bedingungen im Zielland sind selten die Hauptursache für die angestrebte (irreguläre) Einwanderung in ein bestimmtes Land. Bedeutender sind andere Faktoren. So spiele nach Aussagen der Studien etwa historische Verbindungen zwischen Herkunfts- und Zielland eine entscheidende Rolle. Ehemalige Kolonien europäischer Länder weisen auch noch nach langer Unabhängigkeit enge Bezüge zur ehemaligen Kolonialmacht auf, die Einfluss auf die Migrationsbewegungen haben. Weiterhin haben sich in vielen Ländern ehemaliger Kolonialmächte Diasporas gebildet, aus denen sich für die Migrationsbewegungen wichtige soziale Netzwerke ergeben.[44]

Unabhängig davon, ob die These von der Sogwirkung überhaupt zutrifft, darf sie aus menschenrechtlicher Sicht nicht das alleinbestimmende Kriterium für den Umgang mit irregulärer Migration werden. Das Elend der hier lebende Migrant/innen zur Abschreckung gegen Neu-Einwanderung zu instrumentalisieren, ist ethisch nicht akzeptabel. Die Durchsetzung menschenwürdiger Lebensbedingungen der hier lebenden Menschen hat Vorrang.

IV. Argumente für Regularisierungen

Die OECD, die verschiedene Regularisierungsprogramme in verschiedenen Mitgliedstaaten untersucht hat, hat die positiven Effekte in einer Studie aus dem Jahr 2007 aufgelistet. Unter anderem hebt die Studie den möglichen

42 Deutsch-Französische Initiative für eine neue europäische Migrationspolitik, Oktober 2007, S. 2, 30.11.2011, *http://www.proasyl.de/fileadmin/proasyl/fm_redakteure/Newsletter_Anhaenge/117/franz_ini.pdf.*

43 Pries, Ludger, *Die Transnationalisierung der sozialen Welt. Sozialräume jenseits von Nationalgesellschaften*, Frankfurt am Main 2008; Becker, Ulrich, Stellungnahme in Anhörung zum AsylbLG, MPI für internationales SozR, München 2009.

44 ICMPD, *Benchmarkstudie, Praxis im Asylbereich in Dänemark, Großbritannien und der Schweiz im Vergleich der betreffend Gesuchssteller aus den Herkunftsländern Irak, Somalia und Eritrea*, Wien 2010, S. 28 ff.

Erkenntnisgewinn über irreguläre Migration hervor. Über das Ausmaß der irregulären Migration können dadurch Informationen gewonnen werden, indem zumindest die Zahl der irregulären Migrant/innen bekannt wird, die die Voraussetzungen für die Regularisierung erfüllen. Weiterhin werden verstärkt Einblicke in die Arbeitsmarktsektoren, in denen irreguläre Migrant/innen beschäftigt sind, gewährt.[45]

Für die Regularisierung bestehen weitere wichtige Argumente, die hier schlaglichtartig aufgeführt werden sollen.

1. Durchsetzung von steuer-, sozialversicherungs- arbeitsrechtlichen Bestimmungen

Irreguläre Migrant/innen werden in ihren Beschäftigungsverhältnissen oftmals unter Missachtung aller Arbeitnehmerschutzbestimmungen ausgebeutet. Die Beschäftigung von irregulären Migrant/innen verursacht jedenfalls – wie jede Form der irregulären Beschäftigung – Ausfälle bei den Steuer- und Sozialversicherungseinnahmen.

Regularisierungen können ein Instrument sein, steuer-, sozialversicherungs- und arbeitsrechtliche Bestimmungen durchzusetzen.[46] Voraussetzung hierfür ist, dass die Migrant/innen nach der Regularisierung ihres Aufenthalts einer regulären Beschäftigung nachgehen können. Unrechtmäßiges Verhalten kann hierdurch zurückgedrängt werden kann.[47]

2. Zurückdrängung des informellen Arbeitsmarktes

Ein weiteres Ziel ist es, den zweiten Arbeitsmarkt zurückzudrängen. Es soll erreicht werden, dass Ineffizienz in der Steuerungsfähigkeit zurückgedrängt wird und auch illegitime Wettbewerbsvorteile verhindert werden. Damit Regularisierungsprogramme in dieser Hinsicht tatsächlich erfolgreich sein können, muss der informelle Arbeitsmarkt gleichzeitig bekämpft werden. Die Migrant/innen mit regulärem Aufenthalt würden als Konkurrenz in den of-

45 OECD, *International Migration Outlook 2007*, S. 81.

46 Abella, »Migration and Employment of Undocumented Workers« [wie Anm. 13], S. 205–215.

47 OECD, *International Migration Outlook* [wie Anm. 45], S. 89.

fiziellen Arbeitsmarkt drängen, ohne dass der informelle Sektor umgewandelt würde.

3. Humanitäre Gründe

Es ist mit humanitären Grundsätzen nicht vereinbar, Menschen langjährig den desolaten Lebensbedingungen einer aufenthaltsrechtlichen Irregularität auszusetzen. Irreguläre Migrant/innen sind Opfer von Ausbeutungs- und Zwangsverhältnissen. Sie leben in Armut, weil sie zu niedrigsten Löhnen beschäftigt werden. Die Betroffenen sind erpressbar und können sich gegen ihre Entrechtung und Entwürdigung nicht zur Wehr setzen. Die Kinder haben keine Chancen, sich adäquat zu entwickeln, weil die prekäre Situation ihrer Eltern auf sie übertragen wird. Gravierend wirkt sich der nach wie vor weitgehende Ausschluss vom Bildungssystem aus, der gesellschaftliche Partizipation stark begrenzt. Dazu gehören der Zugang zu Ausbildungsverhältnissen und Hochschulen.

Die gesellschaftliche Ausgrenzung kann nur dann effektiv verhindert werden, wenn die Betroffenen einen sicheren Aufenthaltsstatus erhalten, mittels dessen sie sich den benannten Abhängigkeitsverhältnissen und Benachteiligungen wirksam entziehen können und Teilhabechancen eröffnet werden.

4. Verwurzelung und faktische Integration

Weiterhin ermöglichen Regularisierungen, die faktische Integration von langjährig in einem Land lebenden Migrant/innen durch Erteilung eines Aufenthaltstitels anzuerkennen. Die Integrationsleistung, die diese Menschen trotz äußerst prekären sozialen und rechtlichen Bedingungen bringen, sind nicht zuletzt auch aus menschenrechtlichen Gründen im Sinne von Art. 8 EMRK (Recht auf Privatsphäre) anzuerkennen. Eine de facto Verwurzelung kann angenommen werden, wenn die Betroffenen in einem Land sozial verankert sind, die Sprache gelernt haben sich in den Arbeitsmarkt integriert haben. Die faktische Integration, die nach der Rechtsprechung des

Europäischen Menschenrechtsgerichtshofs[48] in bestimmten Fällen zur Sicherung des Aufenthalts führen muss, kann auch als menschenrechtliches Argument für eine politische Entscheidung für Regularisierungen herangezogen werden.

Gerade für die hier aufgewachsenen Kinder von irregulären Migrant/innen werden die Bezüge zum Heimatland ihrer Eltern immer schwächer. Sie sehen Deutschland als ihr Zuhause an. Eine humane Gesellschaft muss anerkennen, wenn sich Menschen in der hiesigen Gesellschaft verwurzeln und diese auch rechtlich integrieren, indem ihnen ein Aufenthaltstitel erteilt wird. Eine Regularisierung ist hier menschenrechtlich gem. Art. 8 EMRK geboten.

5. Das Recht auf Anerkennung als Rechtsperson

Es ist mit demokratischen Grundüberzeugungen und den Menschenrechten nicht vereinbar, hier lebende Menschen dauerhaft von der Möglichkeit, Rechte zu haben, de facto auszuschließen. Der nicht-dokumentierte Aufenthalt führt zum Ausschluss von fundamentalen Rechtspositionen. Sie können nicht legal arbeiten, sich nicht bei der Stadt anmelden, nicht offiziell eine Wohnung mieten, keinen Vereinen beitreten. Sie müssen stets damit rechnen, dass sie als »Illegale« bei der Polizei denunziert werden. Sie können sich damit als Rechtssubjekt nur unter äußerst selten durchsetzen, da sie im Zweifel aufgrund der möglichen Abschiebung auf ihr Recht verzichten müssen.

Es ist mit einem Rechtsstaat nicht vereinbar, Menschen von den rechtsstaatlichen Garantien und Verfahren auszuschließen. Unter Beachtung der in Art. 1 GG garantierten Menschenwürde ist abzusichern, dass alle Menschen das Recht haben, Rechte zu haben und diese auch durchsetzen zu können.

6. Kompensation für restriktive Regelungen

Eine Regularisierung ist eine pragmatische Antwort auf eine zu restriktive Flüchtlings- und Migrationspolitik. Wenn gesellschaftlich inoffiziell er-

48 Vgl. Farahat, Anuscheh, »The Exclusiveness of Inclusion: On the Boundaries of Human Rights in Protecting Transnational and Second Generation Migrants«, *European Journal of Migration and Law*, Jg. 11, H. 3 (2009), S. 253–269.

Transformation der Bewegung der »Papierlosen« in eine MigrantInnenbewegung.

I. Die organisierten »Papierlosen« in Barcelona

Die MigrantInnenbewegung entstand 1985 als organisierte gesellschaftliche Antwort auf die Verabschiedung des ersten spanischen AusländerInnengesetzes, in welchem die Figur des »außergemeinschaftlichen Migranten« eingeführt wurde. Mit der als »Besetzungen von 2001«[3] bekannt gewordenen Mobilisierungskampagne[4] erlangten die MigrantInnenbewegungen mediale Präsenz und massive Unterstützung der Bevölkerung Barcelonas. In diesen Aktionen demonstrierten wir »papierlose« MigrantInnen gegen die uns als AusländerInnen behandelnden und damit bisherige Rechte nehmenden Gesetze, insbesondere in den Metropolen Spaniens. Barcelona war dabei einer der wichtigsten Knotenpunkte für die Mobilisierungen.[5]

Der Protestzyklus aus Demonstrationen, Verbarrikadierungen in Kirchen und Hungerstreiks war für die organisierten MigrantInnen ein Erfolg. Im Ergebnis erhielten alle aktiven TeilnehmerInnen ein Aufenthaltsrecht aus »humanitären Gründen«.

Nach dieser ersten Etappe, in der die zentrale Forderung der Bewegung entsprechend ihrem Namen darin bestand, »Papiere für alle« zu erlangen, verfeinerten die zugehörigen Organisationen, Kollektive und Personen ihre

3 Wörtlich übersetzt heißt die Selbstbezeichnung »Einschließungen« oder »Verbarrikadierungen« (encierros); dem deutschen Sprachgebrauch und auch den meisten Berichten zu den Vorgängen in Barcelona entsprechend wird im Folgenden leicht verfremdend von »Besetzungen« gesprochen (Anm. des Übersetzers).

4 Zum Konzept siehe Tarrow, Sidney, *El poder en movimiento: los movimientos sociales, la acción colectiva y la política*, Madrid 2004.

5 Weitere Arbeiten zur Entwicklung der MigrantInnenbewegungen in Spanien: Aierbe, Peio, »Sin papeles: límites como movimiento, fuerza como agente de cuestionamiento del concepto de ciudadanía«, in: Liliana Suárez/Raquel Macía/Ángela Moreno (Hg.), *Las luchas de los sin papeles y la extensión de la ciudadanía. Perspectivas críticas*, Madrid 2007, S. 237–250; Krueger, Laura, »El Movimiento de los ›sin papeles‹ en Francia en los Años noventa y sus reflejos en España«, *En Scripta Nova. Revista Electrónica de Geografía y Ciencias Sociales* No. 94, 2001; 29.11.2011, *http://www.ub.es/geocrit/sn-94–25.htm*; Laubenthal, Bárbara,: »La emergencia de las protestas de inmigrantes sin papeles en España: el caso de la región de Murcia«, in: Andrés Pedreño/Manuel Hernández (Hg.), *La condición inmigrante. Exploraciones e investigaciones desde la Región de Murcia*, Murcia 2005, S. 159–173.

wünschte und gesuchte Arbeitskräfte den Bedarf decken, obwohl legale Einwanderungsmöglichkeiten fehlen, wenn verfolgte Menschen untertauchen, weil sie sich vom Asylsystem in Europa nicht geschützt fühlen oder aufgrund der Lebensbedingungen ausgegrenzt werden, wenn Familienangehörige an den Hürden der Familienzusammenführung scheitern, dann sind diese Rahmenbedingungen mitursächlich für den Gang in die aufenthaltsrechtliche Irregularität.[49]

V. Regularisierung als Instrument deutscher Migrationspolitik

Entgegen der ideologisch begründeten Ablehnung von Regularisierungen von den maßgeblichen poltischen Akteuren, findet man im deutschen Migrationsrecht durchaus Regularisierungsmechanismen. Es ist nach dem Aufenthaltsrecht nicht prinzipiell ausgeschlossen, dass auch irreguläre Migrant/innen einen Aufenthaltsstatus erhalten können, wenngleich es im Regelfall nicht vorgesehen.

Beispielsweise ist es möglich, dass ein irregulärer Migrant einen Anspruch auf eine Aufenthaltserlaubnis erhält, wenn er die Ehe mit einer Deutschen oder einer Migrantin mit verfestigten Aufenthaltsstatus eingeht. Der EuGH hat dieses Recht für EU-Bürger in seiner Metok-Entscheidung hervorgehoben.[50] Das Recht auf Familienzusammenführung, das für EU-Bürger/innen und ihre Ehegatten aus Drittstaaten gilt, besteht laut EuGH ohne danach zu unterscheiden, ob sich der betreffende Drittstaatsangehörige bereits rechtmäßig in einem anderen Mitgliedstaat aufgehalten hat oder nicht. [51] Ebenso ist es möglich, den Aufenthalt zu regularisieren, wenn der oder die Betroffene geltend machen kann, dass er oder sie Elternteil eines deutschen Kindes ist. Weiterhin wurden in einigen Bundesländern Menschen ohne Papiere von den Härtefallkommissionen als Härtefall anerkannt. In einigen Fällen ist es so gelungen, diese Menschen in einen regulären Aufenthalt zu bringen.

49 Fisch, Andreas, »Irreguläre Migrant/innen zwischen Grenzsicherung und Legalisierung, Ethische Ansprüche an das Zugangsregime der Europäischen Union«, *Ethica. Wissenschaft und Verantwortung*, H. 2 (2009), S. 155–156.

50 EuGH, Urteil vom 25. Juli 2008, C-127/08.

51 EuGH, Urteil vom 25. Juli 2008, C-127/08, Rn. 55.

Die bestehenden Möglichkeiten zeigen, dass das geltende Recht zumindest theoretisch kein Dogma vorschreibt, dass ein irregulärer Aufenthalt nicht in einen regulären umgewandelt werden darf. In der Praxis ist die Realisierung indes zumeist sehr schwierig, da die hierfür notwendigen Schritte der Offenbarung gegenüber der Behörde die Gefahr der Abschiebung mit sich bringt. Bei der Eheschließung zum Beispiel ist die Vorlage von Ausweisdokumenten und Ehefähigkeitsbescheinigungen notwendig. Werden diese Dokumente den Behörden vorgelegt, werden diese oftmals den Ausländerbehörden zur Betreibung der Abschiebung übermittelt. Die Gefahr der Abschiebung lässt viele Papierlose davor zurückschrecken, theoretische Möglichkeiten der Regularisierung tatsächlich in Anspruch zu nehmen.

Dass Regularisierungen für die deutsche Rechtsordnung kein völliger Systembruch wären, zeigt auch die Rezeption der Bleiberechtsregelungen für Geduldete auf europäischer Ebene, die in rechtsvergleichende Studien als Formen der Regularisierungen angesehen werden.[52] Die Erteilung der Duldung wird in den europäischen Analysen als Zwischenstatus angesehen, der in einer zweiten Stufe – durch Bleiberechtsregelungen oder andere Mechanismen – in einem echten Aufenthaltstitel münden.

Wenn Regularisierungen im deutschen Recht bereits angelegt sind, so darf es kein Tabubruch sein, über ihre Weiterentwicklung nachzudenken. Die humanitären Erwägungen, die für eine Bleiberechtsregelung gegenüber Geduldeten sprechen, können in ähnlicher Weise für viele Migrant/innen mit irregulärem Aufenthalt angeführt werden.

Menschenrechtlich begründete Regularisierungsmechanismen, die im Schutz von Ehe und Familie, oder im Schutz der Privatsphäre (Art. 8 EMRK) ihren Ursprung haben, können konsequent weiterentwickelt werden.

Neben den menschenrechtlichen und humanitären Gründen für Regularisierungen ist die Zurückdrängung von irregulären Beschäftigungsverhältnissen eine zentrale soziale Frage. Es ist im Interesse der betroffenen Migrant/innen und eine gesellschaftliche Aufgabe Beschäftigungsverhältnisse zu Dumpinglöhnen oder unter teilweise Sklaven-ähnlichen Verhältnissen zurückzudrängen. Hierzu können Regularisierungen, die arbeitsmarktpolitisch motiviert sind, eine wichtige Rolle spielen. Den betroffenen Migrant/innen muss es ermöglicht werden, durch die Erlangung eines regulären Aufenthaltstitels in den regulären Arbeitsmarkt zu wechseln.

52 Siehe Kraler, *Regularisation* [wie Anm.3].

Soziologie der Migrationskämpfe: Die Transformation der Bewegung der »Papierlosen« in Barcelona in eine MigrantInnenbewegung*

Amarela Varela Huerta

Dieser Text ist ein Beitrag aus der südlichen Hemisphäre über den
Europas, genauer: über Spanien. Er handelt von den sozialen Beweg
der MigrantInnen, die alltäglich den öffentlichen Raum des alten
nents bevölkern, um das Recht einzufordern, bleiben zu dürfen, un
mit all den Rechten wie jede/r andere BürgerIn auch.

Diese Arbeit resultiert aus einer umfangreichen Untersuchung, d
über eine Dauer von sechs Jahren in der Hauptstadt Kataloniens, Barc
durchgeführt haben.[1] Die hier präsentierten Befunde sind das Ergebn
24 vertieften biografischen Interviews mit AkteurInnen und Gegner
der Bewegung, AmtsträgerInnen, Gewerkschaften und Vereinen dieser
Darüber hinaus basiert die Arbeit maßgeblich auf partizipierenden Beo
tungen, die wir zwischen 2002 und 2007 angestellt haben, um die Ford
gen, Protestformen und Bündnisse, die die MigrantInnenbewegung
risch aufgebaut hat, besser zu verstehen.[2]

Im ersten Abschnitt werden die Etappen der Bewegung sowie deren
trale Forderungen angesprochen, anschließend werden die AkteurInne
Bewegung detaillierter beschrieben und abschließend erläutern wir
Protestformen. Die Darstellung endet mit einer kurzen Reflexion übe

* Übersetzung aus dem Spanischen von Heiner Fechner.

1 Die Dissertation *Porque la ciudadania se consigue ejerciéndola* (Warum die Staatsbi
schaft erreicht wird, indem man sie ausübt) ist elektronisch verfügbar: 30.11.2011,
migracat.cat/document/3c14dc26b41f772.pdf.

2 Über die biografische Untersuchung von sozialen Bewegungen siehe grundlegend
Borda, Orlando, »Algunos ingredientes básicos«, in: CINEP (Hg.) *Acción y conocimi
Como romper el monopolio con investigación acción participativa*, Bogotá 1991; Cole
SITUACIONES, »Algo más sobre la militancia de investigación. Notas al pie sobre p
dimientos e (in)decisiones«, in: Traficantes de Sueños (Hg.), *Nociones comunes, experie
y ensayos entre investigación y militancia*, Madrid 2004, S. 93–110.

Kampfstrategien, insbesondere aber ihre Forderungen. Sie gingen zur Forderung »Papiere und Rechte für alle« über. Hintergrund hierfür war, dass viele der AktivistInnen der ersten Stunde feststellten, dass die Aushändigung eines Aufenthaltstitels mit Arbeitsberechtigung nicht die Gesamtheit der sozialen, ökonomischen, politischen und kulturellen Rechte garantierte, die der StaatsbürgerInnenstatus als rechtliches Dispositiv der nationalen Bevölkerung gewährte. Entsprechend widmeten sich die MigrantInnen zwischen 2002 und 2004 vermehrt dem Aufbau von Stadtteilorganisationen, um Kommunikationsräume und Bündnisse mit anderen Kollektiven und Aktivisten zu schaffen – mit dem Ziel der »bedingungslosen Legalisierung«.

Zu Beginn des neuen Jahrtausends erkannte die MigrantInnenbewegung, dass der Staat als Gesprächspartner sich zunehmend darauf berief, »gemeinschaftseuropäisiert« zu sein, weshalb sie ebenfalls Bündnisse auf europäischer Ebene suchte und an Koordinationsräumen wie beispielsweise den Europäischen Sozialforen partizipierte. Der Einsatz für die europäische Koordinierung markiert den Beginn einer dritten Etappe des von uns zu analysierenden Gründungsprozesses, in welcher es den Mitgliedern der Bewegung gelang, die Kathedrale von Barcelona zu besetzen. Die zentrale Forderung der MigrantInnen war neben der »bedingungslosen Anerkennung« aller »papierlosen« MigrantInnen die Anerkennung der Bewegung und ihrer AkteurInnen als legitime GesprächspartnerInnen des Staates, obwohl zu jener Zeit das AusländerInnengesetz politische Aktivitäten der »Papierlosen« in Spanien verbot.

Im Jahr 2008 erreichte die Weltwirtschaftskrise Spanien. Die Krise traf insbesondere die MigrantInnen, denn diese arbeiten hauptsächlich im Dienstleistungsbereich, dem Bauwesen und dem Pflegebereich. Die Auswirkungen in den ethnisch für MigrantInnen reservierten Teilen des Arbeitsmarktes waren erheblich, insbesondere für diejenigen, die in der Bauindustrie und im Dienstleistungsbereich arbeiteten. Nichtsdestotrotz gibt es in einigen Bereichen des Arbeitsmarktes gewerkschaftlich ausgehandelte »Quoten« für MigrantInnen, die sich nicht einfach verändern lassen. So ist es zum Beispiel unmöglich, ältere Leute in ein Land der Peripherie zu bringen und dort pflegen zu lassen. Generell haben allerdings die Arbeitsbedingungen und der Wettbewerb um Arbeitsplätze nicht nur den sozialen Rassismus verschärft, den die MigrantInnen im Alltag erleiden, sondern es hat sich insbesondere der institutionelle Rassismus verschlimmert, der Gesetze über die freiwillige Rückkehr hervorgebracht und ArbeitnehmerInnenrechte für MigrantInnen – wie allerdings auch für Einheimische – eingeschränkt hat. Die spanische Regierung verschärft die AusländerInnengesetze, damit – wie in der Epoche der Sklaverei – es nur die stärksten MigrantInnen schaffen, auf spanisches Territorium zu gelangen, das heißt, dass die Überwindung der europäischen Außengrenzen nur denjenigen gelingt, die bei ihrer Einreise unter Missachtung der AusländerInnengesetze einen minengesäumten Pfad überstehen. So profitieren die rechten und Mitte-Links-Parteien, die Spanien seit der Zunahme der Migration regieren, von der Verlagerung der Außengrenzen, die die Europäische Union Afrika als Bedingung für seine »Entwicklungshilfe« aufgezwungen hat. Sie profitieren ebenfalls von der Umsetzung der kriegerischen Grenzpolitik (FRONTEX) und machen dadurch die Wege derjenigen, die ohne »ordnungsgemäße Papiere« nach Spanien einreisen möchten, länger und verschlungener.[6]

Das ist das Szenario, mit dem sich heute die MigrantInnen und AktivistInnen der MigrantInnenbewegung konfrontiert sehen: stärkere Grenzkontrollen, ständige Razzien und Prekarisierung des Lebensalltags.

Vor diesem Hintergrund bringen die organisierten MigrantInnen derzeit die Losung »wir sind keine Maschinen zum Benutzen und Wegwerfen« in die Öffentlichkeit. Sie weisen damit auf die Politik der ständigen Ausgrenzung hin, der sie sich ausgesetzt sehen, und konzentrieren ihre Kräfte insbesondere auf Kampagnen gegen Internierungscamps für AusländerInnen.[7]

Aus unserer Perspektive hat sich das normative Ideal der Bewegung auf die Forderung nach der »Abschaffung aller Gesetze zugespitzt, die uns von den nicht in Spanien geborenen spanischen Staatsangehörigen unterscheiden«.[8] Das zeigt, dass die Bewegung einen Gründungsprozess erlebt hat, welcher sie in eine politische Akteurin verwandelt, die ihre Vorstellungen und politischen Forderungen im Hinblick auf den politischen, sozialen und ökonomischen Kontext der Bewegung entwickelt. All dies sind Merkmale, die die TheoretikerInnen des »Altermundismo«[9] aufgestellt haben. Daher schlagen wir vor, die MigrantInnenbewegung Barcelonas als ein weiteres Bei-

---

6 Espacio por la Desobediencia a las Fronteras, »La vida en la Frontera: internamiento y expulsiones«, in: VV.AA. (Hg.), *Frontera Sur, nuevas políticas de gestión y externalización del control de la inmigración en Europa*, Barcelona 2009, S. 207–238.

7 Chalameta, Ferrán/De Francisco, Cesar, (2008): »La huelga de hambre en el CIE saca a la luz la vulneración de derechos«, *Periódico Diagonal*, No. 76 (2008).

8 Manifest der ARSC (Archiv, 2008).

9 Spanische Wortschöpfung aus »eine andere Welt ist möglich«, dem Motto des Weltsozialforums; im Deutschen in der Regel unter umgekehrten Vorzeichen als »GlobalisierungskritikerInnen« bezeichnet (Anm. des Übersetzers).

spiel der neuesten sozialen Bewegungen[10] aus der Familie des Altermundismo zu betrachten.

Die MigrantInnenbewegung in Barcelona ist ein hybrider und polyethnischer kollektiver politischer Akteur. Hybrid, weil sie als Verhandlungsergebnis der politischen Kulturen entsteht, die die MigrantInnen aus ihren Ländern und politischen Ursprungsgemeinschaften mit sich bringen. Polyethnisch, weil die AktivistInnen aus verschiedenen »peripheren« Gegenden kommen und weil in erheblichem Umfang auch europäische BürgerInnen, insbesondere aus Spanien, aber auch aus anderen Teilen Europas, an ihr teilnehmen. Alberto Melucci[11] sagt, dass eine kollektive politische Identität durch diejenigen gebildet wird, die ihr durch Selbstzuschreibung ihrer Mitglieder zustimmen. Man kann sagen, dass Protagonismus, Konfliktgeladenheit und soziale Bedingungen der MigrantInnen, die sich der politischen Identität der MigrantInnenbewegung zugehörig fühlen, nicht allein ihrer Zurechnung zur ArbeiterInnenklasse entspringen. Ihr Spezifikum liegt zum Zeitpunkt der Mobilisierung vielmehr in der Identifikation mit ihrem Anderssein als MigrantInnen. Darüber hinaus ist die wichtigste Identifikation der den kollektiven politischen Akteur der MigrantInnen bildenden Menschen, in Spanien »ohne Papiere zu sein«. Indem sie sich das durch die Gesellschaft und die Institutionen auferlegte Stigma aneignen, »praktizieren sie Staatsbürgerlichkeit und rekonstruieren ihre Identität mit positiven Elementen, und versuchen damit das Gefühl des Stigmas, das auf ihnen lastet, umzudrehen«, wie Elena Giner[12] vorschlägt.

Indem sie sich soziopolitisch als MigrantInnen »ohne Papiere«, als »Ausweislose« identifizieren, emanzipieren sich die MigrantInnen von der Rolle der »Opfer« oder »Kriminellen«, welche die ambivalente geltende Sozialordnung ihnen zuweist. Sie verwandeln sich in »AgentInnen«. Diese Errungenschaft erlaubt ihnen, ein »wir« zu konstruieren, mit dessen Hilfe sie ihre politischen Aktionen rechtfertigen, entwickeln und kontrollieren können.

10 Zur Soziologie der sozialen Bewegungen genauer Godàs, Xavier, *Política del disenso. Sociología de los movimientos sociales*, Barcelona 2007.

11 Melucci, Alberto, »Asumir un compromiso: identidad y movilizaciones en los movimientos sociales«, *Zona Abierta*, H. 69 (1994), S. 153–180.

12 Giner, Elena, »Los colectivos de sin papeles en Francia: Agentes de redefinición identitaria y ejercicio de ciudadanía local«, in: Suaréz/Macia/Moreno (Hg.), *Las luchas de los sin papeles* [wie Anm. 5], S. 73–105.

II. Die MigrantInnen als protagonistische politische AkteurInnen

Wenngleich die Mehrheit derjenigen, die regelmäßig an den Mobilisierungen teilnehmen oder sich als SympathisantInnen betrachten, MigrantInnen ohne vorherige politische Erfahrungen sind, befinden sich unter den zentralen AktivistInnen der Bewegung ebenfalls »papierlose« MigrantInnen, die vorher bereits politisch aktiv waren. Diese betrachten die Bewegung als Bezugsgröße, um Papiere für die Ausgegrenzten sowie Rechte für diejenigen zu fordern, die durch die Restriktionen des AusländerInnengesetzes beschränkt sind.

Wie einer der von uns Interviewten erklärt:[13]

> »Ich identifiziere mich mit Cornellà Sin Fronteras,[14] weil es sich dabei um eine Vereinigung, eine Bewegung handelt, die nicht nur für die Papierlosen kämpft, sondern im Grunde für einen sozialen Wandel, sie kämpft nicht nur für Papiere, sondern für einen globalen sozialen Wandel; [in der Vereinigung] haben wir mit dem Kampf für Papiere begonnen und kämpfen nun für Papiere, für Wohnungen, für die Würde im Arbeitsleben und für die kulturellen Rechte, die Gleichheit der kulturellen Rechte.«

In den von uns analysierten Lebensläufen der AktivistInnen der Bewegung kann man neben der Aneignung des Stigmas der »Papierlosen« und der Bedeutungsänderung dieser Bezeichnung einen Prozess erkennen, der von der Angst als individuellem, aber kollektiv erfahrenem Gefühl zur Partizipation an Protestaktionen führt, die sogar Deportationen zur Folge haben können.

Um Verallgemeinerungen zu vermeiden, muss betont werden, dass es unter denjenigen, die sich der Bewegung der »Papierlosen« annähern und die sich durch ihre Partizipation in AktivistInnen verwandeln, viele gibt, deren Teilnahme ein Verfallsdatum trägt. Dieses fällt oft auf den Zeitpunkt des Erhalts von »Papieren« als Ergebnis der Mobilisierungen oder einer sonstigen administrativ oder individuell erreichten Legalisierung ihrer Lebenssituation. Dieses Bild von zuvor nicht politisierten MigrantInnen, die die stabilen Strukturen der Bewegung verlassen, nachdem sie eine Legalisierung erreicht haben, wird aber durch diejenigen nuanciert, die SympathisantInnen der Bewegung bleiben.

13 Die Interviews wurden auf Wunsch der Interviewten anonymisiert.

14 Die Vereinigung Cornellà Sin Fronteras ist eine zivilrechtliche Organisation, die in der Hitze der Besetzungen von 2001 gegründet wurde; sie wird mehrheitlich von MigrantInnen mit berberischer Herkunft aus dem Süden Marokkos gebildet; diese Vereinigung ist eine der Plattformen, über die die MigrantInnenbewegung in Barcelona gebildet wird.

So meint eine interviewte Person:

»Ich betrachte mich als Teil der Bewegung, aber leider nicht so aktiv. Denn nun, da ich Papiere habe, kann ich leider nicht beides tun [arbeiten und aktiv sein], denn die Versammlungen sind abends während der Woche, und die Mobilisierungen während des Wochenendes. [...] aber ich sorge dafür, dass ich informiert bleibe. Und wenn mein arbeitsfreier Tag mit einer Mobilisierung zusammentrifft, bin ich dabei. Denn ich glaube, dass das Thema nicht gelöst ist, es ist ein bleibendes Problem. Und weil wir, die wir jetzt Papiere haben, nicht vergessen dürfen, dass es immer noch viele Leute gibt, die keine Papiere haben. [...] Aber wenn wir nicht arbeiten, zahlen wir keine Sozialversicherungsbeiträge, und dann nehmen sie uns die Papiere weg.«

Das heißt, wenngleich die Bewegung seit ihren Anfängen eine fortschreitende Erweiterung ihrer Forderungen erfahren hat, um sich in eine Bewegung derer mit und ohne »Papiere« zu verwandeln, bleibt die stets drängende Forderung die Legalisierung, und die große Mehrheit derjenigen, die aktiv sind, tut dies mit der Überzeugung, sie zu erreichen. Diese konkrete Partizipation an einem Protestzyklus ist kein exklusives Merkmal der MigrantInnenbewegung; das geschieht in der Mehrheit der gegenwärtigen sozialen Bewegungen. Nichtsdestotrotz ist es für die Organisation von Protestzyklen unerlässlich, dass die Bewegung durch die Aktivität der stärker in das politische Projekt involvierten Personen erhalten wird. Diese AktivistInnen organisieren die soziale Bewegung und sichern deren zeitlichen Bestand wie auch ihre fortdauernde Präsenz in der öffentlichen Wahrnehmung.

In den Organisationen der Bewegung lassen sich zwei unterschiedliche Profile von bleibenden Aktiven identifizieren. Auf der einen Seite sind dies die MigrantInnen mit legalem Aufenthaltsstatus, den sie durch ihre Mobilisierungen erreicht haben, und auf der anderen Seite die »UnterstützerInnen« oder SpanierInnen, die wir weiter unten behandeln werden.

Über die ersteren lässt sich feststellen, dass die in stabilen Strukturen partizipierenden MigrantInnen der Bewegung in Barcelona zu einem Großteil vom indischen Subkontinent, insbesondere aus Pakistan, stammen, sowie aus Nordafrika, überwiegend MarrokanerInnen mit Berber-Hintergrund. Aber es gibt auch eine starke Präsenz von MigrantInnen aus Lateinamerika (insbesondere Frauen), Osteuropa und Schwarzafrika. Uns interessierte allerdings ihre vorherige politische Identitätsbildung stärker als ihre ethnische Herkunft, denn wie oben beschrieben war ein erheblicher Teil dieser AktivistInnen bereits vor ihrer Einbindung in die MigrantInnenbewegung an einer kollektiven politischen Identität in ihren Herkunftsländern beteiligt oder blieb sogar aktiver Teil dieser Identität. So konnten wir einige Personen treffen, die aktiv in NGOs gearbeitet hatten, welche zum Teil transnational agierten. Über diese hatten sie sich mit den Diskursen über die Universalität der Menschenrechte vertraut gemacht und sie zu beherrschen gelernt. Andererseits gab es AktivistInnen, die zuvor in StudentInnenbewegungen aktiv waren und sich darüber mit den Kämpfen der Indígenas verbanden.

Besondere Erwähnung verdient die kämpferische Vergangenheit eines erheblichen Anteils der jungen AktivistInnen von Cornellà Sin Fronteras.[15] Die Mehrheit der bisherigen AktivistInnen dieser Vereinigung (sei es als GründerInnen oder weil sie trotz des Erhalts von »Papieren« oder sogar mit spanischer Staatsangehörigkeit eine kontinuierliche Aktivität aufrecht erhalten hatten) haben aktiv an politischen Prozessen teilgenommen. Fast alle Interviewten mit marokkanischer Herkunft gaben an, in der SchülerInnen-/StudentInnenbewegung aktiv gewesen zu sein. Andere AktivistInnen der Vereinigung Cornellà Sin Fronteras hatten vor ihrer Migration am Kampf für Anerkennung des Volkes der Imazighen (BerberInnen) teilgenommen. Unter den dauerhaften AktivistInnen von Cornellà Sin Fronteras sind häufig Erfahrungen anzutreffen, die eine aktive studentische Vergangenheit mit dem Kampf um die Anerkennung der berberischen Identität verbinden: den Amazighismus.

Schließlich gibt es Lebenswege, in welchen eine habituell und formal als politisch erachtete Partizipation nicht existiert, die jedoch aus unserer soziologischen Perspektive Organisationserfahrungen zur Verteidigung gegen eingeübte Repressionsmechanismen diktatorischer Regime in ihren Heimatländern aufzeigen. Das gilt beispielsweise für die MigrantInnen pakistanischer Herkunft, die physische und psychische bleibende Erfahrungen der Selbstverteidigung und Solidarität mit durch das Regime verfolgten Menschen mitbringen.

Vor diesem Hintergrund schlagen wir vor, die MigrantInnenorganisationen nicht nur als polyethnisch, sondern auch über ihre kulturelle Identität zu definieren. Sie sind hybride Organisationen wegen der Kombinationen politischer Kulturen, des Wissens und des *Know-How*, die mit den Erfahrungen vieler anderer MigrantInnen zusammentreffen, sie zum Dialog bringen und in einen neuen Kontext stellen.[16] Die Berücksichtigung der Hybridisierungen erlaubt es uns, mit größerer Komplexität und Trennschärfe den Pro-

15 Espacio por la Desobediencia a las Fronteras, »La vida en la Frontera« [wie Anm. 6].

16 Varela, Amarela, »Residency Documents for all! Notes to understand the Movement of Migrants in Barcelona«, *Refuge: Canada's Periodical on refugees*, Vol. 26.2 (2009), 29.11.2011, http://pi.library.yorku.ca/ojs/index.php/refuge/article/view/32083.

zess der Bewegungsbildung zu analysieren, der dadurch beeinflusst wird, dass die ProtagonistInnen aus sehr verschiedenen Realitäten und soziopolitischen Erfahrungshintergründen kommen. Daher, so unsere Überzeugung, sehen sich die AktivistInnen in der MigrantInnenbewegung Barcelonas verpflichtet, kollektiv zu handeln, um ihre politischen Vorstellungen zu kombinieren. Sie gehen dabei zum Beispiel von der Anerkennung religiöser Kosmovisionen der verschiedenen Gesellschaften aus, aus denen sie sich zusammensetzen, und kombinieren oder »mestizieren« (vermischen) ihre »originären« politischen Strategien und Taktiken.

III. Die »UnterstützerInnen«, die an der Bewegung partizipieren

In diesen Prozess intervenieren erheblich die »UnterstützerInnen«, welche die MigrantInnenbewegung partizipierend begleiten. Es handelt sich dabei um Personen, die, obwohl keine MigrantInnen, dem Forderungskatalog der MigrantInnen und den zentralen Mobilisierungszyklen zustimmen. Es ist anzumerken, dass es sich bei den »UnterstützerInnen« der Bewegung nicht ausschließlich um »Autochthone« handelt; sondern dass unter den dauerhaft beteiligten AktivistInnen vollberechtigte BürgerInnen sind, die nicht die spanische Staatsbürgerschaft besitzen. Es handelt sich dabei um EuropäerInnen anderer Nationalitäten, die in Barcelona wohnen, aber in ihren Herkunftsländern bereits in MigrantInnenbewegungen aktiv waren und die mit diesen Kämpfen auf europäischer Ebene vertraut und in ihnen engagiert sind.

Andere Forschungen über die MigrantInnenbewegung, insbesondere solche, die die französischen Kollektive betreffen (Simeánt, 1998; Giner, 2007; und Morice, 2007),[17] [18] geben an, dass nur diejenigen TeilnehmerInnen der MigrantInnenproteste, welche die Staatsbürgerschaft besitzen, als »UnterstützerInnen« bezeichnet werden. Sie haben zwar kein Stimmrecht, wegen

17 Simeánt, Joanna, *La cause des sans-papiers*, Paris 1998; Giner, »Los colectivos de sin papeles en Francia« [wie Anm. 12].

18 Morice, Alain, »La Lucha de los sin papeles. Anomalías democráticas y la (imparable) Extension de la ciudadanía«, in: Suárez/Macia/Moreno (Hg.), *Las luchas de los sin papeles* [wie Anm. 5], S. 79–72; Giner, »Los colectivos de sin papeles en Francia«, [wie Anm. 12], S. 73–105; Simeánt, *La cause des sans-papiers* [wie Anm. 17].

der solidarischen Basis ihrer Aktivität besitzen sie jedoch ein Rederecht. Ihre Rolle in der Bewegung der »Papierlosen« besteht lediglich darin, die Prozesse zu begleiten.[19]

Im Fall Barcelonas sind alle als »UnterstützerInnen« (»apoyos«) bezeichneten spanischen, europäischen, »legalisierten« AktivistInnen rede- und stimmberechtigte Mitglieder in den Versammlungen der MigrantInnen. Denn sie sind MitbegründerInnen dieser politischen Identität, weil sie sich als »WeltbürgerInnen« betrachten, aber insbesondere, weil die MigrantInnen keinen Maßstab eingeführt haben, der ihre Stimme von der der »apoyos« unterscheidet, die von ihnen unter anderem als »Eingeborene«, »KatalanInnen«, »EuropäerInnen«, »Weiße« oder »Hiesige« bezeichnet werden. Dies ist ein wichtiger Gesichtspunkt, denn die »fehlende exklusive Autonomie«, die die »Papierlosen« in den Versammlungsentscheidungen zeigen, dient Medien, BeamtInnen, einigen AkadekerInnen und manchen im Migrationsbereich tätigen Organisationen dazu, viele Aktionen der organisierten MigrantInnen in Barcelona als durch »linksradikale Grüppchen« manipuliert zu bezeichnen.

Wenngleich weiter unten die Dynamiken in den Versammlungen der Bewegung beschrieben werden, ist bereits hier zu sagen, dass es sehr schwer ist, sich vorzustellen, dass sich tausende von MigrantInnen durch Kollektive mit traditionellen, konkreten Ideologien für deren eigene Zwecke instrumentalisieren lassen. Das liegt daran, dass in den Versammlungen bei der Entscheidungsfindung über Aktionen und Forderungen ein komplexes System der Artikulation von Erfordernissen, Ungleichzeitigkeiten und Netzwerken einer Vielfalt von Menschen zu beobachten ist, das deutlich komplexer ist, als diejenigen annehmen, die von Manipulation sprechen.

Zu den früheren politischen Aktivitäten der »UnterstützerInnen« ist festzustellen, dass nur ein kleinerer Teil der »UnterstützerInnen« ihre Aktivitäten in sozialen Bewegungen durch Mitarbeit in der MigrantInnenbewegung in Barcelona begonnen hat. Vielmehr ist es so, dass gewöhnlich diejenigen, die die spanische Staatsbürgerschaft oder »Papiere« besitzen, Mitglieder anderer katalanischer sozialer oder politischer Bewegungen sind. Darunter sind Mitglieder von politischen Organisationen, die den Forderungen der MigrantInnen nahestehen,wie den Gewerkschaftsdachverbänden CGT und CNT, der Förderation der Nachbarschaftsorganisationen Barcelonas (FAVB), Kul-

19 Genauer Abdallah, Mogniss, »Chroniques d'un mouvement: Sans-papiers«, *IM'média/REFLEX*, 1997, S. 54–61; Cissé, Madjiguèn, *Palabra de sin papeles*, Donostia San Sebastián 2000; Diop, Abdabacar, *Dans la peau d'un sans-papiers*, Paris 1997.

turzentren und Nachbarschaftsbewegungen, Jugendliche aus der Hausbesetzerszene, VertreterInnen von NGOs, christliche BasisaktivistInnen und organisierte StudentInnen. Viele europäische AktivistInnen der MigrantInnenbewegung haben zudem Erfahrungen in internationalen Solidaritätsorganisationen gesammelt. Das gilt ebenfalls für diejenigen, die stark mit der ArbeiterInnenbewegung verbunden sind. Darüber hinaus sind Aktive zu finden, die aus antirassistischen Organisationen kommen, außerdem Mitglieder außerparlamentarischer politischer Parteien (zum Beispiel PSUC-Viu) und sozialer Organisationen (zum Beispiel: Revolta Global oder Liga Internacionalista) . Unter den spanischen »UnterstützerInnen« gibt es solche, die vor ihrer Aktivität in der MigrantInnenbewegung im Exil lebten, gegen den Frankismus kämpften und an Arbeitskämpfen in Frankreich beteiligt waren. Einige nahmen auch aktiv an den Anfängen der spanischen feministischen Bewegung teil.

So fließen in der MigrantInnenbewegung kollektive politische Identitäten wie auch frühere und aktuelle Konzepte zusammen, ein *Know-How*, das es ermöglicht, Mechanismen zu entwickeln, um Aktionen zu planen und die Forderungen der neu angekommenen MigrantInnen sichtbar zu machen.

IV. Die Versammlungen der MigrantInnenbewegung

Trotz der Komplexität, die das Gesagte impliziert, ist es den MigrantInnen und »UnterstützerInnen« gelungen, eine Bewegung aufzubauen. Um diesen Prozess besser zu verstehen, müssen wir uns stärker mit den Organisationsstrukturen beschäftigen, die sie im Laufe der Zeit zusammen aufgebaut haben, sowie insbesondere mit den Versammlungsdynamiken.

In der MigrantInnenbewegung Barcelonas gab es zur Zeit der Erstellung dieser Studie vor allem zwei stabile Organisationen, in welchen die MigrantInnen mit und ohne Papiere sowie die »UnterstützerInnen« aktiv sind: »Papiere und Rechte für alle«,[20] und »Cornellà Sin Fronteras«. Diese beiden Organisationen bilden gemeinsam mit nahestehenden sozialen Organisationen von UnterstützerInnen wie Santa Coloma Acoge, Revuelta Global und den Gewerkschaftsdachverbänden CGT und CNT die »Versammlung für bedingungslose Anerkennung (»Regularisierung«)« (ARSC).[21] Wir analysie-

20 »Papeles y Derechos para todos y todas«, bis vor 2005: »Papeles para todos«.
21 Asamblea por la Regularización Sin Condiciones (ARSC).

ren diese Plattform, weil in ihr alle Vereinigungen der Bewegung konvergieren und die Initiativen landesweiter Netzwerke für die Rechte der MigrantInnen diskutiert werden. Ebenso liefert sie hinreichend Anschauungsmaterial, um die Versammlungspraktiken der Bewegung zu beschreiben.

Die ARSC organisiert sich wie Papeles y Derechos para Todos y Todas und Cornellà Sin Fronteras über wöchentliche Versammlungen, an denen sowohl individuelle AktivistInnen als auch RepräsentantInnen katalanischer sozialer Organisationen oder von MigrantInnenkollektiven in Barcelona teilnehmen. Die Versammlung ist das zentrale Beratungsorgan, in dem die Strategien zum Erreichen der Einzelforderungen der Bewegung besprochen werden. Da viele der TeilnehmerInnen nicht spanisch oder katalanisch sprechen und eine Vielzahl von Sprachgruppen präsent ist, werden während der Versammlungen Simultanübersetzungen durch DolmetscherInnen der jeweils anwesenden Sprachgruppen geliefert. Über diese DolmetscherInnen schlagen die TeilnehmerInnen Aktionen oder Dokumente vor, über die in der Regel von den Mitgliedern ihres Kollektivs zuvor ein Konsens getroffen wurde.

Auf diesen wöchentlichen Versammlungen laden die »UnterstützerInnen« die MigrantInnen ebenfalls zu den Protestveranstaltungen der Bewegungen ein, aus denen sie stammen.[22] Zugleich sind die wöchentlichen Treffen die Foren, in denen die »UnterstützerInnen« durch die MigrantInnen beauftragt werden, ihre Organisationen zu informieren und damit in die Aufrufe der MigrantInnenbewegung einzubeziehen.

Im Rahmen dieser institutionalisierten Treffen, auf welchen nicht selten auch Diskussionen informativen Charakters stattfinden, bringen die AnwältInnen oder juristisch Geschulten die TeilnehmerInnen auf den neuesten Stand , was administrative Maßnahmen sowie Verwaltungsverfahren der MigrantInnen angeht. Während der wöchentlichen Versammlungen werden regelmäßig auch anstehende ausländerInnenrechtliche Änderungen sowie die daraus folgenden Konsequenzen für die MigrantInnen diskutiert. Entsprechend sind die Versammlungen relationale Räume, in denen eine Art kollektive Alphabetisierung im AusländerInnenrecht erfolgt. Es sind regelmäßig die MigrantInnen, die die Informationen einbringen. Das heißt, dass es in den Versammlungen keine »gelehrten« Stimmen gibt, die über das AusländerInnenrecht dozieren; vielmehr herrscht eine Dynamik gegenseitigen

22 Pastor, Jaime, (2007): »El movimiento antiglobalización y sus particularidades en el caso español«, *Jóvenes, Globalización y Movimientos Altermundistas, Revista de Estudios de la Juventud*, No. 76 (März 2007), S. 39–54.

Lernens. Daher diskutiert man nach den juristischen Fragen stets, mit welchen Mitteln die durch das Ausländergesetz und die zugehörigen Durchführungsverordnungen auferlegten Restriktionen in der Öffentlichkeit, in der katalanischen Gesellschaft bekannt gemacht werden können.

Die MigrantInnen nehmen regelmäßig an diesen Versammlungen teil, da diese nicht nur Foren zur Diskussion kollektiver politischer Aktionen sind, sondern auch ein konkreter Ort, an dem jede/r ihre/seine persönlichen Zweifel am Prozess der Legalisierung artikulieren kann. Die Versammlungen sind Diskussionsräume, in welchen eine interkulturelle Aushandlung des Politischen erfolgt. In der Regel vereinbaren die MigrantInnen und die »UnterstützerInnen« nur Stunden, nachdem sie die Protestoptionen debattiert haben, eine Strategie des stufenweise auszuübenden Drucks auf die Verwaltung. So beginnen die Aktionen der MigrantInnenbewegung häufig mit dem Zusammenschluss mit Verbündeten jeder Art, darunter auch autonome Bewegungen (BesetzerInnenszene, FeministInnen, Studierende) sowie solche aus dem katalanischen Vereinsnetzwerk (wie zum Beispiel Nachbarschaftsvereine, antirassistische Gruppen, sowie nicht in der Versammlung organisierte (Pro-)MigrantInnenorganisationen). Die an der Versammlung teilnehmenden gewerkschaftlichen RepräsentantInnen der CGT und der CNT begleiten die Kampagnen der MigrantInnen – zumindest formal – ohne Ausnahme.

Nachdem man die Unterstützung des jeweiligen Manifests erreicht hat, das stets die Forderung nach Aufhebung der sie zu AusländerInnen machenden Gesetze beinhaltet, aber die jeweils situationsbezogenen Forderungen in den Vordergrund stellt, rufen die MigrantInnen zu Demonstrationen auf. Diese enden praktisch immer vor dem Sitz der Zentralregierung, von der die Bewegung direkte Gespräche einfordert, da sie Reformvorschläge ins Parlament einbringen kann und die AusländerInnengesetze ausführt. Häufig empfängt der Delegierte der Madrider Zentralregierung in Katalonien eine Abordnung der Bewegung, die das von den der ARSC nahestehenden Organisationen unterstützte Manifest übergibt. Während dieser Treffen werden jedoch keinerlei politische Vereinbarungen getroffen, und sie stellen entsprechend auch keine formale Anerkennung der Delegation als Verhandlungspartner dar. Üblicherweise warten die MigrantInnen anschließend auf eine Antwort der Verwaltung, davon ausgehend, dass diese ihre Forderungen oder einen öffentlichen Dialog ablehnt; aber diese Antwort erhalten sie nur selten.

Diesen gesamten Prozess nennen die MigrantInnen die »Motoren-Aufwärmphase«. In dieser Phase stützt man sich vor allem auf die organisatorischen Kräfte, um eine größtmögliche Zahl von UnterstützerInnen und TeilnehmerInnen an Demonstrationen zu aktivieren, insbesondere MigrantInnen mit und ohne »Papiere«. Parallel zu diesem Prozess leisten die Vereine und Kollektive, die die ARSC bilden, den MigrantInnen individuelle Hilfestellung bei der Erstellung der »Dossiers« oder Verwaltungsunterlagen, die diese dann im eigenen Namen den Ausländerbehörden vorlegen, um unter verschiedenen Voraussetzungen einen Aufenthaltstitel zu bekommen, zum Beispiel wegen »sozialer oder arbeitsbezogener Verwurzelung«.[23]

V. Beispiel spezifischer Zusammenschlüsse der *communities*

Die ARSC ist federführend in der Vorbereitung von Treffen mit anderen Organisationen, Demonstrationen, Kampagnen für Wohnraum, Bildung oder anderen Themen im Bereich der katalanischen Vereinigungen, Versammlungen der jeweiligen *communities* sowie Stadtteilversammlungen, und organisiert auch Feste und Konzerte.

So schaffen die MigrantInnen mit Hilfe ihres kulturellen und symbolischen, vor allem aber auch ihres sozialen Kapitals die Bewegung, um innerhalb ihrer *communities* die Forderungen der Bewegung zu verbreiten und die MigrantInnen mit und ohne »Papiere« zu mobilisieren. Gibt es dementsprechend Elemente, die uns die Feststellung erlauben, dass es sich um eine »neue Form politischer Tätigkeit« handelt? Aus soziologischer Sicht ist es weniger eine neue Form politischer Tätigkeit; sondern vielmehr eine neuartige Form der Ausübung von Staatsbürgerlichkeit bzw. politischer Rechte. Und ich

23 Die »arbeitsbezogene Verwurzelung« (»arraigo laboral«) ist eine Rechtsfigur, die dazu dient, die aufenthaltsrechtliche Lage eines/einer MigrantIn in Spanien zu normalisieren. Sie kann von denjenigen in Anspruch genommen werden, die sich seit mindestens zwei Jahren ununterbrochen in Spanien aufhalten, keine Vorstrafen aufweisen und Arbeitsverhältnisse mit der Mindestdauer von einem Jahr nachweisen können. Die »soziale Verwurzelung« wiederum ist ein Schlupfloch des AusländerInnenrechts, das es denjenigen, die sich mindestens drei Jahre in Spanien befinden, erlaubt, einen Aufenthaltstitel zu erhalten. Das setzt allerdings voraus, dass sie einen unbefristeten oder noch mindestens ein Jahr geltenden, vom Arbeitgeber unterzeichneten Arbeitsvertrag vorzeigen, nicht vorbestraft sind und dass sie familiäre Bindungen mit anderen in Spanien lebenden AusländerInnen nachweisen oder alternativ ein Schreiben der Stadtverwaltung ihres Wohnortes, in welchem ihre soziale Verankerung/Integration bescheinigt wird.

möchte unterstreichen, dass dabei das Thema sozioaffektiver Netzwerke, auf die die MigrantInnen bauen, einen besonderen Stellenwert hat.

VI. Neue Formen des Bewegungsaufbaus? Migrationsnetzwerke, *community*-bezogene Beziehungen und Bindungen

Claudia Pedone[24] erklärt in ihrer Untersuchung der MigrantInnen-Netzwerke:

»Die Beziehungen verwandtschaftlicher, freundschaftlicher und nachbarschaftlicher Art, die älteren community-bezogenen Verbindungen und die Netzwerke, sowohl in den Herkunftsgesellschaften wie auch die nach der Ankunft neu formierten, bilden größere Strukturen: die Migrationsnetzwerke. Unsere Analyseperspektive erlaubt es uns, die dynamische Konstruktion der zwischenmenschlichen Beziehungen, in die die MigrantInnen einbezogen sind, hinsichtlich bestimmter Zeiten und Räume anzusprechen.«

Der Blick auf die Bindungen und Beziehungen in der *community* half uns festzustellen, wie die MigrantInnen die kollektive politische Identität der MigrantInnenbewegung in Barcelona kennenlernen, sich ihr annähern, ihr beitreten und sie schließlich intensiv mitgestalten. Denn es sind gerade diese sozialen und affektiven Netzwerke innerhalb der MigrantInnen-*communities* in Barcelona, die die dauerhafte Aufrechterhaltung dieser politischen Identität ermöglichen. Mittels dieser Netze nehmen die neu in Barcelona Angekommenen über ihre dort aktiven FreundInnen oder Verwandten Kontakt mit der MigrantInnenbewegung auf. Das gleiche geschieht über die Protestzyklen oder die dauerhaften Bewegungsstrukturen.

Die AktivistInnen waren an die MigrantInnenbewegung herangeführt worden, weil ihre Cousins und Cousinen, ihre Geschwister, ihre ZimmergenossInnen sie vorgestellt hatten. In vielen Fällen ergab sich der Kontakt aber auch aus früherer politischer Zusammenarbeit, unter anderem zwischen den marokkanischen Studierenden, die in Hochschulorganisationen aktiv waren:

So erklärt ein Interviewpartner:

---

24 Pedone, Claudia, *Estrategias migratorias y de poder. »Tú siempre jalas a los tuyos«*, Quito 2006.

»Viele meiner Freunde aus dem Studium nahmen an den Besetzungen 2001 teil, und klar, als ich hier herkam, wusste ich schon von den Besetzungen und dass sie danach Vereine gegründet hatten. Die Besetzungen von 2001 sind nicht einfach so vorbei gegangen, sie haben vielmehr eine Geschichte hinterlassen bei einer Gruppe von Leuten, die einen Freundeskreis bilden, die Vereine gegründet haben [...]. Das haben sie uns nicht erst später erzählt, vielmehr erfuhren wir schon in Marrokko, dass viele Genossen an den Besetzungen teilnehmen, in einer Kirche in Barcelona, und klar, als wir hierher gekommen sind, waren sie es, die uns Orientierung gegeben haben – [...] sie helfen dir, und diese Hilfe ist einerseits materiell, aber auf der anderen Seite führen sie dich, beraten dich, helfen dir. Sie haben uns von ihren Erfahrungen mit den Besetzungen erzählt, was ihnen an dieser Erfahrung gefallen, was ihnen daran missfallen hat und was dabei herausgekommen ist und dass das einige gemeinsame Bezugspunkte hinterlassen hat, die die Leute hin und wieder dazu bringen, von dem Thema zu sprechen, und immer, wenn sie hingehen, nehmen sie dich mit, damit du zuschaust.«

Es ist hervorzuheben, dass diese sozialen Beziehungen ehemaliger StudentInnen, die heute in der Bewegung organisierte MigrantInnen sind, auch im Hinblick auf das Verständnis der Kämpfe anderer MigrantInnen innerhalb Europas funktionieren.

Die Analyse der MigrantInnennetzwerke und ihrer migrationsbezogenen Verbindungen gibt uns auch Aufschluss über die Zusammensetzung der MigrantInnenkollektive sowie darüber, wie diese sich in Ballungsräumen auf die Neuankömmlinge auswirken. So ist in der MigrantInnenbewegung in Barcelona festzustellen, dass die Zusammensetzung der zwei wichtigsten Organisationen der Bewegung, neben der kulturellen Definition (»die BerberInnen sind alle bei Cornellà Sin Fronteras und die PakistanerInnen im Verein Papiere und Rechte für alle«), Kriterien territorialer Besiedlung folgt. Mit anderen Worten, wenngleich sich die MigrantInnenkollektive der Bewegung als solche nach Protestzyklen auf Grundlage der ethnischen Identität ihrer Mitglieder gründeten, ist die Identifikation der MigrantInnen, die Mitglieder von Cornellà Sin Fronteras oder im Verein »Papiere und Rechte für alle« sind, weniger Konsequenz ihrer Selbstbezeichnung als BerberInnen oder PakistanerInnen, sondern vor allem das Ergebnis der territorialen Verwurzelung der Mitglieder. So erklärt eine interviewte Person: »In Cornellà sind wir praktisch alle Berber aus der Region Er Rachidia und Oarzazat« und bringt damit zum Ausdruck, dass die Vereinigung Cornellà Sin Fronteras in der MigrantInnenbewegung als Brücke zur *community* der BerberInnen in ganz Katalonien betrachtet wird. Die PakistanerInnen hingegen, die derzeit alle in der Vereinigung »Papiere und Rechte für alle« organisiert sind, werden dem

Stadtviertel Raval zugeordnet. Wenngleich nicht alle Mitglieder dort leben, ist dies das Zentrum ihrer sozialen, beruflichen und spirituellen Beziehungen in der Stadt.

Aber auch die Beziehungen der MigrantInnenkollektive mit den »UnterstützerInnen« werden durch Nachbarschaftskriterien bestimmt. Die sozialen und affektiven Netzwerke zwischen den MigrantInnen einerseits sowie zwischen MigrantInnen und »UnterstützerInnen« andererseits operieren auch im Cyberspace, über Telefon und insbesondere Internet, mittels der sogenannten »ethnischen oder Diaspora-Medien«.

Die AktivistInnen der Bewegung veröffentlichen im Internet regelmäßig muttersprachliche Berichte z.B. über Möglichkeiten, Papiere zu bekommen, Restriktionen bei der Familienzusammenführung oder den Stand der Arbeitsbedingungen für MigrantInnen in Spanien, sowie besonders ausführlich über die letzten Mobilisierungen der MigrantInnen in Barcelona. Auf diesem Wege kann die Information sowohl von Menschen in ihren Herkunftsländern wie auch in anderen Ländern der EU gelesen werden. So sagt eine der AktivistInnen:

> »Ja, es gibt ein Kommunikationsmedium für PakistanerInnen in ganz Europa, sie publizieren Fotos, Nachrichten; ich hatte Angst, derart Informationen zu verbreiten, ich ziehe es vor, Informationen nicht in alle Welt zu streuen. In Pakistan hat mich meine Familie im pakistanischen Fernsehen gesehen, das die Besetzungen filmte, und sie erschraken, weil sie dachten, dass man mich ausweisen würde [Lachen].«

Damit die Information zirkuliert, nutzen die AktivistInnen nicht immer die ethnischen oder Diaspora-Medien; sie verbreiten die Neuigkeiten via Email oder Blogs ebenfalls in den Sprachen der an der Bewegung beteiligten *communities*. In einer Studie über die Nutzung neuer Informations- und Kommunikationstechnologien durch die neuen sozialen Bewegungen betont die Wissenschaftlerin Sara López (2007),[25] dass wir vor innovativen Formen politischer Partizipation stehen, Formen, die für sich allein einen Zweck darstellen und nicht lediglich ein Medium für soziale Transformation sind. Aus unserer Perspektive sind diese neuen Technologien im Fall der MigrantInnenbewegung in Barcelona weniger ein Ziel an sich als vielmehr ein erstklassiges Werkzeug zur Präsentation, Koordination und Durchführung ihrer Mobilisierungen und Forderungen. Man muss dabei berücksichtigen, dass die Pflege der Kontakte mit anderen MigrantInnennetzwerken innerhalb des Schengen-Raums, und sogar innerhalb Spaniens, wegen der Lebensumstän-

25 Sara López Martín, »Jóvenes, internet y movimiento antiglobalización: usos activistas de las nuevas tecnologías«, *Revista de Estudios de Juventud*, Nr. 76 (März 2007) S. 183–199.

de der »Papierlosen« und der Berufstätigkeit der Ortsansässigen vor allem schriftlich und über das Internet erfolgt, weil für die MigrantInnen der Bewegung die europäische Freizügigkeitsregelung nicht gilt. Schließlich vermittelt uns der genaue Blick auf die Netzwerke der MigrantInnen ein Verständnis für die Motive, warum die AktivistInnen die Internetcafés als Anlaufstellen nutzen: weil sich dort die *communities* der MigrantInnen treffen, können sie diese da am leichtesten über die nächsten Aktionen der Bewegung informieren und zum Mitmachen aufrufen.

VII. Performative Praktiken in den Demonstrationen der MigrantInnen

Im Hinblick auf die Formen des MigrantInnen-Protests ist festzustellen, dass die politischen Praktiken der in der Bewegung Organisierten sich nicht sehr von denen anderer sozialer Bewegungen unterscheiden: Demonstrationen, Camps, Konzerte, Feste, Informationsversammlungen, Verteilung von Flugblättern, das Aufhängen von Plakaten, Sportfeste etc. Die »nicht-menschlichen Ressourcen« zur Durchführung dieser Aktivitäten sind in der Regel sehr beschränkt, da sie überwiegend von den ProtagonistInnen selbst erbracht werden müssen, deren finanzielle Situation ohnehin prekär ist. So werden beispielsweise ihre Versammlungsorte solidarisch von befreundeten Organisationen bereitgestellt oder durch die AktivistInnen selbst unterhalten.

Nichtsdestotrotz greifen die MigrantInnen auch zum Mittel der Besetzungen von Kirchen »der KatalanInnen«, wenn andere Aktionen nicht ausreichen, um den Blick von Presse, Bevölkerung und spanischer Obrigkeit auf sich zu lenken. Bei diesen Mobilisierungen treten sie sogar in Hunger- und Durststreiks, um die Massenmedien dazu zu bringen, über ihren Widerstand zu berichten, und insbesondere, um die Zentralverwaltung zum Dialog zu bewegen.

Die Hunger- und Durststreiks als politisches Druckmittel sind eines der zentralen Elemente gewesen, die Organisationen und Gewerkschaften dazu gebracht haben, sich von der Bewegung zu distanzieren und die »UnterstützerInnen« dafür zu kritisieren, dass sie während der Protestzyklen nicht versuchen, bei diesen lebensgefährdenden Aktionen zu intervenieren. Der Hungerstreikstrategie widersetzen sich aber nicht nur Gewerkschaften und

NGOs, auch unter den AktivistInnen mit Migrationshintergrund existiert die Auffassung, dass diese Kampfform nicht das Kernmodell darstellen kann, um den Forderungen der Bewegung Nachdruck zu verleihen. Insofern gibt es unter den teilnehmenden *communities* unterschiedliche Herangehensweisen an Mobilisierungszyklen; insbesondere ist das Pro und Contra eines Hungerstreiks praktisch immer Gegenstand intensiver und langer deliberativer Diskussionen in den den Mobilisierungen vorangehenden Versammlungen. Nichtsdestotrotz haben die *communities* und die »UnterstützerInnen«, die an der MigrantInnenversammlung teilnehmen, aufgrund der interkulturellen Verhandlungen über ihr Verständnis des Politischen und dessen Transformation verstanden, dass diese Hungerstreiks in den Vorstellungen ihrer Befürworter – in aller Regel MigrantInnen vom indischen Subkontinent, tief verwurzelt sind.

Um zu verstehen, warum die MigrantInnen aus diesem Teil der Welt als Strategie immer Hungerstreiks vorschlagen, befragten wir einen der AktivistInnen über die Vermutung, dass die Durchführung von Hungerstreiks für PakistanerInnen »etwas Kulturelles« darstellt:

»[Der Hungerstreik] ist ein politisches Instrument unserer Gegend. In Pakistan gab es zu den englischen Kolonialzeiten sehr viel Druck. Der Kampf fand auf zwei Arten statt. Einerseits als gewerkschaftlicher, andererseits als echter Straßenkampf; es gab einen echten Straßenkämpfer, der eine starke Gruppe hatte. Dieser Mann nannte sich Baged Sin, er war ein Sikh. Sin war ein junger Sikh, er hatte eine Gruppe von zwanzig oder dreißig Leuten, die Flugblätter verteilten, bei der Regierung und den Reichen Geld stahlen, um ihre Kampfprojekte zu entwickeln, und nach drei Jahren besaßen sie gar nichts. Eines Tages dachten sie sich, ›lasst uns einen Protest für die Freiheit all derjenigen Kämpfer machen, die in Indien eingesperrt sind.‹

Sin raubte einen Zug mit Geld einer Bank aus, damit sie ihn verhafteten und er ins Gefängnis gelangte. Er kam rein, und danach organisierte er Hungerstreiks, in allen Gefängnissen; das kam in die Zeitungen in der ganzen Welt, dieser Hungerstreik war in der Presse der Vereinigten Staaten und Englands; das Kolonialregime wollte nicht verhandeln, aber der Hungerstreik erlangte weltweite Aufmerksamkeit. Daher gab es viel Druck seitens der englischen Regierung. Und sie befreiten seine Freunde. Daher ist [der Hungerstreik] ein Werkzeug des Kampfes. Die politischen Parteien kämpften wie Gandhi, aber die Leute von der Straße, die kleinen Kämpfer sind diejenigen, die radikale

Kämpfe geführt haben, der politische Kampf ist eine andere Sache. Daher ist das unsere Geschichte. Von da kommen wir. […]«[26]

VIII. Die Transformation der Selbstidentifikation der AktivistInnen als Mitglieder einer »MigrantInnenbewegung«

Eines der zentralen Elemente, auf welches Dissidenz-SoziologInnen zum Verständnis einer konkreten sozialen Bewegung achten, ist die Entwicklung von Labels, mit welchen die AktivistInnen einer sozialen Bewegung ihre Zugehörigkeit zu dieser zum Ausdruck bringen. Es steht fest, dass die zentrale Forderung der sozialen Bewegung der MigrantInnen in Barcelona seit ihrer Entstehung darin liegt, dass der spanische Staat und die spanische Gesellschaft die in Spanien lebenden MigrantInnen als Rechtssubjekte mit politischen, sozialen, wirtschaftlichen und kulturellen Rechten akzeptiert. Allerdings hat ihnen diese Forderung die öffentliche Anerkennung als Bewegung der »Papierlosen« gebracht, ein identitäres Label, von dem die Interviewten sagten, dass es sie auf eine der zentralen Forderungen beschränkt, nicht jedoch auf das normative Ideal einbezieht, das sie als institutionalisierte soziale Bewegung innerhalb des Gefüges der katalanischen Bewegungen verfolgen:

»Nein, nicht die [Bewegung der] Papierlosen, denn wie ich schon früher gesagt habe, die Papiere sind die Losung und das, was am meisten bewegt, sind die Papiere. Die Leute, die in der Versammlung sind und die wie in Cornellà Sin Fronteras teilnehmen, haben andere Ideen als lediglich die Papiere. Die Leute fühlen bzw. es ist offensichtlich, dass die Papiere das wichtigste lösen. Aber sind die Papiere wirklich das wichtigste? Nach meiner Auffassung nicht. Ich bin dagegen, die Leute daran zu gewöhnen, das Dach der Bewegung in den Papieren zu sehen, weil es den Weg verkürzt und dem Momentum näher bringt, dass der Weg länger ist als lediglich die Papiere.«

Aber wenn es nicht lediglich die »Papiere« sind, welche konkreten Forderungen der MigrantInnen sollen dann durch Gesellschaft und Institutionen in Katalonien anerkannt werden?

---

26 Zum hier in Bezug genommenen historischen pakistanischen Prozess siehe: Plamen, Tonchev, *Pakistán: El Corán y la Espada*, Madrid 2006.

Dazu meinte eine der Interviewten:

»Ganz allgemein die Rechte der MigrantInnen, seien sie mit oder ohne Papiere, denn die Bewegung kämpft für die Freizügigkeit, die Gleichheit der Rechte, das sind die generellen Forderungen, aber danach passieren viele andere Dinge in dieser Gesellschaft und wir kämpfen gegen diese Dinge, wie die Festnahmen, die Verfolgungen durch die Polizei, für Arbeit, für Wohnungen, und die Grundrechte der Leute, wir kämpfen auch und vor allem für Papiere, denn es sind die Papierlosen, die am meisten leiden, und ihretwegen haben wir angefangen zu kämpfen [...].«

Dennoch erkennen die MigrantInnen als AktivistInnen einer sozialen Bewegung, dass dieser Forderungskatalog von anderen politischen AkteurInnen, deren Zusammenarbeit gesucht wird, als »maximalistisch« interpretiert werden kann. Daher entwickeln die MigrantInnen der Bewegung je nach dem Kontext, an welchem sie partizipieren, unterschiedliche Strategien. So haben sich die zentralen Forderungen der Bewegung hinsichtlich des Gesamthorizontes von »Papieren für alle« hin zur Abschaffung aller Gesetze, die die MigrantInnen zu AusländerInnen machen, gewandelt. Aber die Bewegung definiert sich, je nach Protestzyklus oder politischem Kontext, über Forderungen, die sie für konkret halten.

Die Geschichte der Formen des Aufbaus von Bündnissen mit traditionellen politischen AkteurInnen, wie auch die Beteiligung der MigrantInnenbewegung an anderen Kämpfen wäre Thema eines weiteren Artikels. Hier möge der Hinweis genügen, dass dieser neueste Typ sozialer Bewegung, der sich seit seiner Entstehung über die letzten beiden Jahrzehnte verfestigt hat, mit denjenigen verhandelt und kooperiert, die er als Gleiche anerkennt. Das soll heißen, dass er nicht an den großen Plattformen ethnischer Organisationen teilnimmt, weil er diese als Befürworter des spanischen Regierungsmodell von »Integration« ansieht.

IX. Fazit

Soweit einige Stichpunkte zu einer sozialen Bewegung, die sich mitten in der Entwicklung befindet, deren AktivistInnen und SympathisantInnen es geschafft haben, sie aufzubauen und zu stärken, sie reifen zu lassen und mit anderen Bewegungen zu vernetzen. Wir hoffen, dass diese kurzen Beschreibungen der Protagonismen, der Protestformen, der Etappen der Bewegung und ihrer Forderungen dazu dienen, mit anderen Bewegungen in Dialog zu treten, die im Süden oder Norden Europas das Ende einer Politik fordern, die Menschen aus anderen Teilen der Welt permanent zu AusländerInnen macht; Menschen, die heute in den Metropolen leben, von denen die Kolonisierung ihrer Territorien ausging – früher wie auch jetzt auf eine neue, intensive Art und Weise.

Arbeitsrechte für Menschen ohne Papiere in Deutschland

Christian Lewek

Die Situation von Menschen ohne gesicherten Aufenthaltsstatus spielt in der Arbeitsgerichtsbarkeit keine große Rolle. Zumindest sind diese dort nicht sichtbar. Das beruht vermutlich nicht darauf, dass in den Arbeitsverhältnissen solcher Menschen Rechte in geringerem Ausmaß verletzt werden als im Durchschnitt aller Arbeitsverhältnisse. Die Gründe dürften also woanders zu suchen sein und können mit folgenden Fragen umrissen werden:

- Stehen Menschen ohne Aufenthaltsrecht nach Gesetz oder Arbeitsvertrag weniger Rechte zu?
- Können diese Menschen ihre Rechte aus dem Arbeitsverhältnis tatsächlich auch wahrnehmen?
- Wie hoch ist das Risiko einer Entdeckung im Falle der Rechtsdurchsetzung?

Diesen Fragen soll in einem Überblick nachgegangen werden.

I. Arbeitsvertrag

Die gesetzlichen Regelungen zum Arbeitsverhältnis unterscheiden nicht nach der Staatsangehörigkeit oder dem Aufenthaltsstatus. Sie gelten allgemein, wenn und soweit ein Arbeitsverhältnis abgeschlossen worden ist. Die arbeitsrechtlichen Grundsätze gelten nicht für Dienst- und Werkverträge, die nicht die Leistung weisungsgebundener abhängiger Arbeit zum Inhalt haben und auf die in diesem Beitrag nicht eingegangen wird.

1. Aufenthaltsstatus

Nach § 4 Abs. 3 des Gesetzes über den Aufenthalt, die Erwerbstätigkeit und die Integration von Ausländern im Bundesgebiet (Aufenthaltsgesetz = AufenthG) dürfen AusländerInnen,[1] sofern nicht Ausnahmeregelungen vorliegen, nur dann eine Erwerbstätigkeit ausüben und beschäftigt werden, wenn sie über einen Aufenthaltstitel verfügen, der diese Berechtigung umfasst. Für freizügigkeitsberechtigte UnionsbürgerInnen gelten solche Beschränkungen nach dem Gesetz über die allgemeine Freizügigkeit von Unionsbürgern nicht. Eine Genehmigungspflicht existiert derzeit noch für UnionsbürgerInnen aus den in § 284 Abs. 1 SGB III genannten Staaten.

ArbeitgeberInnen dürfen AusländerInnen also nur beschäftigen, wenn eine entsprechende Erlaubnis/Genehmigung vorliegt. Das bedeutet für den Arbeitsvertrag folgendes:

- Ein (auch mündlich oder konkludent) abgeschlossener Arbeitsvertrag ist wirksam, da die genannten Vorschriften nicht den Abschluss von Arbeitsverträgen verbieten.[2] Die Vergütungspflicht für tatsächlich geleistete Arbeit wird nun auch durch § 98 a Abs. 1 AufenthG[3] anerkannt.
- ArbeitnehmerInnen dürfen aber nicht beschäftigt werden. Es besteht ein Beschäftigungsverbot, das ArbeitgeberInnen zu beachten haben.[4] Aus dem Beschäftigungsverbot folgt, dass ArbeitnehmerInnen ihre Arbeitskraft nicht wirksam anbieten können, weil sie nicht arbeiten und ArbeitgeberInnen sie nicht beschäftigen dürfen. Deshalb sind ArbeitgeberInnen berechtigt, das Arbeitsverhältnis zu kündigen, wie das Bundesarbeitsgericht zum Beispiel mit Urteil vom 7.2.1990[5] entschieden hat. Dem Urteil lag der Fall zugrunde, dass die Behörde einem ausländischen Arbeitnehmer die Erteilung der nach der Altregelung des § 19 Abs. 1 AFG erforderlichen Arbeitserlaubnis rechtskräftig versagt hatte.

---

1 § 2 Abs. 1 AufenthG – Ausländer im Sinne dieses Gesetzes ist jeder, der nicht Deutscher iSv Art. 116 Abs. 1 GG ist.

2 Vgl. Kanalan, Ibrahim, »Die illegale Beschäftigung im deutschen Arbeits- und Sozialrecht unter Berücksichtigung von Fragen der sozialen Sicherung«, in diesem Band, S. 91.

3 §§ 98 a bis 98 c eingef. mWv 26.11.2011 durch Gesetz zur Umsetzung aufenthaltsrechtlicher Richtlinien der Europäischen Union und zur Anpassung nationaler Rechtsvorschriften an den EU-Visakodex, (BGBl. I S. 2258).

4 BAG, Urteil vom 16.12.1976, AP Nr. 4 zu § 19 AFG.

5 AP Nr. 14 zu § 1 KSchG 1969 personenbedingte Kündigung.

2. Schwarzarbeit

Die Arbeit von Menschen mit irregulärem Aufenthalt ist wohl fast immer Schwarzarbeit. Schwarzarbeit leistet, wer Dienst- oder Werkleistungen erbringt oder ausführen lässt und dabei steuer- und sozialversicherungsrechtliche Pflichten verletzt (§ 1 Abs. 2 Gesetz zur Intensivierung der Bekämpfung der Schwarzarbeit und damit zusammenhängender Steuerhinterziehung – SchwarzArbG). Ein Verstoß gegen das Verbot der Schwarzarbeit führt zwar bei Dienst- und Werkverträgen gemäß § 134 BGB zur Nichtigkeit dieser Verträge.[6] Dies gilt nach der gefestigten Rechtsprechung des Bundesarbeitsgerichts[7] jedoch nicht für Arbeitsverträge. Das Bundesarbeitsgericht stellt fest, dass Arbeitsverträge mit einer sogenannten Schwarzgeldabrede nicht nach § 134 BGB nichtig sind. Nichtig ist nach Ansicht des Bundesarbeitsgerichtes lediglich die Abrede, keine Steuern und Sozialversicherungsbeiträge abzuführen. Diese Rechtsprechung wird nun durch § 98 a Abs. 1 AufenthG bestätigt. In der Begründung zum Gesetzentwurf der Bundesregierung wird klargestellt, dass die Vorschrift des § 98 a Abs. 1 AufenthG davon ausgeht, dass das Verbot der Beschäftigung nicht zur Unwirksamkeit des Arbeitsvertrages führt.[8]

Das Bundesarbeitsgericht bezieht sich dabei auf § 14 Abs. 2 SGB IV, der mit dem Gesetz zur Erleichterung der Bekämpfung von illegaler Beschäftigung und Schwarzarbeit vom 23.7.2002[9] eingeführt wurde. Danach gilt, soweit bei illegalen Beschäftigungsverhältnissen Steuern und Beiträge zur Sozialversicherung nicht gezahlt worden sind, ein Nettoarbeitsentgelt als vereinbart. Mit dieser Regelung sollten der Sozialversicherung und dem Staat die Steuern und Beiträge gesichert werden, die bei einer Nichtigkeit der Vergütungsvereinbarung entfallen würden. Folgerichtig werden die nicht gezahlten Steuern und Sozialabgaben nachgefordert.[10] Zahlungspflichtig sind die ArbeitgeberInnen (§ 28e SGB IV). ArbeitgeberInnen haben zwar gegen

6 Vgl. BGH Urteil vom 31.05.1990, BGHZ 111, 308, 311.

7 BAG, Urteil vom 26.03.2003, AP Nr. 24 zu § 134 BGB; BAG, Urteil vom 24.03.2004, ZTR 2004, S. 547; BAG, Urteil vom 17.03.2010, NZA 2010, S. 881 f.

8 Gesetzesentwurf der Bundesregierung zum Entwurf eines Gesetzes zur Umsetzung aufenthaltsrechtlicher Richtlinien der Europäischen Union und zur Anpassung nationaler Rechtsvorschriften an den EU-Visakodex, S. 32, 28.12.2011, http://www.bmi.bund.de/SharedDocs/Downloads/DE/Gesetzestexte/Entwuerfe/Entwurf_Aufenthaltsrecht.html?nn=303936.

9 BGBl. I S. 2787.

10 Z.B. LSG Rheinland-Pfalz, Urteil vom 29.07.2009, L 6 R 105/09.

die Beschäftigten einen Anspruch auf den von ihnen zu tragenden Teil der Beiträge. Dieser Anspruch kann aber nur durch Abzug vom Arbeitsentgelt geltend gemacht werden, wobei ein unterbliebener Abzug nur bei den nächsten drei Lohn- und Gehaltszahlungen nachgeholt werden darf (§ 28g SGB IV). Später darf der Abzug nur dann nachgeholt werden, wenn er ohne Verschulden der ArbeitgeberInnen unterblieben ist. Das ist in den Fällen der Schwarzarbeit nicht der Fall, weil ArbeitgeberInnen schon deshalb ein Verschulden trifft, weil sie den notwendigen Meldepflichten nicht nachgekommen sind.[11]

Die Vereinbarung von Schwarzarbeit führt also nicht zur Nichtigkeit oder Unwirksamkeit des Arbeitsverhältnisses in Gänze. ArbeitnehmerInnen können ihre Arbeitsleistung erbringen und erwerben dafür einen Lohnanspruch. ArbeitgeberInnen sind zur Nachentrichtung von Steuern und Sozialversicherungsabgaben verpflichtet und können bei den ArbeitnehmerInnen nur sehr begrenzt Rückgriff nehmen.

3. Ausgleich geleisteter Arbeit

Soweit der geschlossene Arbeitsvertrag trotz des fehlenden Aufenthaltstitels in Vollzug gesetzt worden ist, steht ArbeitnehmerInnen die Vergütung für die geleistete Arbeit zu. Da der Arbeitsvertrag trotz des Beschäftigungsverbotes wirksam ist, können ArbeitnehmerInnen auf dieser Grundlage ihren Lohnanspruch geltend machen.[12]

Für die Höhe der Lohnansprüche gilt die getroffene Vereinbarung. Soweit kein schriftlicher Arbeitsvertrag vorliegt und der Arbeitgeber die Höhe der Vergütung nicht in der Mitteilung nach dem Gesetz über den Nachweis der für ein Arbeitsverhältnis geltenden wesentlichen Bedingungen (Nachweisgesetz) festgehalten hat, müsste eine mündlich getroffene Vereinbarung von den ArbeitnehmerInnen dargelegt und gegebenenfalls bewiesen werden. Zur Höhe der zu zahlenden Vergütung regelt § 98 a Abs. 1 S. 1 AufenthG, dass die vereinbarte Vergütung zu zahlen ist. Fehlt eine Vergütungsvereinbarung, ist die Höhe der vereinbarten Vergütung zwischen ArbeitnehmerIn und ArbeitgeberIn streitig oder ist die Vergütungsvereinbarung zum Beispiel

11 Däubler, Wolfgang/Hjort, Jens Peter, u.a., *Arbeitsrecht*, Baden-Baden 2008, SchwarzArbG § 1 Rn. 13.

12 Schaub, Günter/Koch, Ulrich, *Arbeitsrechtshandbuch*, 13. Auflage, München 2009, § 27 Rn. 33; Küttner, Wolfdieter/Röller, Jürgen, *Personalhandbuch*, München 2010, Stichwort Ausländer, Rn. 8.

wegen Sittenwidrigkeit unwirksam, greift § 98 a Abs. 2 AufenthG. Diese, § 612 Abs. 2 BGB nachgebildete, Regelung bestimmt, dass dann die übliche Vergütung zu zahlen ist. Soweit für die konkrete Tätigkeit ein Mindestlohn festgesetzt ist oder ein Tarifvertrag, zum Beispiel über eine Allgemeinverbindlichkeitserklärung, gilt, greifen diese Regelungen zugunsten der Beschäftigten. Die Rechtsprechung des Bundesarbeitsgerichts zum Lohnwucher kann ebenfalls herangezogen werden. Danach liegt ein auffälliges Missverhältnis zwischen Leistung und Gegenleistung vor, wenn die Arbeitsvergütung nicht einmal zwei Drittel eines in der betreffenden Branche und Wirtschaftsregion üblicherweise gezahlten Tariflohns erreicht.[13] Insoweit ergeben sich jedoch keine Unterschiede zu Arbeitsverhältnissen, bei denen die Beschäftigten über einen gesicherten Aufenthaltsstatus verfügen.

Dasselbe gilt für weitere tatsächliche Schwierigkeiten, die der Durchsetzung der Ansprüche entgegenstehen können. Dazu gehören zum Beispiel Unklarheiten über die Identität der ArbeitgeberInnen oder deren Aufenthaltsort.

Schwierigkeiten können im Einzelfall auch darin bestehen, dass ArbeitgeberInnen die tatsächliche Arbeitsleistung bzw. deren Dauer bestreiten. Hier greift eine abgestufte Darlegungs- und Beweislast. ArbeitnehmerInnen müssen darlegen, welche Arbeitszeiten sie an welchen Tagen ableisteten. ArbeitgeberInnen müssen diesem Vortrag substantiiert entgegentreten. Für den streitigen Teil des Arbeitnehmervortrags haben ArbeitnehmerInnen sodann Beweis anzubieten.[14] Insoweit helfen Stempelkarten[15] und sonstige Aufzeichnungen, auch selbst geführte Kalender, andere Beschäftigte können als Zeugen in Betracht kommen. Diese werden aber typischerweise nicht aus der Erinnerung für einen längeren Zeitraum eine tatsächliche Arbeitsleistung zu bestimmten Zeiten bestätigen können.[16] Hier können ArbeitnehmerInnen im Einzelfall Beweiserleichterungen zugute kommen. So hat zum

13 BAG, Urteil vom 22.04.2009, NZA 2009, S. 837–840.

14 Zu dieser Darlegungs- und Beweislastverteilung bei Mehrarbeit und Überstunden vgl. z. B. BAG, Urteil vom 17.04.2002, AP Nr. 40 zu § 611 BGB Mehrarbeitsvergütung.

15 In einem vom Verfasser geführten arbeitsgerichtlichen Verfahren konnte der Arbeitnehmer vom Arbeitgeber teilweise gegengezeichnete Stempelkarten vorlegen, so dass das Gericht keinen Grund zum Zweifel hinsichtlich der Arbeitszeiten von zum Teil über zehn Stunden täglich hatte.

16 In dem erwähnten Verfahren benannte der klagende Arbeitnehmer alle Kollegen als Zeugen für die Erbringung der Arbeitsleistung. Diese wurden dann auch vom Gericht geladen und mussten zum Termin erscheinen, sodass der (Klein-)Betrieb an diesem Tag stillstand. Das dürfte die Einigungsbereitschaft des Arbeitgebers erhöht haben.

Beispiel das LAG Nürnberg[17] den Erfahrungsgrundsatz aufgestellt, dass ein Arbeitnehmer seine Arbeit in dem vertraglich vereinbarten Umfang auch erbringt. Das gilt jedenfalls dann, wenn der Arbeitnehmer während eines verhältnismäßig nicht unbedeutenden Zeitraumes unstreitig seine vertragsgemäße Arbeitsleistung erbracht hat. Ist die tatsächliche Beschäftigungsdauer nicht beweisbar, schafft die Neuregelung in § 98 a Abs. 1 S. 2 AufenthG Beweiserleichterungen für die ArbeitnehmerInnen. Für den Zeitraum der zu zahlenden Vergütung wird nach § 98 a Abs. 1 S. 2 AufenthG vermutet, dass die Beschäftigung drei Monate andauerte. Diese Vermutung ist sowohl für die ArbeitnehmerInnen (bei längerer Beschäftigung) als auch für die ArbeitgeberIn widerlegbar. Gelingt die Widerlegung nicht, wird die Vergütung für drei Monate berechnet, wobei noch zu klären ist, auf welcher täglichen Beschäftigungsdauer und für wie viel Arbeitstage die Berechnung dann erfolgt. Hierbei ist auf vorstehende Überlegungen zurückzugreifen.

Zahlungsansprüche können aufgrund von Ausschlussfristen in allgemeinverbindlichen[18] oder in Bezug genommenen Tarifverträgen verfallen. Typischerweise wird im Rahmen der Arbeitsverhältnisse mit Beschäftigten ohne Aufenthaltstitel ein schriftlicher Arbeitsvertrag nicht vorliegen. Dann kann dem arbeitgeberlichen Einwand der Ausschlussfristen ein Schadensersatzanspruch nach § 280 Abs. 1 BGB wegen Verletzung der Nachweispflicht gem. § 2 Abs. 1 S. 2 Nr. 10 Nachweisgesetz entgegengehalten werden. Hiernach ist in der Niederschrift der wesentlichen Vertragsbedingungen auch ein in allgemeiner Form gehaltener Hinweis auf die geltenden Tarifverträge, die auf das Arbeitsverhältnis anzuwenden sind, aufzunehmen. Wird ein solcher schriftlicher Hinweis nicht gegeben, haben ArbeitgeberInnen den Schaden zu ersetzen, der dadurch adäquat verursacht wurde. Dabei kann vermutet werden, dass ArbeitnehmerInnen die tarifliche Ausschlussfrist beachtet hätten, wenn sie von den ArbeitgeberInnen auf die Geltung eines Tarifvertrages hingewiesen worden wären.[19]

Da der Arbeitsvertrag wirksam ist, kommen grundsätzlich auch andere gesetzliche Ansprüche in Frage, die an die Beschäftigung anknüpfen. Problematisch ist aber, wegen der Konstruktion des wirksamen Arbeitsvertrages bei

17 LAG Nürnberg, Urteil vom 09.04.2002, LAGE Nr. 12 zu § 2 Nachweisgesetz.

18 Vgl. etwa § 15 des für allgemeinverbindlich erklärten Bundesrahmentarifvertrages für das Baugewerbe; § 22 des für allgemeinverbindlich erklärten Rahmentarifvertrages für die gewerblich Beschäftigten in der Gebäudereinigung.

19 BAG, Urteil vom 17.04.2002, AP Nr. 6 zu § 2 NachwG; LAG Schleswig-Holstein, Urteil vom 27.05.2008, 2 Ta 87/08 (auch für allgemeinverbindlich erklärte Tarifverträge).

Beschäftigungsverbot, der Ausgleich bei nicht tatsächlich erbrachter Arbeitsleistung:

- Für den Anspruch auf Gewährung von Mindesturlaub nach dem Bundesurlaubsgesetz besteht die Schwierigkeit, diese im Streitfall gerichtlich einzuklagen. Der Arbeitgeber wird sich möglicherweise auf das Beschäftigungsverbot berufen. Das Verbot einer Beschäftigung macht die Erteilung des Urlaubs unmöglich, weil dieser eine Freistellung von der Arbeitspflicht darstellt, die wegen des Beschäftigungsverbotes nicht besteht. Ohne Beschäftigungspflicht besteht auch kein Urlaubsanspruch.[20] Rechtsdogmatisch mag das richtig sein. Mit Sinn und Zweck ist dieses Ergebnis, das auf dem aufenthaltsrechtlichen Beschäftigungsverbot beruht, nicht vereinbar. Motiv des Bundesurlaubsgesetzes ist die Einräumung einer Gelegenheit zur selbstbestimmten Erholung für ArbeitnehmerInnen.[21] Das Erholungsbedürfnis haben alle ArbeitnehmerInnen.
- Der Anspruch auf Entgeltfortzahlung im Krankheitsfall nach dem Entgeltfortzahlungsgesetz kann ebenfalls wegen des Beschäftigungsverbotes problematisch sein.[22]
- Ansprüche auf Annahmeverzugslohn nach § 615 BGB dürften ebenfalls schwierig durchzusetzen sein. Geht man nämlich vom Beschäftigungsverbot aus, sind ArbeitnehmerInnen aus rechtlichen Gründen verhindert die Arbeitsleistung zu erbringen. Dem Annahmeverzugslohnanspruch steht dann ein Unvermögen der SchuldnerInnen/ArbeitnehmerInnen nach § 297 BGB entgegen.[23]

Hinzuweisen ist noch auf eine Haftungserweiterung nach der Neuregelung zu § 98 a AufenthG. Nach § 98 a Abs. 3 AufenthG[24] haftet die UnternehmerIn wie ein Bürge für Verbindlichkeiten, die eine unmittelbare UnterauftragnehmerIn aus ihrem Arbeitsverhältnis mit einer Beschäftigten ohne gesicherten Aufenthaltsstatus hat. Fällt die UnterauftragnehmerIn beispielsweise in Insolvenz, kann sich die ArbeitnehmerIn an die AuftraggeberIn halten. Gleiches gilt nach § 98 a Abs. 4 AufenthG auch für längere »Auftragsketten«. Grundsätzlich kann sich die ArbeitnehmerIn im Rahmen der Bürgenhaf-

20 Vgl. LAG Berlin, Urteil vom 26.11.2002, 3 Sa 1530/02 zit. nach juris.

21 BAG, Urteil vom 20.06.2000, AP Nr. 28 zu § 7 BUrlG.

22 Hierzu BAG AP Nr. 2 zu § 3 EFZG; Kanalan, Ibrahim, »Die illegale Beschäftigung im deutschen Arbeits- und Sozialrecht« [wie Anm. 2].

23 Das LAG Berlin erkennt in dem Urteil vom 26.11.2002, [wie Anm. 20], ohne nähere Begründung zumindest einen Annahmeverzugslohnanspruch nach § 298 BGB an.

24 Eine ähnliche Regelung findet sich in § 14 AEntG.

tung auch an alle zwischengeschalteten UnternehmerInnen und die GeneralunternehmerIn halten. Eine Ausnahme soll gelten, wenn nicht bekannt war, dass die nach § 284 Abs. 1 SGB III erforderliche Genehmigung oder die nach § 4 Abs. 3 erforderliche Berechtigung fehlen. Dies hat die UnternehmerIn nachzuweisen, wobei noch ungeklärt ist, inwieweit der Nachweis zu führen ist. Eine zweite Exkulpationsmöglichkeit von der Bürgenhaftung besteht nach § 98 a Abs. 5 AufenthG, wenn die UnternehmerIn nachweist, dass sie aufgrund sorgfältiger Prüfung davon ausgehen konnte, dass die ArbeitgeberIn keine ArbeitnehmerInnen ohne Genehmigung oder Berechtigung beschäftigte.[25]

II. Verfahren vor dem Arbeitsgericht

Menschen ohne gesicherten Aufenthaltsstatus scheuen sicherlich die Einleitung gerichtlicher Verfahren. Diese Scheu ist zwar nicht auf diesen Personenkreis beschränkt. Hier tritt aber der verständliche Wunsch hinzu, möglichst wenig mit den Institutionen des Staates zu tun zu haben, der einen gesicherten Aufenthalt und eine erlaubte Beschäftigung nicht ermöglicht. Weiterhin dürfte diese Scheu auch auf dem Risiko der Entdeckung und damit der begründeten Besorgnis aufenthaltsrechtlicher Konsequenzen beruhen. Ansprüche aus dem Arbeitsverhältnis gegen die ArbeitgeberIn sind nach § 2 Abs. 1 Nr. 3 a ArbGG vor dem Arbeitsgericht geltend zu machen. Für die Inanspruchnahme aus der Bürgenhaftung nach § 98 a Abs. 3, 4 AufenthG wären an sich die ordentlichen Gerichte zuständig. Nach § 98 a Abs. 6 AufenthG kann nun aber auch hier das Arbeitsgericht angerufen werden.

1. Offenlegung des Aufenthaltsortes

Üblicherweise wird mit der Erhebung der Klage die ladungsfähige Anschrift nicht nur der beklagten ArbeitgeberInnen, die für die Zustellung der Klage notwendig ist, sondern auch des Klägers, also hier der ArbeitnehmerInnen, mitgeteilt. Nach § 253 Abs. 2 Nr. 1 ZPO in Verbindung mit § 46 Abs. 2

25 Vgl. hierzu Gesetzesentwurf der Bundesregierung zum Entwurf eines Gesetzes zur Umsetzung aufenthaltsrechtlicher Richtlinien der Europäischen Union und zur Anpassung nationaler Rechtsvorschriften an den EU-Visakodex, S. 34 f.

ArbGG muss die Klagschrift an das Arbeitsgericht auch die Bezeichnung der Parteien enthalten. Auch wenn dies vor dem Hintergrund des aus Art. 19 Abs. 4 GG fließenden Anspruchs auf effektiven Rechtsschutz bedenklich ist, gehört nach herrschender Meinung grundsätzlich auch die Angabe einer ladungsfähigen Anschrift des Klägers zur ordnungsgemäßen Bezeichnung der Parteien in der Klagschrift.[26] Relativ vage nimmt die Rechtsprechung zu möglichen Ausnahmen von der Verpflichtung zur Nennung einer ladungsfähigen Anschrift Stellung. Hier ist die Rede von »unüberwindlichen oder nur schwer zu beseitigenden Schwierigkeiten« oder »schutzwürdigen Geheimhaltungsinteressen«[27] bzw. »schutzwürdigen Gründen für die Geheimhaltung seiner Anschrift«[28]. Anerkannt ist eine Ausnahme in dem Fall, in dem KlägerInnen über keinen festen Wohnsitz verfügen.[29] Das LAG Baden-Württemberg mochte in der zitierten Entscheidung[30] bei einem Hinweis auf eine mögliche Verhaftung des Klägers keine Ausnahme anerkennen. Diese Auffassung ist zurückzuweisen. Der Bundesfinanzhof hat für die Finanzgerichtsbarkeit entschieden, dass die Angabe einer ladungsfähigen Anschrift nicht Voraussetzung für die Zulassung einer Klage ist. Hintergrund war, dass die Klägerin in dem betreffenden Finanzgerichtsverfahren im Rahmen eines Steuerstrafverfahrens mit Haftbefehl gesucht wurde. Die konkrete Gefahr einer Verhaftung bei Nennung der Anschrift reichte dem Bundesfinanzhof, um von der Angabe der ladungsfähigen Anschrift abzusehen. Voraussetzung ist allerdings immer, dass die Identität der KlägerInnen, hier also der ArbeitnehmerInnen, feststeht und die Möglichkeit der Zustellung von Schriftstücken zum Beispiel über Prozessbevollmächtigte sichergestellt ist.[31]

Aus rechtspraktischer Sicht ist die Erörterung eines strafrechtlichen Verfolgungsrisikos bereits in der Klagschrift wenig hilfreich. Hier sollte nur die arbeitsrechtliche Perspektive eingenommen werden, ohne auf mögliche strafrechtliche Aspekte einzugehen. Sollte das Gericht eine fehlende Anschrift des Klägers problematisieren, kann eine Anschrift nachgereicht werden. Der

---

26 BGH, Urteil vom 09.12.1987, BGHZ 102, S. 332–338; BVerwG, Urteil vom 13.04.1999, NJW 1999, S. 2608 – 2611; ferner BVerfG, Beschluss vom 02.02.1996, NJW 1996, S. 1272–1273; BVerfG, Beschluss vom 11.11.1999, 1 BvR 1203/99; LAG Baden-Württemberg, Urteil vom 23.05.2002, 21 Sa 119/01; Zöller, Richard, u.a., *ZPO*, 28. Auflage, Köln 2010, § 253 Rn. 8.

27 BGH [wie Anm. 26].

28 BVerfG, Beschluss vom 11.11.1999, 1 BvR 1203/99.

29 BVerfG [wie Anm. 26].

30 LAG Baden-Württemberg [wie Anm. 26].

31 BFH, Urteil vom 19.10.2000, *NJW* 2001, S. 1158.

mögliche Mangel kann auch noch in der nächsten Tatsacheninstanz vor dem Landesarbeitsgericht geheilt werden.[32] Im Übrigen besteht auch die Möglichkeit, eine Heimatanschrift im Ausland anzugeben. Bei Personen ohne festen Wohnsitz ist die Angabe einer Anschrift angesichts des aus Art. 19 Abs. 4 GG fließenden Anspruchs auf effektiven Rechtsschutzes entbehrlich.

2. Teilnahmepflicht

In den Terminen zur mündlichen Verhandlung muss die klagende Partei zwar vertreten, jedoch nicht zwingend persönlich anwesend sein. Die Vertretung durch Prozessbevollmächtigte genügt. Allerdings kann das Arbeitsgericht gemäß § 51 ArbGG das persönliche Erscheinen der Parteien anordnen. Im Unterschied zum Zivilprozess kann das Gericht das persönliche Erscheinen in jeder Lage des Verfahrens und ohne einen besonderen Grund anordnen. Das geschieht im arbeitsgerichtlichen Verfahren aus praktischen Gründen zwar nicht immer, jedoch sehr häufig. Dabei hilft die persönliche Anwesenheit der Parteien einerseits bei der Aufklärung des Sachverhalts, andererseits bei dem Versuch, zu einer gütlichen Einigung zu gelangen. Letzteres ist während der gesamten Dauer des Rechtsstreits anzustreben (§ 57 Abs. 2 ArbGG). Soweit die geladene Partei nicht erscheinen kann oder möchte, kann die Aufhebung der entsprechenden Anordnung bei dem Arbeitsgericht unter Angabe der Gründe beantragt werden. Entschuldigungsgründe[33] können beispielsweise in einer Erkrankung liegen, wobei eine bloße Arbeitsunfähigkeit nicht ausreicht. Erforderlich ist Verhandlungsunfähigkeit, die glaubhaft zu machen ist. Ein Entschuldigungsgrund kann auch in einem Auslandsaufenthalt liegen, der ein Erscheinen zum Termin nur unter unangemessenen zeitlichen oder finanziellen Aufwand ermöglichen würde. Die Entschuldigungsgründe sind gegebenenfalls unter Vorlage von Unterlagen glaubhaft zu machen.

Erscheint eine ordnungsgemäß geladene Partei unentschuldigt nicht zum Termin, kann das Gericht ein Ordnungsgeld verhängen (§ 51 Abs. 1 S. 2 ArbGG in Verbindung mit §§ 141 Abs. 3 S. 1, 380 ZPO).

Im Übrigen ist dem Arbeitsprozessrecht das Recht auf sicheres oder freies Geleit unbekannt.

32 Zur Heilungsmöglichkeit BGH [wie Anm. 26].

33 Zu Entschuldigungsgründen vgl. Germelmann, Claas-Hinrich, u.a., *ArbGG*, 7. Auflage, München 2009, § 51 Rn. 18.

Hinzuweisen ist noch darauf, dass gem. § 52 ArbGG für das Verfahren vor den Arbeitsgerichten der Grundsatz der Öffentlichkeit gilt. Es kann daher nicht ausgeschlossen werden, dass Personen den mündlichen Verhandlungen beiwohnen.

3. Mitteilungspflichten

Gerichte und Behörden sind in bestimmten Fällen verpflichtet, die jeweils zuständigen Behörden über im Verfahren gewonnene Erkenntnisse zu unterrichten.

3.1 Aufenthaltsrechtliche Mitteilungspflichten

Nach § 87 Abs. 2 S. 1 Nr. 1 AufenthG haben öffentliche Stellen die Ausländerbehörden auch ohne deren Ersuchen zu unterrichten, wenn sie im Zusammenhang mit der Erfüllung ihrer Aufgaben Kenntnis erlangen von dem Aufenthalt von AusländerInnen, die keinen erforderlichen Aufenthaltstitel besitzen und deren Abschiebung nicht ausgesetzt ist. Darüber hinaus kommt im Rahmen eines Arbeitsgerichtsprozesses die Meldepflicht nach § 87 Abs. 2 S. 1 Nr. 3 AufenthG bei Kenntnis über das Vorliegen eines sonstigen Ausweisungsgrundes in Betracht. Öffentliche Stellen im Sinne dieser Regelung sind auch die Arbeitsgerichte als Organe der Rechtspflege im Sinne von § 2 Abs. 1 S. 1 BDSG. Der Übermittlung hat eine Verhältnismäßigkeitsprüfung durch die öffentliche Stelle, das Arbeitsgericht, voranzugehen, da die Übermittlung Grundrechtsrelevanz im Hinblick auf das Recht auf informationelle Selbstbestimmung nach Art. 2 Abs. 1 GG in Verbindung mit Art. 1 Abs. 1 GG hat. Die schutzwürdigen Interessen der Betroffenen sind in jedem Fall zu berücksichtigen.[34] Voraussetzung ist weiter, dass eine positive Kenntnis der relevanten Umstände vorliegt, also eine positive Kenntnis, dass kein erforderlicher Aufenthaltstitel vorliegt und die Abschiebung nicht ausgesetzt ist (Meldepflicht nach § 87 Abs. 2 S. 1 Nr. 1 AufenthG), oder die positive Kenntnis über das Vorliegen eines sonstigen Ausweisungsgrundes (§ 87 Abs. 2 S. 1

34 Huber, Bertold, *Aufenthaltsgesetz 2010*, München 2010, § 87 Rn. 29; Allgemeine Verwaltungsvorschrift zum Aufenthaltsgesetz, BR-Drs. 669/09, 87. 0. 4.

Nr. 3 AufenthG). Vermutungen oder Gerüchte reichen hier nicht aus, der Sachverhalt muss nachweisbar sein.[35]

Die Aufgabe eines Arbeitsgerichts besteht darin, den ihm unterbreiteten Rechtsstreit nach den vorgelegten Schriftstücken und Unterlagen zu entscheiden. Im arbeitsgerichtlichen Urteilsverfahren gilt der Verhandlungsgrundsatz. Allein die Parteien des Rechtsstreites tragen die Tatsachen vor. Das Arbeitsgericht ist hieran im Urteilsverfahren gebunden und darf nur den unterbreiteten Vortrag zugrunde legen.[36] Eine Ermittlung des Sachverhaltes von Amts wegen erfolgt im Urteilsverfahren nicht.

Die Frage eines Aufenthaltstitels ist bei Zahlungsklagen, gerichtet auf Vergütung für tatsächlich geleistete Arbeit, für die Beurteilung der arbeitsrechtlichen Ansprüche des Beschäftigten nicht erheblich. Die klagenden ArbeitnehmerInnen müssen also keine Ausführungen zu ihrem Aufenthaltsstatus in die Klage aufnehmen, um einen schlüssigen Sachvortrag sicherzustellen. Soweit die beklagten ArbeitgeberInnen diese Frage nicht ansprechen, hat das Arbeitsgericht ebenfalls keinen Anlass, diese Frage anzusprechen. Das Arbeitsgericht wird von sich aus ohne Anlass keine Aufklärung in dieser Richtung betreiben, ist hierzu angesichts des Verhandlungsgrundsatzes im Urteilsverfahren auch nicht berechtigt.

Anderes kann bei der Geltendmachung von Ansprüchen gelten, bei denen sich der fehlende Aufenthaltstitel rechtsverhindernd auswirkt. Machen ArbeitnehmerInnen beispielsweise Annahmeverzugslohnansprüche oder Urlaubsgewährungs- bzw. Urlaubsabgeltungsansprüche klagweise vor dem Arbeitsgericht geltend, kann es für die beklagten ArbeitgeberInnen nahe liegen, den fehlenden Aufenthaltstitel in das Verfahren einzuführen, da dieser Umstand rechtsverhindernd wirkt. Für die Entstehung dieser Ansprüche ist das Vorliegen einer mit einem Aufenthaltstitel verbundenen Arbeitserlaubnis nach überwiegender Auffassung Voraussetzung. Gleiches gilt bei einer auf einem fehlenden Aufenthaltstitel beruhenden personenbedingten Kündigung. In einem Kündigungsschutzverfahren wird das Arbeitsgericht den aufenthaltsrechtlichen Status der Gekündigten auf Grundlage des unterbreiteten Sachverhaltes überprüfen und die beklagten ArbeitgeberInnen die Kündigungsgründe in das Verfahren einführen.

35 Huber, *Aufenthaltsgesetz* [wie Anm. 34], Rn. 29, § 87 Rn. 32; Allgemeine Verwaltungsvorschrift zum Aufenthaltsgesetz, BR-Drs. 669/09, 87. 1. 2 zur Übermittlung auf Ersuchen.

36 BAG, Urteil vom 24.03.1983, AP Nr. 12 zu § 1 KSchG 1969 betriebsbedingte Kündigung; Germelmann, *ArbGG* [wie Anm. 33], Einleitung Rn. 216.

Zusammenfassend lässt sich an dieser Stelle feststellen, dass das Arbeitsgericht wegen des Verhandlungsgrundsatzes den Aufenthaltsstatus einer Partei des Verfahrens nicht ermitteln wird. Auch klagende ArbeitnehmerInnen werden diesen Punkt nicht von sich aus thematisieren. Beklagte ArbeitgeberInnen werden diesen Umstand nur dann einführen, wenn es einen Vorteil zu bringen verspricht. Das ist nur dann der Fall, wenn der Aufenthaltsstatus Einfluss auf den geltend gemachten Anspruch hat, was bei Zahlungsansprüchen für geleistete Arbeit nicht der Fall ist. Aber selbst bei einem möglichen Vorteil im Arbeitsgerichtsverfahren, werden sich beklagte ArbeitgeberInnen zu überlegen haben, ob sie diese Umstände einführen, da sich mögliche Sanktionen aus dem Beschäftigungsverhältnis auch und gerade gegen ArbeitgeberInnen richten. Wird der Aufenthaltsstatus im arbeitsgerichtlichen Verfahren von den Parteien nicht eingeführt, erlangt das Gericht hierüber keine Kenntnis im Sinne von § 87 Abs. 2 S. 1 AufenthG, sodass keine Übermittlungspflicht an die Ausländerbehörde besteht. Wird der Aufenthaltsstatus in das Verfahren eingeführt, ist dieser Status aber nicht nachweisbar, hat das Gericht daher keine sichere Kenntnis vom fehlenden Aufenthaltsstatus, besteht ebenfalls keine Übermittlungspflicht. Das Arbeitsgericht ist nicht verpflichtet und nicht berechtigt, den aufenthaltsrechtlichen Status aufzuklären.

3.2 Steuerrechtliche Mitteilungspflichten

Nach § 116 AO haben Gerichte und Behörden Tatsachen, die sie dienstlich erfahren und die auf eine Steuerstraftat schließen lassen, den Finanzbehörden mitzuteilen. Diese Anforderung bezieht sich nicht auf den fehlenden Aufenthaltstitel, sondern auf die möglicherweise vorliegende Nichtabführung der Lohnsteuer. Macht der klagende Arbeitnehmer eine vereinbarte Nettovergütung vom Arbeitgeber geltend, kann sich die Frage der ordnungsgemäßen Abführung der Lohnsteuer stellen, wenn die Zahlungen in der Vergangenheit aufgeschlüsselt werden und sich daraus ergibt, dass in der Vergangenheit möglicherweise keine Lohnsteuern abgeführt wurden. Eine Nettolohnabrede an sich ist nicht unzulässig und lässt allein für sich genommen noch nicht die Vermutung auf eine Steuerhinterziehung zu. Die Nettolohnabrede führt lediglich dazu, dass ArbeitgeberInnen den vereinbarten Nettolohn in den entsprechenden Bruttolohn umrechnen müssen, damit die darauf entfallenden Steuern und Abgaben entrichtet werden können. Die Nettolohnabrede ist also noch keine Tatsache, die auf eine Steuerstraftat schließen lässt. Erfährt das Arbeitsgericht noch andere Umstände, wie zum Beispiel konkretisierte Nettozahlungen in der Vergangenheit, so kann nicht ausgeschlossen werden, dass dann eine Meldung erfolgt. Die Meldung erfolgt dann bei den Finanzbehörden und bezieht sich auf eine Pflichtwidrigkeit des Arbeitgebers, der nach § 38 Abs. 3 S. 1 EStG zum Lohnsteuerabzug verpflichtet ist und nach § 42 d Abs. 1 EStG der Lohnsteuerhaftung unterliegt. Die Meldung an die Finanzbehörden berührt den Rechtskreis der ArbeitnehmerInnen also nicht unmittelbar und hat auch nicht ihren Aufenthaltsstatus zum Inhalt.

Nach § 93a AO kann die Bundesregierung durch Rechtsverordnung Behörden und andere öffentliche Stellen verpflichten, Anhaltspunkte für Schwarzarbeit, unerlaubte Arbeitnehmerüberlassung oder unerlaubte Ausländerbeschäftigung den Finanzbehörden mitzuteilen. Die Bundesregierung hat am 7.9.1993 die Verordnung über Mitteilungen an die Finanzbehörden durch andere Behörden und öffentlich-rechtliche Rundfunkanstalten (Mitteilungsverordnung) erlassen, die Mitteilungspflichten für Behörden begründen, nicht aber für Gerichte.

3.3 Mitteilungspflichten nach dem Schwarzarbeitsgesetz

Nach § 13 Abs. 3 SchwarzArbG sollen Gerichte Erkenntnisse an die für die Durchsetzung des SchwarzArbG zuständigen Behörden übermitteln, die zur Verfolgung von Ordnungswidrigkeiten nach § 8 SchwarzArbG erforderlich sind, sofern schutzwürdige Interessen der Betroffenen nicht überwiegen. Diese Übermittlungspflicht bezieht sich ausweislich des eindeutigen Wortlautes der Regelung nicht auf Erkenntnisse, die die nach § 10 SchwarzArbG strafbare Beschäftigung von AusländerInnen zu Arbeitsbedingungen beinhalten, die in einem auffälligen Missverhältnis zu den Arbeitsbedingungen vergleichbarer deutscher ArbeitnehmerInnen stehen. Ordnungswidrigkeiten nach § 8 SchwarzArbG werden im Rahmen der Verfolgung von arbeitsrechtlichen Ansprüchen von Menschen ohne Aufenthaltsstatus kaum eine Rolle spielen. Hiernach handelt ordnungswidrig, wer als Sozialleistungsbezieher seinen Meldepflichten nicht nachkommt.

Eine Übermittlungspflicht der Gerichte hinsichtlich der Beschäftigung von AusländerInnen ohne Aufenthaltstitel, die für ArbeitgeberInnen eine Ordnungswidrigkeit nach § 404 Abs. 2 Nr. 3 SGB III darstellt, ist nicht vorgesehen. Gleiches gilt für die für ArbeitnehmerInnen ordnungswidrige

Ausübung einer Tätigkeit ohne Aufenthaltstitel i. S. v. § 404 Abs. 2 Nr. 4 SGB III.

4. Risikoverteilung

Insbesondere ArbeitgeberInnen tragen ein erhebliches Risiko der Entdeckung von Straftaten und/oder Ordnungswidrigkeiten im Zusammenhang mit der Beschäftigung von Menschen ohne Aufenthaltstitel, so dass aus arbeitgeberlicher prozesstaktischer Sicht eine Offenbarung der Hintergründe der Beschäftigung kaum vorteilhaft sein kann. In Betracht kommen hierbei insbesondere folgende Tatbestände:

- Beschäftigung von Ausländern ohne berechtigenden Aufenthaltstitel nach § 404 Abs. 2 Nr. 3 SGB III ;
- Beschäftigung von AusländerInnen zu unangemessenen Arbeitsbedingungen nach § 10 SchwarzArbG;
- Beschäftigung oder Beauftragung von AusländerInnen in größerem Umfang nach § 11 SchwarzArbG;
- Nichtmeldung eines Arbeitnehmers zur Sozialversicherung nach § 111 Abs. 1 Nr. 2 SGB IV;
- Vorenthaltung von Sozialversicherungsbeiträgen nach § 266 a StGB;
- Steuerhinterziehung nach § 360 AO.

Darüber hinaus können ArbeitgeberInnen nach § 98 b AufenthG von Subventionen oder nach § 98 c AufenthG von der Vergabe öffentlicher Aufträge ausgeschlossen werden.

Das Risiko für klagende ArbeitnehmerInnen besteht vornehmlich in der Beendigung des Aufenthaltes durch die Ausländerbehörde, gegebenenfalls verbunden mit einem (befristeten) Einreise- und Aufenthaltsverbot für die Zukunft. Ist der Aufenthalt zum Zeitpunkt der Verfahrensdurchführung beendet, besteht das Risiko einer Abschiebung naturgemäß nicht mehr. Darüber hinaus kommt die Ahndung der Ordnungswidrigkeit der Ausübung der Beschäftigung ohne Aufenthaltstitel nach § 404 Abs. 2 Nr. 4 SGB III in Betracht.

5. Kosten

ArbeitnehmerInnen können vor dem Arbeitsgericht selbst Klage erheben und sich selbst vertreten. Bei dem arbeitsgerichtlichen Verfahren fallen zwar auch Gerichtskosten an. Diese entfallen jedoch, wenn der Rechtsstreit nicht durch Urteil, sondern durch Vergleich, also eine gütliche Einigung, beendet wird. Damit will der Staat, der die Arbeitsgerichtsbarkeit zur Verfügung stellt, BürgerInnen die Erledigung von Arbeitsgerichtsprozessen im Wege gütlicher Einigungen erleichtern. Tatsächlich werden auch sehr viele Arbeitsgerichtsverfahren nicht durch Urteil, sondern durch Vergleich beendet. Deshalb ist das arbeitsgerichtliche Verfahren insgesamt, wenn auch vielleicht nicht in jedem Einzelfall, vergleichsweise kostengünstig.

Bei gerichtlichen Verfahren ist möglichen unzureichenden Sprachkenntnissen ausländischer ArbeitnehmerInnen Rechnung zu tragen und DolmetscherInnen hinzuziehen. Die Kosten sind der Staatskasse aufzuerlegen, wenn der Heimatstaat der AusländerInnen bei deutschen Staatsangehörigen ebenfalls keine Dolmetscherkosten erhebt.[37]

Allerdings ist es nicht Sache jeder Person und, zumindest in nicht ganz einfach gelagerten Rechtsstreitigkeiten, auch nicht unbedingt sinnvoll, den Prozess selbst zu führen und von der Einschaltung von Prozessbevollmächtigten abzusehen. Soweit also Prozessbevollmächtigte beauftragt werden sollen, ist für arbeitsgerichtliche Streitigkeiten an erster Stelle der gewerkschaftliche Rechtschutz zu nennen. Dessen Inanspruchnahme setzt allerdings die Mitgliedschaft in einer Gewerkschaft voraus. Diese würde sowohl die Verfahrenskosten übernehmen als auch Prozessbevollmächtigte stellen. Damit sind sowohl eine sachgerechte Führung des Verfahrens wie auch eine Kostenübernahme gesichert.

Soweit keine Gewerkschaftsmitgliedschaft besteht, kommt nur die Beauftragung von RechtsanwältInnen in Betracht, was mit entsprechenden Kosten verbunden ist. Im arbeitsgerichtlichen Verfahren gilt der Grundsatz, dass jede Partei ihre eigenen Kosten trägt (§ 12a ArbGG). Erst in der zweiten und dritten Instanz besteht der Anspruch gegen die unterlegene Partei auf Erstattung der Kosten. Klagende ArbeitnehmerInnen können Prozesskostenhilfe beantragen. Dabei haben AntragstellerInnen mit einem Formular eine Erklärung über ihre persönlichen und wirtschaftlichen Verhältnisse abzugeben. Hier ist die Angabe der Anschrift erforderlich. Gegebenenfalls wird Prozesskostenhilfe bei Ratenzahlung gewährt, deren Eingang von der Justizkasse zu überprüfen und gegebenenfalls sicherzustellen ist. Außerdem können, sofern

37 Kittner, Michael/Zwanziger, Bertram, Arbeitsrecht – Handbuch für die Praxis, 5. Auflage, Frankfurt am Main 2009, § 106 Rn. 71.

sich die wirtschaftlichen Verhältnisse in einem Zeitraum von vier Jahren nach der Bewilligung geändert haben, auch Ratenzahlungen in anderer Höhe festgesetzt werden.

III. Alternativen zum Rechtsweg

Der Rechtsstaat bietet ArbeitnehmerInnen die Möglichkeit, ihre Ansprüche im Wege der Klage vor dem Arbeitsgericht zu verfolgen. Hinzu kommt die Möglichkeit, ihre Arbeitskraft zurückzuhalten, bis die ArbeitgeberInnen fällige Forderungen erfüllt haben (§ 273 BGB). Auch könnten ArbeitnehmerInnen mit fälligen Gegenforderungen aufrechnen, sofern ihnen solche zustehen. Formen der Selbsthilfe sind wegen dieser Möglichkeiten grundsätzlich nicht erlaubt (§ 229 BGB). Die Drohung mit einer Meldung an die Presse oder Erstattung einer Strafanzeige kann im Einzelfall Nötigung (§ 240 StGB) sein. Dies ist regelmäßig nicht der Fall, wenn lediglich die Nichterfüllung der arbeitsrechtlichen Forderungen angeprangert werden soll.[38] Dann dürfte die Drohung noch als angemessenes Mittel zur Erreichung des erstrebten Erfolges (Zahlung der ausstehenden Lohnansprüche) angesehen werden. Die Grenze könnte aber dann überschritten sein, wenn sich die Information oder Anzeige gerade auf die unzulässige Beschäftigung von AusländerInnen bezieht. Dabei handelt es sich um Rechtsverletzungen, an denen die ArbeitnehmerInnen mitgewirkt haben. Etwaige staatliche Ermittlungen würden nicht ihrem Ausgleichsinteresse dienen, da sie nicht durch eine eventuelle Straftat verletzt wären.[39] Insoweit kommt es auf die Abwägungen im Einzelfall an, die nicht allgemein bestimmt werden können.

IV. Forderungen

Im Hinblick auf die aus dem Beschäftigungsverbot folgende Problematik der Durchsetzung arbeitsrechtlicher Ansprüche auf Entlohnung ohne Erbringung der Arbeitsleistung (Urlaub, Entgeltfortzahlung im Krankheitsfall, An-

38 BGH, Urteil vom 19.04.2005, X ZR 15/04, *ZUM* 2005, S. 645.

39 BAG, Urteil vom 22.10.1998, 8 AZR 457/97, *NJW* 1999, S. 2059.

nahmeverzugslohnansprüche) ergibt sich Handlungsbedarf. Es ist nicht nachvollziehbar, einerseits von einem wirksamen Arbeitsverhältnis auszugehen, andererseits aufgrund des aufenthaltsrechtlichen Beschäftigungsverbotes wesentliche Arbeitnehmerschutzrechte vorzuenthalten. Hiervon profitieren letztlich nur ArbeitgeberInnen, für die der Anreiz für die Beschäftigung von Menschen ohne gesicherten Aufenthaltsstatus erhöht wird. Hier ist die Gesetzgebung gefordert, eine tatsächliche Gleichstellung in Vollzug gesetzter Arbeitsverhältnisse herbeizuführen. Die arbeitsrechtliche Lage ist streng von der aufenthaltsrechtlichen Statusfrage zu trennen. Durch § 98 a AufenthG ist ein Anfang gemacht.

Hinsichtlich der Rechtsdurchsetzung muss, nicht zuletzt vor dem Hintergrund der Verfassungsgarantie effektiven Rechtsschutzes, sichergestellt werden, dass sich Rechtssuchende nicht der Gefahr der zwangsweisen Beendigung ihres Aufenthaltes oder sonstiger aufenthaltsrechtlicher Konsequenzen wegen der Inanspruchnahme ihrer berechtigten Interessen aussetzen. Zum einen ist die Gesetzgebung gefordert, die ausufernden aufenthaltsrechtlichen Mitteilungspflichten zu begrenzen. Die Judikative ist, gerade auch vor dem Hintergrund der Zielrichtung der Erleichterung der Rechtsdurchsetzung durch § 98 a AufenthG, aufgerufen, keine übersteigerten Anforderungen an die Zulässigkeit der Klage zu stellen und den Umgang mit Meldepflichten restriktiv zu handhaben.

Gewerkschaftliche Handlungsspielräume: von der außergerichtlichen Interessendurchsetzung bis zum gewerkschaftlichen Rechtsschutz

Frank Schmidt-Hullmann, IG BAU

Gewerkschaften, die die Gruppe der »Illegalen« nicht länger ignorieren wollen oder können, sehen sich einer schwierigen Aufgabe gegenüber. Gewerkschaften sind – zumindest in den Industrieländern – nach dem Verständnis großer Teile ihrer Mitgliedschaft zunächst einmal eine Organisation der offiziell Beschäftigten in offiziellen Firmen. Ihr Daseinszweck besteht darin, für sie Mindeststandards bei den Arbeitsbedingungen durchzusetzen und diese gegen alle Versuche zu verteidigen, sie durch gegenseitiges Lohndumping innerhalb der Belegschaft und zwischen Belegschaften verschiedener Betriebe wieder abzusenken.

Das Konzept der Staatsangehörigkeiten und der daraus abgeleiteten Aufenthaltsrechte und Teilhaberechte am Arbeitsmarkt ist in der Gesellschaft und damit auch unter den Beschäftigten mehrheitlich akzeptiert. Es wird von vielen als Selbstverständlichkeit angesehen, dass Menschen ohne Arbeitserlaubnis nicht arbeiten dürfen. Das Verständnis für Menschen, die zum Beispiel mit Touristenvisum einreisen, um in Wirklichkeit hier zu arbeiten, ist gering. Auch Beschäftigte mit Migrationshintergrund, die die Mühen einer legalen Zuwanderung erst einmal auf sich genommen haben und dabei erfolgreich waren, teilen manchmal diese Ansicht.

Die Begrenzung der insgesamt verfügbaren Arbeitskräfte durch Staatsangehörigkeiten und Erlaubnishürden für Zuwanderung in den jeweiligen Arbeitsmarkt hat ja für die vorhandenen Beschäftigten in einem Land bzw. in Freihandelszonen wie der EU zunächst auch den Vorteil, dass sie die Konkurrenz um die vorhandenen Arbeitsmöglichkeiten einschränkt. Sie erlaubt es ihnen damit, im täglichen Ringen mit der Kapitalseite zumindest als Kollektiv bessere Bedingungen durchzusetzen, ohne befürchten zu müssen, anschließend jederzeit durch andere Beschäftigte ersetzt zu werden, die sie aufgrund ihrer Unerfahrenheit und Gewöhnung an schlechtere Standards ihres Herkunftslandes möglicherweise beim Lohn unterbieten. Die Mehrheit der

Beschäftigten strebt aufgrund ihrer kulturellen Verwurzelung selbst auch keine Auswanderung an und kann deshalb mit den weltweit üblichen Restriktionen des jeweiligen Arbeitsmarktzugangs gut leben, solange sie effektiv wirken.

Nimmt aber in diesem System die Zahl derjenigen zu, die aufgrund ihrer persönlichen Situation nicht – oder nicht mehr – in der Lage sind, die Einhaltung bestimmter Mindestarbeitsbedingungen gegenüber dem Arbeitgeber durchzusetzen, geraten die allgemein erreichten besseren Arbeitsbedingungen immer mehr unter Druck. Das muss nichts mit Zuwanderung zu tun haben, sondern kann auch zum Beispiel durch Schrumpfung des Sektors und ein daraus resultierendes Überangebot an inländischen Arbeitskräften oder auf Gesetzesänderungen wie zum Beispiel Hartz IV, erleichterte Leiharbeit und Scheinselbständigkeit zurückgehen. Nimmt die Prekarität in einem Sektor bereits allgemein zu und kommen dann noch weitere Arbeitskräfte von außerhalb hinzu, die zumindest anfangs bereit sind, zu schlechteren Bedingungen zu arbeiten, ist schnell ein Punkt erreicht, ab dem sich bessere Arbeitsbedingungen nicht mehr und nur noch sehr mühsam und bruchstückhaft halten lassen.

Die Reaktionen unter den Beschäftigten auf diese Vorgänge sind unterschiedlich und wechseln im Laufe der Zeit. Da kaum ein Beschäftigter für sich wirklich ausschließen kann, morgen nicht selbst zum inländischen Teil des Prekariats zu gehören, fokussiert sich der Zorn Einiger über diese Situation schnell auf den von außen neu hinzukommenden Teil des Prekariats, wenn es die für die Entwicklung eigentlich verantwortliche Unternehmerseite schafft, erfolgreich von sich abzulenken.

Es hat daher nicht unbedingt etwas mit rechtsradikalen Ansichten zu tun, wenn bisherige Beschäftigte im Sektor sich von diesen Entwicklungen bedroht sehen und über die Neuzuwanderer in ihren Sektor schimpfen und ihnen zunächst wünschen, sie sollten am besten möglichst gründlich auf Ausbeutungspraktiken hereinfallen, damit sie wieder vom Arbeitsmarkt verschwinden.

Eine andere Spontanreaktion ist es, darauf zu hoffen, dass man selbst zu den Überlebenden des Gemetzels gehören und dann aufgrund einer »Mischkalkulation« die eigenen Bedingungen an der Spitze einer langen Subunternehmerkette halten kann, wenn dafür andere am Ende der Kette zu wesentlich schlechteren Bedingungen arbeiten.

Eine weitere Reaktion besteht üblicherweise darin, schärfere Gesetze, Kontrollen usw. zu fordern und zu hoffen, dass das Problem des Lohndumpings dadurch wieder verschwinden könnte.

Und schließlich gibt es auch noch die Hoffnung gemäß dem Grundsatz »Proletarier aller Länder – vereinigt Euch«, dass die besonders Ausgebeuteten von ihren Heimatgewerkschaften organisiert werden oder sich hier spontan organisieren, wenn man sie nur genügend über ihre Rechte informiert.

Alle diese Reaktionen und Ansätze haben wir am Bau in Deutschland erlebt. Der Sektor schrumpfte seit 1995 von damals ca. 1,5 Millionen offiziell Beschäftigten auf aktuell (2010) ca. 720.000 offiziell Beschäftigte bei Inlandsfirmen zusammen. Zugleich blieb die Zahl der in irgendeiner Form illegal Beschäftigten aus dem In- und Ausland aber nahezu konstant. Auch die legale Beschäftigung von Beschäftigten aus dem Ausland in Form der grenzüberschreitenden Entsendung nahm ab, die Präsenz der aus dem Ausland entsandten Arbeitskräfte auf den Baustellen jedoch nicht. Vielmehr hatte sich ein Teil ihrer Arbeitgeber auf illegale Beschäftigungsformen wie zum Beispiel systematischen Mindestlohnbetrug bei offiziell legaler Beschäftigung, organisierte grenzüberschreitende Schwarzarbeit oder Scheinselbständigkeit verlegt. Auch inländische Unternehmer wurden vermehrt in dieser Richtung aktiv. Seitdem dürfte circa ein Viertel bis Drittel der Beschäftigten des Sektors in irgendwie illegalen Beschäftigungsformen arbeiten, unter ihnen auch eine erhebliche Zahl von »Illegalen«.

Am Anfang der Entwicklung gab es unter den jeweils noch verbliebenen legal Beschäftigten und – teilweise mit einigen Abstrichen – auch innerhalb der IG BAU häufig die oben beschriebenen Reaktionen. Es bedurfte langer Zeit, bis sich die Sicht auf das Problem veränderte. Zunächst wurde von vielen Beschäftigten am Bau den zu illegalen Bedingungen eingesetzten Beschäftigten noch die Hauptschuld an dem Verfall der eigenen Beschäftigungschancen und Verdienstmöglichkeiten gegeben. Ausgeblendet blieb die Rolle der deutschen Baufirmen, die währenddessen in trauter Eintracht und unter Aufteilung des Gewinns mit ihren in- und ausländischen Subunternehmern unter weitgehender Duldung der Politik und Justiz ein System endloser Subunternehmerketten mit illegalen Praktiken am Ende der Kette organisierten. Natürlich unter gleichzeitiger Beschwörung, dass man selbst unter diesem System leide.

Schon bald aber stellte sich heraus, dass keine der oben beschriebenen Spontanreaktionen wirklich zum jeweils erwünschten Ergebnis führte. Weder gingen den Gangsterfirmen die Arbeitskräfte aus, noch blieben die Arbeitsplätze der meisten derjenigen erhalten, die sich als mögliche Gewinner einer Mischkalkulation gesehen hatten. Das Lohndumping verschwand auch nicht vollständig durch die teilweise schärferen Gesetze und vermehrten Kontrollen, sondern konnte nur etwas reduziert werden. Und auch die Spontanorganisation oder Organisation durch Gewerkschaften des Heimatlandes kam nicht im nennenswerten Umfang zustande.

In dieser Situation setzte sich in der IG BAU immer mehr die Erkenntnis durch, dass das Vordringen besonders ausbeuterischer Arbeitsbedingungen nur durch ein ganzes Bündel von Maßnahmen gestoppt werden könnte. An die Seite von Forderungen an die Politik und eigenen Regulierungsansätzen wie der Vereinbarung von tariflichen, allgemeinverbindlichen Mindestlöhnen trat der Ansatz, die verschiedenen Gruppen prekärer Beschäftigter systematisch selbst zu organisieren und dann die Zahlung der Mindestlöhne für sie möglichst aktionsorientiert durchzusetzen.

Da interne Analysen ergeben hatten, dass viele der zu prekären Bedingungen in Deutschland beschäftigten ausländischen Arbeitskräfte jeweils nur einige Monate in Deutschland blieben, um dann entweder ins Heimatland zurückzukehren oder in anderen Ländern Arbeit aufzunehmen, und es dabei auch nicht selten zum Wechsel in andere Sektoren kam, entstand zunächst die Idee, für WanderarbeiterInnen eine eigene europaweite Gewerkschaft zu gründen. In dieser speziellen Gewerkschaft sollten WanderarbeiterInnen organisiert bleiben können, bis sie einen dauerhaften Zugang zu einem nationalen Arbeitsmarkt gefunden hätten. Dieses Konzept wurde unter dem Namen Europäischer Verband der Wanderarbeiter (EVW) angegangen. Mit den jeweils zuständigen nationalen Branchengewerkschaften sollte der EVW eng kooperieren. Damit sollte vermieden werden, dass einmal organisierte WanderarbeiterInnen ständig neu organisiert werden mussten und quasi ahnungslos über die jeweils vor Ort geltenden Arbeitsbedingungen für sie unvorteilhafte Arbeitsverträge eingingen.

Leider stellte sich heraus, dass die Zeit für einen solchen europaweiten und branchenübergreifenden Ansatz noch nicht reif war. Einige Gewerkschaften bauten gerade eigene Organisationseinheiten für die Organisierung der WanderarbeiterInnen in ihrer Gewerkschaft auf, andere sahen keinen aktuellen Handlungsbedarf und wieder andere hatten andere Vorbehalte, zum Beispiel hinsichtlich der Finanzierung von Aktionen usw. Trotz umfangreichen Werbens im In- und Ausland kam es nur mit der polnischen Landarbeitergewerkschaft ZZPR zu einer verbindlichen Zusammenarbeit in Form der Gründung eines Polnischen Wanderarbeiterverbands (PSPM) als einem nationalen Ableger des EVW. Und auch die direkten Organisationsbemühungen des deutschen EVW und des PSPM trugen nur begrenzt Früchte, denn die angestrebten dauerhaften Mitgliedschaften von WanderarbeiterInnen kamen nicht in der erforderlichen Zahl zusammen, um beide Verbände auf eine dauerhafte finanzielle Grundlage zu stellen. Zwar gelang es dem EVW, in verschiedenen Aktionen viele WanderarbeiterInnen kurzfristig zu organisieren und die Zahlung der ihnen zustehenden Löhne durchzusetzen. Aber der Anteil derer, die danach dauerhaft Mitglied blieben und ihre Beiträge unabhängig davon zahlten, ob sie gerade ein aktuelles Problem mit ihrem Arbeitgeber hatten, blieb zu gering, um eine nachhaltige Arbeit des Verbandes zu ermöglichen. Eine nachhaltige Finanzierung war damit nicht möglich, zumal es nicht gelang, im nennenswerten Umfang Drittmittel zu beschaffen.

Die IG BAU als Hauptfinanzier des EVW entschied sich daher, den EVW von einer Mitgliederorganisation in einen Verein umzuwandeln, der die direkte Organisationsarbeit der IG BAU und anderer Gewerkschaften zwar begleitend durch Sprachmittlung usw. unterstützt, sich aber ansonsten vor allem als Lobbyorganisation und erste Informationsstelle für WanderarbeiterInnen betätigt. Als direkte Organisation der WanderarbeiterInnen ist der EVW damit zwar gescheitert, aber diese experimentelle Organisationsform hat dennoch Einiges bewirkt.

Die durch den EVW-Vorstoß ausgelösten und zum Teil kontroversen Diskussionen in den europäischen Zusammenschlüssen der Bau- und Holzarbeitergewerkschaften (EFBH und BHI-Region Europa) haben zur Einrichtung einer gemeinsamen multisprachigen Informationsplattform im Internet unter dem Namen ECMIN (European Construction Mobility Information Net – http://ecmin.efbww.org) geführt, auf der sich WanderarbeiterInnen am Bau in ihrer Sprache über die wichtigsten Mindestrechte und gewerkschaftliche AnsprechpartnerInnen in mittlerweile 15 europäischen Ländern informieren können.

Vor allem aber ist es heute in der IG BAU selbst und in den meisten ihrer europäischen Schwestergewerkschaften unbestritten, dass WanderarbeiterInnen organisiert werden müssen, selbst wenn ihr aktueller Aufenthalt kurzfristig ist und/oder in illegalen oder halblegalen Beschäftigungsformen, zum Beispiel Scheinselbständigkeit, stattfindet.

Eine weitere Erkenntnis des EVW-Experiments war, dass der gewerkschaftliche Rechtsschutz – neben eventuellen Betriebsratsaktivitäten das Standardangebot bei inländischen Arbeitsverhältnissen, in denen es zu Unregelmäßigkeiten kommt – für die Vertretung von WanderarbeiterInnen in den Mindestlohnbranchen nach dem Arbeitnehmerentsendegesetz (AEntG) nicht unbedingt das erste Mittel der Wahl ist.

I. Information – unsere ständige Aufgabe

Früher gab es in den Gewerkschaften generelle Vorbehalte dagegen, Nichtmitglieder über die ihnen zustehenden Ansprüche zu informieren. Die IG BAU hat sich in Bezug auf die von uns ausgehandelten Mindestlöhne nach dem AEntG und andere Mindestansprüche von dieser Haltung verabschiedet. Unser Ziel ist es nun, dass möglichst niemand unterhalb der Mindestlöhne arbeitet, gleichgültig, ob nun Gewerkschaftsmitglied oder nicht. Es wäre auch eine Illusion, bei der Durchsetzung der Mindestlöhne ausschließlich auf die Kontrollen durch die FKS zu setzen, denn diese setzt im Gegensatz zu einigen staatlichen Arbeitsinspektionen im Ausland nicht etwa die Zahlung der Mindestlöhne selbst durch, sondern sorgt nur für die Sanktionierung von Verstößen mittels Bußgeldern und Strafverfahren. Unterbleibt die in Deutschland notwendige Geltendmachung des Mindestlohnanspruches durch die Betroffenen, können sich illegale Beschäftigungspraktiken für den Arbeitgeber trotz Bußgeld lohnen. Wir informieren deshalb regelmäßig auch mit Informationsblättern in vielen Sprachen über die Mindestlöhne und andere Rechte, die auch Clandestinos zustehen. Neu hinzugekommen ist unsere partielle Unterstützung einiger »Anlaufstellen für Undokumentierte« in Berlin, Hamburg und Frankfurt am Main und der Aufbau von DGB-Beratungsstellen »Faire Mobilität«.

In unserer bestehenden Mitgliedschaft werben wir in Versammlungen mit Filmen wie zum Beispiel »Ausbeutung einkalkuliert« um Verständnis für WanderarbeiterInnen und versuchen, unsere Mitglieder aller Nationalitäten zu motivieren, aktiv auf WanderarbeiterInnen zuzugehen, um sie über ihre Rechte und Möglichkeiten aufzuklären.

II. Mitgliedschaft – kein wirkliches Problem

Beschäftigte ohne gültige Aufenthaltstitel können in Deutschland Mitglied einer Gewerkschaft werden. Im Normalfall fragen wir nicht nach dem Aufenthaltsstatus und erfassen ihn auch nicht in unseren Karteien, sofern der Status nicht in aktuellen Rechtsangelegenheiten besonders zu berücksichtigen ist. Soweit ersichtlich, schließt auch keine Satzung einer anderen DGB-Gewerkschaft den Beitritt dieser Beschäftigtengruppe aus.

Im Falle der IG BAU kommt es für den Beitritt nicht einmal auf das Bestehen eines nachweisbaren Arbeitsverhältnisses an, denn nach § 4 unserer Satzung können auch solche Personen die Mitgliedschaft beantragen, die in unserem Organisationsbereich arbeitnehmerähnlich oder selbständig tätig sind. Wenn der zuständige Bezirksverband am Wohn- oder Aufenthaltsort der Aufnahme zugestimmt hat und das neue Gewerkschaftsmitglied regelmäßig die zutreffenden Beiträge entrichtet, genießt es nach unserer Satzung alle gewerkschaftsüblichen Rechte bzw. Mitgliederleistungen und hat Anspruch auf eine wohlwollende Prüfung bei Anträgen auf die »Kann-Leistungen« wie zum Beispiel den gewerkschaftlichen Rechtsschutz.

Der Aufenthaltsstatus wird normalerweise nicht in unseren Mitgliederdaten dokumentiert, um jede Begehrlichkeit von Ausländerbehörden zu vermeiden, aber auch unsere eigenen Beschäftigten vor möglichen rechtlichen Folgen der Unterstützung von Menschen ohne legalen Aufenthalt zu schützen, denn die Privilegien einiger Berufsgruppen greifen in aller Regel nicht für unsere Beschäftigten. Schon aus diesen beiden Gesichtspunkten heraus scheidet der bei Ver.di zeitweise diskutierte Ansatz einer eigenen Organisationseinheit für statuslose MigrantInnen jedenfalls für uns aus.

III. Gewährung von Rechtsschutz und unmittelbare Überlebenshilfe – ein schwieriges Kapitel

In der Realität unterscheiden sich unsere Handlungsspielräume allerdings erheblich nach dem individuellen Aufenthalts- und Arbeitsstatus, nach der Dauer der Mitgliedschaft und nach einigen anderen zu berücksichtigenden rechtlichen und außerrechtlichen Einzelumständen.

Unser Rechtsschutz erstreckt sich hauptsächlich auf das Arbeits- und Sozialrecht. Im Zivilrecht beinhaltet er nur die aktive und passive Geltendmachung einiger Schadenersatzansprüche und im Straf- und Ordnungswidrigkeitenrecht nur die Verteidigung bei Straftaten und Ordnungswidrigkeiten *anlässlich* einer vom der Arbeitgeber übertragenen Tätigkeit, also regelmäßig nicht Fälle, in denen die Tätigkeit an sich bereits die Straftat oder Ordnungswidrigkeit darstellt, wie dies bei persönlichen Verstößen gegen gesetzliche Beschäftigungsverbote und -auflagen regelmäßig der Fall ist.

Der gewerkschaftliche Rechtsschutz kann bei der IG BAU generell erst nach Leistung von drei Beiträgen gewährt werden. Von diesem Grundsatz können wir kaum abweichen.

Auch eine Rückdatierung des Beitritts zur Umgehung dieser Wartezeit wäre äußerst problematisch, zumal ja vom Eintrittsdatum eventuell die Entstehung tarifvertraglicher Ansprüche abhängt. Die Kostenbelastung durch den Rechtsschutz stellt aber auch stets einen erheblichen Anteil der Mitgliedsbeiträge und der Ausgaben dar, so dass eine allzu großzügige Handhabung bei Neueintritten nicht nur auf Unverständnis unter den schon länger organisierten Mitgliedern stoßen würde, sondern wir sie uns schlichtweg nicht leisten könnten. Außerdem würde dadurch der Fehlanreiz gesetzt, der Gewerkschaft immer erst dann beizutreten, wenn etwas schief gelaufen ist. Auf einer solchen Basis könnte keine Gewerkschaft dauerhaft existieren, denn im Schnitt benötigt man die Gewerkschaftsbeiträge von jeweils cira acht bis zehn Mitgliedern, die gerade keinen Rechtsschutz benötigen, um die Rechtsschutzaufwendungen für einen einzigen Fall zu finanzieren.

Im Übrigen wird unsere Rechtsschutzgewährung durch eigene RechtssekretärInnen seitens der Anwaltschaft und einiger Gerichte äußerst kritisch verfolgt, so dass wir hier schon deshalb kaum Spielräume haben. Für diese Aufgabe stehen uns bisher auch keine Drittmittel zu Verfügung; lediglich für Fälle des Menschenhandels zur Arbeitsausbeutung gibt es die Möglichkeit, eventuell auf private und öffentliche Drittmittel zur rechtlichen Unterstützung der Opfer zurückgreifen zu können.

In der Realität treten Clandestinos häufig erst dann der Gewerkschaft bei, wenn bereits große Lohnrückstände bestehen. Versagt dann der weiter unten geschilderte außergerichtliche Mechanismus, müssen wir sie für die dann notwendige gerichtliche Durchsetzung von Ansprüchen und sonstige gerichtliche Verfahren regelmäßig an befreundete RechtsanwältInnen verweisen, die bereit sind, auf Mindesthonorar- oder Prozesskostenhilfebasis zu arbeiten.

Ebenfalls problematisch ist für uns die Gewährung karitativer Leistungen zum unmittelbaren Überleben, wenn keinerlei Lohnzahlung erfolgte. Wir haben dafür im Gegensatz zu den karitativen Organisationen keinerlei Mittel und es wäre für uns auch schwierig, hier eine Grenze zu vergleichbaren Arbeitsarmutsfällen von Inländern zu ziehen. Wir müssen uns deshalb in aller Regel auf die Information über Hilfsmöglichkeiten seitens dritter Stellen beschränken. Nur im Ausnahmefall können wir selbst eine erste Hilfe gewähren, wenn aufgrund der Umstände die Aussicht besteht, dass die uns im Gegenzug abgetretenen Lohnansprüche alsbald realisiert werden. Ansonsten können wir nur auf die Leistungen öffentlicher, kirchlicher und anderer Träger hinweisen und diese einschalten, zum Beispiel »Tafeln«, Medizinernetzwerke, Notunterkünfte usw. Trotz aller Versuche gelingt es uns nur selten, die Konsulate der Herkunftsländer zu aktiver Hilfe zu bewegen.

Wir favorisieren in unserer Arbeit mit neu organisierten illegal Beschäftigten deshalb in erster Linie die schnelle, möglichst kollektive Durchsetzung ihrer unmittelbaren Lohnansprüche außerhalb des Rechtswegs, so dass sich die Betroffenen wieder selbst erhalten können.

Die Beantragung von Sozialhilfe kommt wegen der Meldepflichten der Behörden nur in solchen Fällen infrage, in denen die Beschäftigten für eine eigentlich legale Tätigkeit, zum Beispiel unter Vorspiegelung des Status als WerkvertragsarbeiterIn im Rahmen der Werkvertragsquoten, angeworben wurden, die dann aber illegal, zum Beispiel unter massiven Mindestlohnverstößen, als Schwarzarbeit oder unter den Betroffenen verschwiegener Anmeldung als (Schein-)Selbständige durch die Firma durchgeführt wurde. Hier sind die Betroffenen regelmäßig selbst an einer schnellen Rückreise interessiert, sobald sie ihren Lohn bekommen haben, denn sie hatten eigentlich eine vorübergehende legale Tätigkeit angestrebt und wollten selbst keiner illegalen Tätigkeit nachgehen. Bei den hier bereits längere Zeit lebenden Clandestinos wird eine solche massive Täuschung der Beschäftigten, die auch die Behörden gegenüber den objektiven Gesetzesverstößen der illegal Beschäftigten milde stimmt, sofern sie gegen ihren Arbeitgeber aussagen, allerdings regelmäßig nicht vorliegen.

IV. Außer- und vorgerichtliche Durchsetzung von Lohnansprüchen im Bereich des AEntG

Wenn mehrere WanderarbeiterInnen bei demselben Arbeitgeber arbeiten, hat es sich bewährt, sie als Gruppe zu organisieren, dann ihre möglichen Forderungen (hauptsächlich die Differenz zwischen den ausgezahlten Löhnen und den Mindestlöhnen, nicht gezahlte Stunden usw.) zu erfassen und diese dann kollektiv geltend zu machen.

Im Bereich des AEntG gelten einige Sonderregeln, die den WanderarbeiterInnen nutzen.

Einerseits kommt es für Mindestlohnansprüche nach dem AEntG nicht darauf an, wo und ob der Arbeitgeber registriert ist, woher die ArbeiterInnen kommen, ob ihre Beschäftigung ansonsten legal war oder ob die üblichen tariflichen Ausschlussfristen von zwei Monaten bereits verstrichen sind.

Für die tariflichen Mindestlohnansprüche gelten nach § 9 AEntG nämlich längere Ausschlussfristen von mindestens sechs Monaten. Die exakte Bezifferung der Forderung gegenüber dem direkten Arbeitgeber kann im Einzelfall schwierig sein, denn hier stoßen reale Nettozahlungen auf bisher nicht abgerechnete Bruttoansprüche. Hinzu kommt, dass es sich bei dem Arbeitgeber häufig um ein vermögensloses Subunternehmen am Ende einer langen Kette handelt, dessen realer Geschäftszweck nur der eines Strohmanns zur Organisation verdeckter Leiharbeit für übergeordnete Sub- und/oder HauptunternehmerInnen und die Lieferung konkurrenzlos billiger Arbeit zu einem viel zu niedrigen Preis ist. In diesen Fällen macht es wenig Sinn, sich lange mit den SubunternehmerInnen aufzuhalten, bei denen am Ende nichts zu holen sein könnte.

Hier bietet die Auftraggeberhaftung nach dem AEntG eine wirkungsvolle Option. Wir können in diesen Fällen auch den Nettomindestlohn abzüglich des tatsächlich erhaltenen Nettolohns direkt gegenüber dem Auftraggeber geltend machen. Denn nach § 14 AEntG haftet ein Unternehmen, das ein anderes Unternehmen mit der Erbringung von Werk- oder Dienstleistungen beauftragt, für die Verpflichtungen dieses Auftragnehmers zur Zahlung des Mindestentgeltes wie ein selbstschuldnerischer Bürge, der auf die Einrede einer Vorausklage verzichtet hat. Diese Haftung umfasst allerdings nur den Betrag, der nach Abzug der Steuern und der Sozialbeiträge verbleibt.

Nach unseren Erfahrungen führt diese Geltendmachung häufig bereits zum Ziel, nämlich der Auszahlung der vorenthaltenen Nettolöhne. Wenn es sich um ein Prestigebauvorhaben handelt oder dem Auftraggeber bzw.

Hauptunternehmen noch etwas am guten Ruf in der Öffentlichkeit liegt, reicht oft schon die Annahme der Gegenpartei, wir könnten die Medien oder amtliche Stellen einschalten, wenn die Auszahlung nicht umgehend erfolgt. Selbst in Fällen, in denen die illegale Beschäftigung eigentlich hinter einer Fassade der Scheinselbständigkeit erfolgte, wird dann der Nettolohnanspruch oft nicht ernsthaft bestritten, sondern allenfalls noch über die Zahl der geleisteten Stunden oder angebliche Vorschüsse, Auslagen des Arbeitgebers usw. verhandelt. Meistens enden diese Verhandlungen mit einer außergerichtlichen Einigung und erheblichen Nachzahlungen.

Diese Vorgehensweise hat gegenüber einer rechtsschutzförmigen Bearbeitung dieser Ansprüche bereits den deutlichen Vorteil, dass die Auszahlung eines erheblichen Teils der Lohnansprüche direkt und unmittelbar durch Barzahlung erfolgt. Das ist für die Betroffenen im wahrsten Sinne des Wortes überlebenswichtig, denn sie verfügen in aller Regel über keinerlei Ersparnisse, mit denen sie noch jahrelange Prozessdauern überbrücken könnten. Ferner muss nicht erst mühselig bewiesen werden, dass und seit wann überhaupt ein Arbeitsverhältnis bestand, ein in manchen Fällen mangels schriftlicher Vereinbarungen und ständig wechselnder Zusammensetzung der Belegschaft kaum zu führender Beweis. Die nicht selten zur Abwehr von eventuellen gerichtlich geltend gemachten Forderungen bereits vorbereiteten gefälschten Vorschussquittungen usw. können ohne lange Diskussion direkt vom Tisch gewischt werden. Und schließlich ist es für Betroffene mit nicht ganz legalem Aufenthalt oder in verbotenen Arbeitsformen eventuell sehr wichtig, dass es gar nicht erst zu einem Gerichtsverfahren kommt, da die Gerichte diesbezüglich eine Meldepflicht haben.

Allerdings lohnt es sich auch in diesen Fällen, den jeweiligen Einzelfall und die Ansprüche von Anfang an so aufzunehmen und so zu dokumentieren, dass selbst im Fall einer sofortigen Abschiebung in das Herkunftsland die Ansprüche noch gerichtlich durchgesetzt werden könnten und eine Auszahlung an die Heimatadresse erfolgen kann.

Dazu gehören eine ordnungsgemäße Bevollmächtigung, die Sicherung aller Kontaktmöglichkeiten im Herkunftsland, eine Dokumentation von Zeugenaussagen und Heimatadressen der ArbeitskollegInnen und eine umfassende Aufnahme sämtlicher Ansprüche sowie gegebenenfalls die Abtretung der Ansprüche. Zur Fristwahrung muss auch unbedingt nachweislich eine schriftliche Geltendmachung erfolgen.

In Bezug auf die Auftraggeberhaftung ist bei den unteren Gerichten momentan noch ungeklärt, ob wir diesen Lohnanspruch vorher bereits gegenüber dem direkten Arbeitgeber geltend gemacht haben müssen. Bis zur endgültigen Klärung sollte gegenüber dem direkten Arbeitgeber eine umfassende Geltendmachung der Bruttoansprüche und gegenüber dem Hauptuntnehmer/Auftraggeber eine Geltendmachung des Nettomindestlohns erfolgen.

Überholt ist unseres Erachtens bereits seit der Neufassung des § 1a AEntG im Jahre 2007 (heute § 14 AEntG) die Grundlage der älteren BAG-Rechtsprechung, nach der der frühere § 1a AEntG a.F. nur die Haftung von Unternehmen der Baubranche für ihre NachunternehmerInnen (bzw. derselben Branche) umfasste. Das BAG bezog sich in seinen früheren Urteilen[1] ausdrücklich auf die Erwähnung von Baudienstleistungen in der bis 2007 geltenden Fassung und auf die Entstehungsgeschichte und Begründung des Gesetzes, die früher eher auf den Schutz der hiesigen BauunternehmerInnen vor Billiglohnkonkurrenz als auf den Schutz der Beschäftigten abstellte. Nach der seit 2009 geltenden Neufassung, die in § 1 als Ziel erstmals ausdrücklich auch die Durchsetzung der Mindestlohnansprüche der Beschäftigten nennt und wie § 1a AEntG der Fassung von 2007 im Gegensatz zu den vor 2007 geltenden Fassungen in § 14 jegliche Werk- und Dienstleistungen der unter das Gesetz fallenden Branchen erfasst und noch dazu § 14 AEntG mit der amtlichen Überschrift »Haftung des Auftraggebers« versehen hat, dürften diese Urteile endgültig keine Grundlage mehr für Entscheidungen der Arbeitsgerichte darstellen. Zumal bei der Neufassung des AEntG vom Gesetzgeber eine bewusste Entscheidung für eine Haftung von unternehmerischen AuftraggeberInnen aller Art getroffen wurde, denn die BDA und andere Arbeitgeberverbände hatten sich im Entwurfsstadium ausdrücklich und massiv gegen die aufgrund des Wortlautes des § 10 des damaligen Gesetzentwurfes (des heutigen § 14) nach ihrer Einschätzung zu erwartende Haftung sämtlicher Unternehmer für alle von ihnen vergebenen Werk- und Dienstleistungsaufträge an Unternehmen aus den unter das AEntG fallenden Branchen gewandt.

Die oben beschriebene Vorgehensweise kommt für alle Branchen infrage, die in das AEntG aufgenommen worden sind und in denen aktuell Mindestlöhne gelten.

Am Bau stehen den Betroffenen eventuell weitere Ansprüche zu. Die Soka Bau sollte umgehend über die betroffenen Beschäftigten, den Beschäftigungszeitraum und die Arbeitgeber/Auftraggeber-Konstellation informiert werden. Sie kann dann entweder vom direkten Arbeitgeber oder über die Auftraggeberhaftung vom Hauptunternehmer/Auftraggeber noch die Bei-

1 So noch zuletzt BAG, Urteil vom 28.3.2007, 10 AZR 76/06 m.w.N.

träge zur Urlaubskasse einziehen. Diese Beiträge machen immerhin 14,2 Prozent des Arbeitsentgeltes aus. Wurde dem/der Betroffenen während der Beschäftigung der ihm/ihr zustehende Urlaub nicht mehr gewährt, kann er/sie später die direkte Auszahlung seines/ihres Urlaubs bei der Soka beantragen. Dafür ist Voraussetzung, dass es zu einem Beitragseinzug kam.[2]

Bestand ein faktisches Arbeitsverhältnis nach Inlandsrecht, könnten innerhalb der zweimonatigen Ausschlussfrist auch noch sonstige Ansprüche nach dem allgemeinverbindlichen BRTV Bau – allerdings nur gegen die direkten Arbeitgeber – geltend gemacht werden, zum Beispiel der nicht unerhebliche Auslösungsanspruch, eventuell Erschwerniszulagen usw. Hier muss aber anschließend umgehend der Rechtsweg beschritten werden, wenn es nicht innerhalb der Fristen zur Zahlung kommt.

Ähnliches gilt für alle anderen Branchen, deren Tarife für allgemeinverbindlich erklärt worden sind.

Die von uns entwickelte Vorgehensweise hat den weiteren Vorteil, dass die Beschäftigten als Kollektiv gemeinsam agieren können. Sie erfahren damit ganz unmittelbar den Vorteil einer gemeinsamen Organisation. Unsere Erfahrung ist, dass einige dieser Beschäftigten im nächsten schlechten Arbeitsverhältnis sofort damit beginnen, ihre KollegInnen zu einem gemeinsamen Vorgehen zu bewegen. Sie wirken als gewerkschaftliche Vertrauensleute im Untergrund. Um sie dabei zu unterstützen, ist es wichtig, dass die deutschen Gewerkschaften ihr mehrsprachiges Informations- und Beratungsangebot ausbauen und verstetigen. Der Aufbau von sechs Beratungsstellen »Faire Mobilität« in Metropolregionen durch den DGB und EVW sowie der Ausbau der MigrAr-Beratungsstellen können daher nur ein Anfang sein.

2 Ausführliche Informationen finden sich auf den Internetseiten der SOKA Bau: 30.11.2011, http://www.soka-bau.de/soka_bau/.

Arbeitsrechte für Menschen ohne Papiere – die Agenda der Gewerkschaften

Sonja Marko, ver.di Bundesverwaltung

Vor einigen Jahren fand in Brüssel, inmitten unzähliger nationaler Botschaften und internationaler Vertretungen, eine bemerkenswerte Aktion statt. In der verwaisten Botschaft von Somalia eröffneten AktivistInnen und Betroffene eine Botschaft für Papierlose. Symbolisch wurden hier Dokumente an *Sans-Papiers* ausgegeben. Diese Aktion stand im Zusammenhang mit einer Regularisierungskampagne der belgischen Regierung. Dabei stand die Einteilung von MigrantInnen in erfolgreiche und erwünschte Einwanderer einerseits, und in unerwünschte AsylbewerberInnen und »Illegale« andererseits im Fokus der öffentlichen Auseinandersetzungen. Die »universelle Botschaft« war lange ein Zentrum gesellschaftlicher Diskussionen und Aktionen in der belgischen Hauptstadt.

Wäre eine vergleichbare öffentlichkeitswirksame Aktion in Deutschland vorstellbar? Da sind Zweifel angebracht. Trotzdem ist in der letzten Dekade ein bemerkenswerter Wandel im Umgang mit Menschen ohne Papiere in Deutschland festzustellen. Dazu gehören nach unserer Wahrnehmung zwei zentrale Veränderungen:

- Die Realität wird öffentlich wahrgenommen. Dazu gehören zum Beispiel Studien in vielen Städten, die Umfang und Problemlagen nicht legaler Migration untersuchen.
- Die Lebenssituation der Betroffenen ist nicht länger vornehmlich Gegenstand von Barmherzigkeit und kleiner Unterstützergruppen.

Dazu haben in starkem Maße internationale Rechtsnormen beigetragen.

I. Internationales Recht wirkt auf den Diskurs in Deutschland

In den letzten Jahren haben sich die Diskussion über die Durchsetzung fundamentaler Menschen- und Arbeitnehmerrechte auf internationaler und europäischer Ebene verstärkt. Sie haben zu neuen Beschlüssen für eine umfassende Migrationspolitik geführt, die explizit irreguläre MigrantInnen einschließt.

Das zentrale Dokument ist die UN-Konvention zum Schutz der Wanderarbeiter und ihrer Familienangehörigen von 2003, die von der Bundesrepublik Deutschland und anderen Industriestaaten bis heute nicht unterzeichnet wurde. Auf der Basis dieses Dokuments entwickelten sich differenzierte Handlungsfelder.

Eine wichtige Rolle hat zweifelsohne die Internationale Arbeitsorganisation (ILO) gespielt. Im Rahmen ihrer *Decent Work Agenda* wurden die unveräußerlichen Arbeitsrechte für alle ArbeitnehmerInnen weltweit propagiert. Damit förderte die ILO eine Herangehensweise an die Rechte von MigrantInnen, die den Aufenthaltsstatus nicht länger als Ausschlusskriterium bei der Einforderung von Arbeitsrechten ansieht. Mit den Empfehlungen der tripartiten Expertenkommission vom November 2005 werden irreguläre MigrantInnen in die Handlungsempfehlungen einbezogen. An dieser Arbeit der ILO waren und sind die Gewerkschaften beteiligt.

Die Parlamentarische Versammlung des Europarats hat 2006 ihren Mitgliedsstaaten empfohlen, grundlegende Rechte irregulärer MigrantInnen sicherzustellen. Insbesondere das Recht auf Zugang zum Gesundheitssystem, das Recht auf Schulbildung für die Kinder und das Verbot der Kriminalisierung von Helfenden. Nach fünf Jahren wurde das Recht auf Schulbildung kürzlich durch Beschluss des Bundeskabinetts, keine Kontrollen mehr vorzusehen, in der Praxis wirksam.

II. Neue Beschlusslagen

Der erweiterte Blick auf alle Formen von Migration setzte sich auch in den Gewerkschaftsdachverbänden fort. Die Union Network International (UNI), ein Gewerkschaftsdachverband bei dem ver.di Mitglied ist, verständigte sich bei ihrem Weltkongress 2005 in Chicago darauf, dass Migrantinnen unabhängig von ihrem Status gegen diskriminierende Arbeitsbedingungen geschützt werden müssen.

Die Europäische Union (EU) hat 1999 eine teilweise Vergemeinschaftung der Migrations- und Asylpolitik beschlossen (Helsinki – Prozess). Seitdem hat die EU eine Fülle von Rechtsvorschriften zu dem Politikfeld Migration erlassen. Die Abwehr von unerwünschten MigrantInnen, die sich auf den Weg nach Europa machen, hat sich in dramatischen Fluchtbildern in unserem Gedächtnis verankert. Die EU und die Mitgliedsstaaten haben auf diese Entwicklung mit einer gespaltenen Politik reagiert. Legale MigrantInnen werden gefördert, nicht legale MigrantInnen und Flüchtlinge werden abgewehrt. Das hat den Europäischen Gewerkschaftsbund (EGB) herausgefordert, sich politisch zu positionieren. Der EGB verlangt eine differenzierte Politik, die illegale EinwandererInnen schützt und Ausbeutung und Lohndrückerei für alle der EU verbietet. Insbesondere die Arbeitgebersanktionsrichtlinie von 2007 wird von den europäischen Gewerkschaften entschieden abgelehnt. Zusammen mit Nichtregierungsorganisation hat er eine Erklärung veröffentlicht, in der die Menschen- und Arbeitsrechte aller MigrantInnen betont werden.

Auf dem EGB- Kongress 2007 in Sevilla haben die europäischen Gewerkschaften mit ihrem Strategie- und Aktionsplan ihre Positionen beschlossen:

»Der EGB und seine Mitglieder sind verpflichtet, politische Maßnahmen und Strategien zu entwickeln um Wanderarbeitnehmer zu organisieren, deren Gewerkschaftsrechte und anderen Menschenrechte zu verteidigen und zu fördern (unabhängig von ihrem rechtlichen Status) , die Lage und Forderungen der Wanderarbeiter in die Gewerkschaftsarbeit und in die Organisationskultur einzubinden, Ausbeutung zu verhindern und zu bekämpfen, und deren Lebens- und Arbeitsbedingungen zu verbessern.«

Die Gewerkschaften in Deutschland nehmen die neuen Beschlusslagen in ihrer Mehrheit eher zögerlich auf. Ein Positionspapier zu irregulärer Migration auf DGB- Ebene ist bisher nicht über das Diskussionsstadium hinausgekommen. Immerhin hat der DGB-Bundeskongress 2010 einen Antrag von ver.di, flächendeckende Beratungsstrukturen für undokumentierte Migranten einzurichten, als Material an den Bundesvorstand angenommen. Vergleichbare Anträge liegen dem ver.di Bundeskongress vor, über die im September 2011 entschieden wird.

III. Eine neue Praxis in den Gewerkschaften implementieren

Diese weitreichenden Beschlüsse der europäischen und internationalen Gewerkschaftsbünde in der täglichen Gewerkschaftsarbeit wirksam werden zu lassen, ist eine herausfordernde Aufgabe. ver.di hat in den letzten Jahren Erfahrungen dazu gesammelt. Diese sollen nachfolgend kurz skizziert werden:

1. Sensibilisierung für das Thema in der eigenen Organisation

Die aktive gewerkschaftliche Vertretung von undokumentierten MigrantInnen erfordert einen Diskussionsprozess in der eigenen Organisation. Es war nicht zuvörderst der Wunsch nach klarer Abgrenzung gegenüber regulären Arbeitsverhältnissen, der überwunden werden musste. Vielmehr artikulierte sich die berechtigte Skepsis, ob mit immer enger werdenden finanziellen Spielräumen zusätzliche Aufgaben übernommen werden können. Die bei ver.di existierenden MigrAr-Beratungsstellen leisten ihre Arbeit mit weit überdurchschnittlicher ehrenamtlicher Unterstützung. Aber auch ganz praktische Fragen, wie zum Beispiel das Bezahlen von Mitgliedsbeiträgen sind noch nicht überzeugend gelöst.

2. Kommunikation nach außen

Innerhalb der einschlägigen *Communities*, vor allem mit Nichtregierungsorganisationen (NGOs) und Initiativen war und ist der gewerkschaftliche Ansatz erklärungsbedürftig. Der gewerkschaftliche Grundsatz, dass Mitglieder ihre Interessen kollektiv vertreten, indem jede und jeder einen Beitrag dazu leistet, ist nicht selbstverständlich akzeptiert. Das aber unterscheidet die Arbeit einer Gewerkschaft von NGOs und Kirchen. Stellvertretendes Handeln und Unterstützung setzt die Mitgliedschaft voraus. Nach diesem Prinzip arbeiten die Gewerkschaften bei der Organisierung von Undokumentierten international. Dass ein gewisses Maß an Vorleistungen der Organisation erforderlich ist, um überhaupt für diesen Personenkreis erreichbar zu sein, ist unbestritten.

3. Bündnispartner sind unverzichtbar

Undokumentierte MigrantInnen kommen in der Regel mit vielfältigen Problemlagen in die Beratungsstellen. Nur in enger Kooperation mit anderen Einrichtungen, die jeweils ihren Schwerpunkt professionell abdecken, ist eine gute Beratung möglich. Gewerkschaften haben ihren Schwerpunkt im Arbeits- und Sozialrecht. Darauf konzentrieren wir uns.

4. Öffentlichkeit herstellen

Die gewerkschaftliche Vertretung von ArbeitnehmerInnen ohne legalen Aufenthaltsstatus erfordert Öffentlichkeitsarbeit. Das gilt für die Kommunikation innerhalb von ver.di, aber auch darüber hinaus. Mit der Berichterstattung in unseren eigenen Publikationen und weiteren Presseveröffentlichungen konnte das Thema einer größeren Öffentlichkeit vermittelt werden. Dazu hat auch der Pflegenotstand in der häuslichen Betreuung von alten Menschen beigetragen. Viele Familien wurden zum ersten Mal zu Entscheidungen in dem Grenzbereich zwischen legalem und illegalem Handeln gezwungen. Die alten Denkmuster sind aufgebrochen.

IV. Gute Arbeit für alle

Die Realität der Arbeit von Undokumentierten macht immer auch die ungelösten Probleme der aufnehmenden Gesellschaft deutlich. Denn die Arbeit dieser Beschäftigten findet in aller Regel in den Bereichen statt, wo der Arbeitsmarkt grau und unreguliert ist und Armutslöhne gezahlt werden. Davon ist ver.di als Dienstleistungsgewerkschaft in besonderer Weise betroffen. Der Niedriglohnsektor weitet sich aus, unwürdige Arbeitsbedingungen nehmen zu.

Der Kampf um existenzsichernde Löhne muss in Deutschland härter geführt werden als in vielen anderen europäischen Ländern. Einer aktuellen Studie des DIW zufolge sind die Nettolöhne seit der Jahrtausendwende stark gesunken. Bei Beschäftigten in den unteren Einkommensgruppen betrugen die Einbußen preisbereinigt 16 bis 22 Prozent. Solidarität stellt sich unter diesen Bedingungen verständlicherweise nicht selbstverständlich her. Aber die Bedingungen für alle werden sich nur nachhaltig verbessern, wenn auch die Rechte der verletzlichsten Gruppe unter den Lohnabhängigen gewahrt werden. Dieser Grundsatz ist noch längst nicht überall akzeptiert. Ein Meilenstein auf diesem Weg wäre die Einführung eines gesetzlichen Mindestlohns in Deutschland. Alle Erfahrungen zeigen, dass ein gesetzlicher Mindestlohn auch eine verlässliche Verhandlungsgröße für Menschen ohne Papiere ist.

Migration in allen ihren Formen wird in den nächsten Jahren zunehmen. Die sich zunehmend globalisierte Arbeitswelt fordert die Gewerkschaften heraus, den eigenen Anspruch auf die internationale Solidarität der Arbeiter- und Gewerkschaftsbewegung immer wieder neu zu begründen.

Autorinnen und Autoren

Bast, Jürgen: Dr. jur., Dipl.-Soz., Privatdozent der Goethe-Universität Frankfurt und Senior Research Fellow am Max-Planck-Institut für ausländisches öffentliches Recht und Völkerrecht in Heidelberg. Im Wintersemester 2011/12 vertritt er den Lehrstuhl für Öffentliches Recht, Völker- und Europarecht an der Humboldt-Universität zu Berlin. Er leitet gemeinsam mit Dr. Florian Rödl die interdisziplinäre Arbeitsgruppe »Wohlfahrtsstaatlichkeit und soziale Demokratie in der EU«. Seine Habilitationsschrift ist 2011 unter dem Titel »Aufenthaltsrecht und Migrationssteuerung« im Verlag Mohr Siebeck erschienen; E-Mail: jbast@mpil.de

Fischer-Lescano, Andreas: Professor für Öffentliches Recht, Europarecht, Völkerrecht und Rechtstheorie an der Universität Bremen und geschäftsführender Direktor am Zentrum für europäische Rechtspolitik. Er ist Mitherausgeber der Zeitschrift »Kritische Justiz« und leitet zwei Forschungsprojekte im Bremer Sonderforschungsbereich Staatlichkeit im Wandel; jüngste Veröffentlichung: »Der Kampf um globale soziale Rechte« (mit Kolja Möller), Wagenbachverlag 2012, i.E.; E-Mail: voelkerrecht@uni-bremen.de

Huerta, Amarela Varela: Doktorin der Soziologie (Universidad Autónoma de Barcelona). Die Autorin arbeitet derzeit als Forscherin und Professorin am Zentrum für Grenzstudien der Universidad Autónoma de la Ciudad de México (Centro de Estudios sobre la Frontera (CEF/UACM). Aktuelles Forschungsprojekt: Gewalt gegen Frauen als Grund für Flucht, Durchreise und Verbleib von zentralamerikanischen Frauen in Mexiko; jüngste Veröffentlichung: »Residency documents for all! Notes to understand the movement of migrants in Barcelona«, in: Refuge: Canada's periodical on refugees. Jg. 26. H. 2 (2009), York University, Toronto, S. 121–132; E-Mail: janikamarela@gmail.com

Kanalan, Ibrahim: Stipendiat der Rosa Luxemburg Stiftung. Promoviert derzeit am Zentrum für Europäische Rechtspolitik an der Universität Bremen zur Justiziabilität des Rechts auf Nahrung; jüngste Veröffentlichung: »Verfassungsmäßigkeit des Asylbewerberleistungsgesetzes« (mit Georg Classen), in: Klaus Barwig u.a. (Hrsg.), Hohenheimer Tage zum Ausländerrecht 2010, Baden-Baden 2011, S. 321 ff.; E-Mail: Ibokan@gmx.de

Kocher, Eva: Professorin für Bürgerliches Recht, Europäisches und Deutsches Arbeitsrecht sowie Zivilverfahrensrecht an der Europa-Universität Viadrina, Frankfurt (Oder). Sie ist u.a. Mitherausgeberin und Geschäftsführerin der Zeitschrift »Kritische Justiz«; jüngste Veröffentlichung: »Osterweiterung und Arbeitnehmerfreizügigkeit«, in: Eva Kocher/Carsten Nowak, Freie Fahrt für Arbeitnehmer/innen zwischen Ost und West. Perspektiven des Ablaufs beitrittsbedingter Übergangsfristen zum 1. Mai 2011, Nomos-Verlag 2012, S. 29–50; E-Mail: kocher@europa-uni.de

Lewek, Christian: ist Rechtsanwalt und Fachanwalt für Arbeitsrecht in Hamburg; E-Mail: lewek@kanzleiamfelde99.de

Marko, Sonja: betreut den Bereich »Migrantinnen und Migranten« im Ressort Arbeitsmarkt- und Sozialpolitik der ver.di-Bundesverwaltung; E-Mail: sonja.marko@verdi.de

Nassibi, Ghazaleh: Dr. jur, nach ihrem zweiten juristischen Staatsexamen und einer Tätigkeit als Geschäftsführerin im Deutschen Anwaltverein hat sie von 2008 bis 2011 mit einem Stipendium der Hans-Böckler-Stiftung an der Universität Bremen bei Prof. Dr. Wolfgang Däubler promoviert (»Schutz vor Lohndumping in Deutschland«). In Kürze erscheint ihre Dissertation im Nomos-Verlag. Von 2009 bis 2011 war sie wissenschaftliche Mitarbeiterin am Zentrum für Europäische Rechtspolitik/Universität Bremen und 2011/2012 hat sie im Projekt »Soziales Recht der Arbeit« an der Europa-Universität Frankfurt (Oder) gearbeitet; seit März 2012 ist sie Referentin für Tarifkoordination beim DGB-Bundesvorstand; E-Mail: ghazalehnassibi@hotmail.com

Pelzer, Marei: ist rechtspolitische Referentin bei Pro Asyl. Sie ist spezialisiert auf Fragen des europäischen Flüchtlingsrechts und die Umsetzung von Menschenrechten in Deutschland; E-Mail: mp@proasyl.de

Schmidt-Hullmann, Frank: ist Leiter der Abteilung Internationales und Europäische Baupolitik der Industriegewerkschaft Bauen-Agrar-Umwelt (IG BAU); E-Mail: frank.schmidt-hullmann@igbau.de

Spieß, Katharina: Dr. jur., ist Referentin bei Amnesty International mit einem Schwerpunkt auf den sozialen Rechten von Migrantinnen und Migranten; E-Mail: katharina.spiess@amnesty.de

Tohidipur, Timo: Dr. jur., ist wissenschaftlicher Mitarbeiter und Habilitant am Institut für Öffentliches Recht der Goethe-Universität Frankfurt am Main; jüngste Veröffentlichung: »Europäisches Migrationsverwaltungsrecht« in: Jörg P. Terhechte (Hg.), Verwaltungsrecht der Europäischen Union, Baden-Baden 2011, S. 1143–1187; E-Mail: Tohidipur@jur.uni-frankfurt.de

Vogel, Dita: ist Research Associate am Hamburgischen WeltWirtschaftsInstitut (HWWI) und Forscherin in der sozialwissenschaftlichen Migrationsforschung im Netzwerk Migration in Europa e. V. Sie ist Redakteurin und Koordinatorin der Database on Irregular Migration, die im Europäischen Forschungsprojekt CLANDESTINO erarbeitet wurde (http://irregular-migration.net/); E-Mail: dita.vogel@network-migration.org